中国农业龙头企业领导力修炼手册 1.0

Leadership Building Manual 1.0 for
China's Leading Agricultural Enterprises

廖永松 姜波 张晓鸽 等著

中国社会科学出版社

图书在版编目（CIP）数据

中国农业龙头企业领导力修炼手册 1.0/廖永松等著. —北京：中国社会科学出版社，2023.3
ISBN 978-7-5227-1718-0

Ⅰ.①中…　Ⅱ.①廖…　Ⅲ.①农业企业—企业管理—中国—手册　Ⅳ.①F324-62

中国国家版本馆 CIP 数据核字（2023）第 053156 号

出 版 人	赵剑英
责任编辑	刘晓红
责任校对	周晓东
责任印制	戴　宽

出　　版	中国社会科学出版社
社　　址	北京鼓楼西大街甲 158 号
邮　　编	100720
网　　址	http://www.csspw.cn
发 行 部	010-84083685
门 市 部	010-84029450
经　　销	新华书店及其他书店
印　　刷	北京君升印刷有限公司
装　　订	廊坊市广阳区广增装订厂
版　　次	2023 年 3 月第 1 版
印　　次	2023 年 3 月第 1 次印刷
开　　本	710×1000　1/16
印　　张	15
插　　页	2
字　　数	244 千字
定　　价	78.00 元

凡购买中国社会科学出版社图书，如有质量问题请与本社营销中心联系调换
电话：010-84083683
版权所有　侵权必究

《中国农业龙头企业领导力修炼手册1.0》
写 作 组

组 长 廖永松　姜　波　张晓鸽

成 员 王晓辉　李　汇　张正明　张晓鸽
　　　　 王　楠　段竹颖　马媛媛　张晓磊
　　　　 孟　奂　孟　艳　董秀康　姜　波
　　　　 姜浩维　张延龙　魏玉栋　廖永松

从国家战略的高度提升农业龙头企业领导力

习近平总书记在党的二十大报告中指出:"加快建设农业强国,扎实推动乡村产业、人才、文化、生态、组织振兴。"(习近平,2022)这是新时代全面推进乡村振兴,加快实现农业农村现代化的重大决策和重要任务。

"十四五"是我国全面建成小康社会后的第一个五年发展规划期,乡村振兴作为国家战略,事关我国现代化目标实现大局。实施乡村振兴战略,是把中国人的饭碗牢牢端在自己手中的有力抓手。乡村振兴的关键是产业振兴,产业振兴的关键在于中国农业龙头企业(本书所说的农业龙头企业,主要指由国家相关部门认定的农业产业化龙头企业)能否高质量发展。农业龙头企业是乡村产业振兴的领头羊、排头兵,是联农带农致富增收、农业强国战略实施和乡村振兴的核心力量,为促进农业龙头企业健康发展,党和政府采取了一系列政策措施,进行了有益的探索,取得了明显的成效。截至2022年,经过认证的国家、省级和市级农业龙头企业有9万多家,实现1000多万人就业,通过多种形式与农民专业合作社、家庭农场、种养大户和小农户有效连接,在农业食品关联产业中起着举足轻重的作用。

应该注意的是,我国农业龙头企业发源于乡镇企业,以民营企业和中小企业为主,农民占了企业就业人数的70%左右。过去40多年,农业龙头企业之所以能由小变大,除了企业经营者的艰苦奋斗之外,还得益于改革开放以来我国经济发展的人口红利、制度红利,不少企业赶上了好时代,但有的企业领导人错把运气当能力,家族式、粗放式管理还

中国农业龙头企业领导力修炼手册1.0

普遍存在,与现代企业管理制度的要求相去甚远。当前,新冠疫情、逆全球化、俄乌冲突、以美国为首的西方势力对我国的全面打压等事件频繁发生,农业龙头企业外部环境变得日益复杂,不确定因素明显增加,这对企业经营者的战略思维、应变能力、管理水平提出了全新要求。从国内外企业管理理论研究和实践经验看,以企业领导力培训为切入点,能有效地提升企业经营者管理水平,提高企业绩效。因此,开展农业龙头企业领导力培训,是加快建设农业强国的迫切需要,应该从国家战略的高度来看,把其上升为一项实现乡村产业振兴的国家行动。

为提高农业龙头企业管理水平,各级政府对农业龙头企业高级管理人员(以下简称高管)进行了形式多样的培训,一些经营规模较大、现代管理意识较强的农业龙头企业,也通过高管内部培训、在外参加培训班等方式提升管理能力。各种类型的培训班质量有高有低,培训效果参差不齐,目前还没有从企业高管领导力视角来全面提升农业龙头企业管理能力的专题培训班,也没有相应的讲义或教材。基于全面提升农业龙头企业管理水平的迫切需要,中国社会科学院农村发展研究所廖永松研究员和姜波教练会同农业龙头企业领导力研习营一线工作的诸多老师、教练,编写了《中国农业龙头企业领导力修炼手册1.0》(以下简称《手册1.0》),作为各级农业龙头企业高管学习提升领导力的教材,其中很多内容可用于农业大专院校、各级党校、乡村振兴学院农工商管理培训。

《手册1.0》充分考虑了我国农业龙头企业发展现状和管理实践的需要,具有"通用性",突出领导力的基本理论、基本方法、基本内容,结合当前农业龙头企业领导力提升中存在的突出问题,提出了有针对性的改进措施,让学员既可以在总体上掌握领导力的基本理论,也可以结合企业管理的实际"干中学、学中干",把领导力的理论、方法用于企业经营的日常。根据我们对已有企业高管领导力培训的经验看,企业高管思维和行为的改变不可能一蹴而就,而是一个日积月累的过程,需要长时间陪伴学习,把企业打造成一个终身学习型组织。

本书是大家共创的结果。第一章农业龙头企业领导力概述由廖永松负责;第二章农业龙头企业领导的自我认知能力由姜波负责;第三章农业龙头企业领导战略思维由董秀康负责;第四章农业龙头企业高管团队

从国家战略的高度提升农业龙头企业领导力

领导力由孟奂和张晓鸽负责；第五章农业龙头企业营销领导力由段竹颖负责；第六章农业龙头企业创新领导力由张正明和李汇负责；第七章农业龙头企业逆境领导力由王楠和马媛媛负责；第八章农业龙头企业领导力传承由王晓辉负责。全书由廖永松和张晓鸽统稿。

本书在编写过程中得到了北京百净保科技发展有限公司、北京小龙潜行科技有限公司、北京和利美生物科技有限公司、北京天富来生物科技有限公司、北京宝易生物技术有限公司、北京市华都峪口禽业有限责任公司、正大集团农牧食品企业京津冀区、天津市现代天骄农业科技有限公司、江苏健安农牧物流有限公司、广州优百特科技有限公司、正大集团农牧食品企业（中国区）、扬翔股份两河事业部、内蒙古金草原生态科技集团有限公司、内蒙古斯隆生物技术有限责任公司、包头北辰饲料科技股份有限公司、福建龙岩闽雄生物科技股份有限公司、广西螺霸王食品有限公司、苏州科牧生物技术有限公司及有关领导人的大力支持，在此一并表示感谢。

河南豫道农业科技发展有限公司、贵州老太爷食品科技有限公司对本书出版进行了资助，特此鸣谢。

最后，特别要感谢本书的编辑刘晓红以及中国社会科学出版社所有为本书出版做出贡献的人员。

因第一次开展这项工作，经验不足，案例收集、分析的广度和深度还远远不够，我们将在今后的教学培训、调查研究中逐步丰富完善。同时，殷切期盼各级农业龙头企业经营者提出宝贵意见，立足服务于我国农业龙头企业经营管理实践的需要，我们将适时出版《中国农业龙头企业领导力修炼手册2.0》，为提升农业龙头企业领导力、加快建设农业强国探路，为乡村全面振兴贡献力量。

目 录

第一章　农业龙头企业领导力概述 …………………………………… 1

　　第一节　农业龙头企业领导力为何重要 ………………………… 1
　　第二节　农业龙头企业领导风格与特征 ………………………… 7
　　第三节　农业龙头企业领导力提升途径 ………………………… 15

第二章　农业龙头企业领导的自我认知能力 ………………………… 23

　　第一节　农业龙头企业领导自我认知的重要性 ………………… 23
　　第二节　农业龙头企业领导自我认知现状 ……………………… 37
　　第三节　农业龙头企业领导自我认知提升途径与建议 ………… 46

第三章　农业龙头企业领导战略思维 ………………………………… 55

　　第一节　农业龙头企业领导战略思维概述 ……………………… 55
　　第二节　农业龙头企业战略思维聚焦的七法则 ………………… 61
　　第三节　农业龙头企业领导战略思维提升的 BLM 模型 ……… 72

第四章　农业龙头企业高管团队领导力 ……………………………… 80

　　第一节　农业龙头企业高管团队领导力概述 …………………… 80
　　第二节　农业龙头企业高管团队领导力发展中的问题 ………… 88
　　第三节　农业龙头企业提升高管团队领导力的途径 …………… 96

第五章　农业龙头企业营销领导力 …………………………………… 108

　　第一节　农业龙头企业营销领导力概述 ………………………… 108
　　第二节　农业龙头企业营销领导力存在的突出问题 …………… 115

　　第三节　农业龙头企业营销领导力提升路径……………… 120

第六章　农业龙头企业创新领导力 ………………………………… 131
　　第一节　农业龙头企业创新领导力概论…………………… 131
　　第二节　农业龙头企业创新领导力现状分析……………… 140
　　第三节　农业龙头企业创新领导力提升方法与策略……… 145

第七章　农业龙头企业逆境领导力 ………………………………… 164
　　第一节　农业龙头企业逆境领导力概念与内涵…………… 164
　　第二节　农业龙头企业逆境领导力现状分析……………… 174
　　第三节　农业龙头企业逆境领导力提升途径……………… 180

第八章　农业龙头企业领导力传承 ………………………………… 191
　　第一节　农业龙头企业领导力传承理论概述……………… 191
　　第二节　农业龙头企业领导力传承现状和问题…………… 204
　　第三节　农业龙头企业领导力传承路径…………………… 207
　　第四节　农业龙头企业领导力传承案例分析……………… 214

参考文献 ……………………………………………………………… 221

第一章

农业龙头企业领导力概述

领导力一般指对企业高管所要求的领导能力和领导艺术的综合,决定着企业经营绩效。企业领导方式多样,领导风格各异,需与企业具体场景相适应。总体来看,农业龙头企业领导力水平不高,影响着企业管理效能,亟须训练提升。农业龙头企业领导力培育是一个理论自觉与实践验证,日积月累螺旋式上升的动态过程。农业龙头企业高管自我认知水平决定着企业的高度,需要从变革龙头企业一把手的心智模式开始,围绕企业战略、高管团队、创新与变革、市场营销、逆境管理以及企业传承等重大问题,全方位地提升农业龙头企业领导力,确保乌卡时代农业龙头企业基业长青。

第一节 农业龙头企业领导力为何重要

一 什么是农业龙头企业

(一)农业龙头企业的定义

2018年,国家农业农村部等八部委发布的《农业产业化国家重点龙头企业认定和运行监测管理办法》中明确规定,国家重点农业龙头企业是指以农产品生产、加工或流通为主业,通过合同、合作、股份合作等利益联结方式直接与农户紧密联系,使农产品生产、加工、销售有机结合、相互促进,在规模和经营指标上达到规定标准,并经全国农业产业化联席会议认定的农业企业。

(二)农业龙头企业现状

根据国家重点龙头企业认定和运行监测管理办法,各省份制定了相应的省级和市级农业龙头企业认定标准，并开展认定。截至2019年年底，经县级以上农业农村部门认定的农业龙头企业超过9万家，其中国家重点农业龙头企业1542家。2020年，农业农村部乡村产业发展司对市级以上农业龙头企业2019年发展情况进行了调查。经企业自愿填报，共调查市级以上农业龙头企业59384家，其中国家重点农业龙头企业1460家、省级农业龙头企业16079家、市级龙头企业41845家。

从总体上看，农业龙头企业以有一定规模的民营企业、中小型企业为主。2019年民营及控股企业50340家，占84.8%；国有及控股企业7922家，占13.3%；此外，港澳台商投资企业有539家，外商投资企业569家，集体企业14家，共占2.0%（见图1-1）。

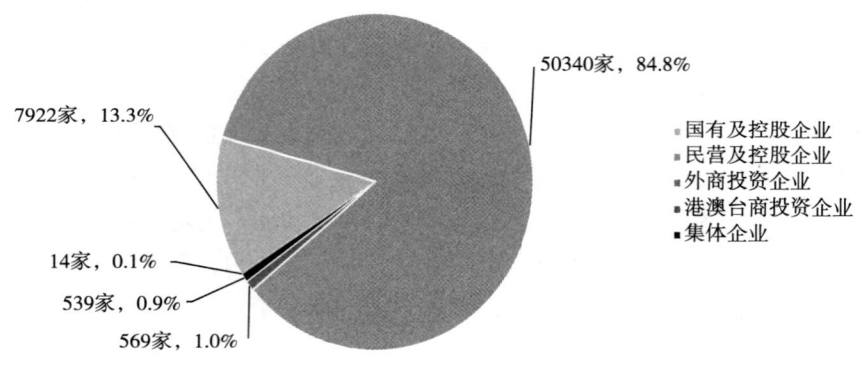

图1-1 按注册类型划分的农业龙头企业的分布

注：由于四舍五入的原因，合计不能不完全等于100%。

从营收额看，2019年营收在0.2亿元（不含）以下的占35.8%；营收在0.2亿—1亿元（不含）的占43.2%；营收在1亿—10亿元（不含）的占19.0%；营收10亿元以上的占2.0%（见图1-2）。全国营收超100亿元的特大型龙头企业只有75家。

从从业人员看，50人以下的小微型企业占38.1%；100人以下的小型企业占60.7%；300人以下的中小型企业占85.7%；500人以下的中小型企业占92.2%；1000人以下的中小型企业占96.3%（见图1-3）。就业人数在10万人以上的特大型农业龙头企业只有95家。

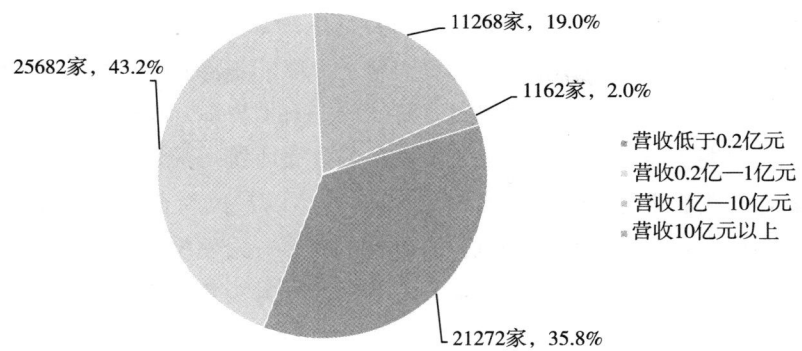

图 1-2　从 2019 年营收额看农业龙头企业规模

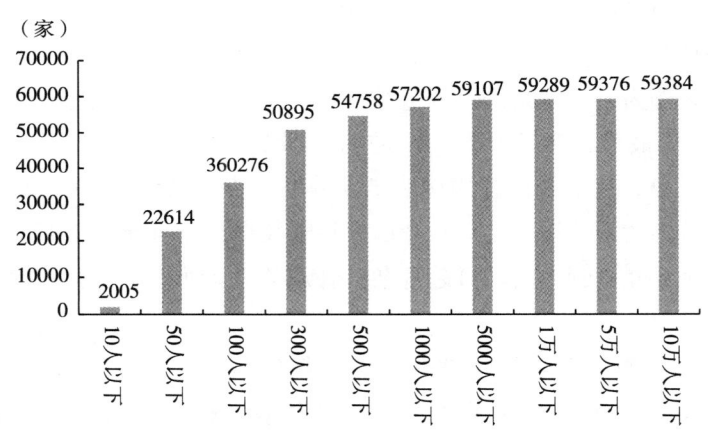

图 1-3　从从业人员看农业龙头企业规模

农业龙头企业以农为本，农民是就业主体，带农就业增收作用明显。2019 年，农业龙头企业实现稳定就业 1383.9 万人，其中农民 920.7 万人，占全部从业人员的 66.5%。农业龙头企业平均每家带动合作社 41 个、家庭农场 78 个、农户 2075 户。全国 832 个国家扶贫工作重点县有 1.4 万家龙头企业，带动建档立卡贫困户 510.3 万户。此外，农业龙头企业出口占全国农产品出口的近八成。

（三）农业龙头企业面临的主要问题

从调查结果看，现阶段能盈利的农业龙头企业主要是一些行业头部企业，呈现典型的80/20帕累托分布特征。2019年利润排前5000家农业龙头企业，占农业龙头企业利润总额的80%；其余的54384家农业龙头企业，其利润只占农业龙头企业利润总额的20%。这种现象除了中小型农业龙头企业融资难、融资贵、科技含量不高等原因外，主要还在于农业龙头企业地处乡村，源于乡镇企业，以农民就业和民营企业为主。不少企业高管文化水平低，思维模式狭窄，经营模式为家族式，即使是一些国家重点农业龙头企业，高管对于领导力等管理概念也非常陌生，领导技能明显不足。

二　领导力在讲什么

（一）领导力的由来

人类通过群体分工合作得以生存，由此产生社会关系，领导与追随，是社会分工合作的需要。领导、管理等人类活动具有悠久的历史，但领导力作为科学理论研究的范畴是近代工业革命以后的事。"Leadership"一词最早出现于1821年，在此之前，有许多关于"统治""管理"的文献，比如散落在中国古典文本中大量的帝王之术，但都没有形成完整的学术体系。工业革命后，科学技术日新月异，工商企业大量兴起，企业经营管理活动日趋复杂，管理学应运而生，学者开始系统地研究领导力。

19世纪初，研究者更加关注领导者个人特质，比如乐观、悲观、自信、社交性等心理特质以及精力、耐力等生理特质，那个时期的研究方法称为"伟人特质研究法"。19世纪中叶，研究人员开始将目光转向领导者的行为而不仅限于领导者的品格。进入20世纪，欧美国家把社会学、心理学和人类学等学科知识用于领导者行为研究，观察组织行为中人们的相互关系。如领导力方格理论、领导力权变理论、领导情景理论、路径—目标理论、领导替代模型等。进入21世纪，数字化、全球化对企业产生深刻影响，领导力成为热门话题，各种理论层出不穷，但总的方向是，由传统的权威命令型领导方式向民主、参与、授权的变革型领导方式转变。

（二）领导力的理论观点

近几十年，环境、技术和社会变革深深地影响到了每个人、每个家庭、每个社区及每个组织。企业在不确定性中求生存和发展，面临着前

第一章 农业龙头企业领导力概述

所未有的挑战，这需要企业的每个人，特别是企业高管、领导者不断学习，使企业成为一个终身学习型组织。一般来说，领导力指的是企业中具有一定职位，特别是企业高管所要求的领导能力和领导艺术的综合。

领导力的概念或定义有许多，库泽斯（James Kouzes）和波斯纳（Barry Posner）认为，"领导力是动员大家为了共同的愿景努力奋斗的艺术"。相信自己，追求卓越，挑战自我，寻求支持，刻意实践是领导力提升的五大原则。"领导学之父"沃伦·本尼斯（Warren G. Bennis）认为，"领导力就像美，它难以定义，但当你看到时，你就知道"。领导力不是天生的，而是后天培养的。人人都可以通过经验积累，有意识地提高领导才能，通过学习负责任地行使权力，培养远见卓识。学习型组织倡导者彼得·圣吉（Peter M. Senge）对领导力给出了这样的定义，"领导力可以更深刻地理解为行动而非职位，是勇气与承担风险，以生气勃勃的方式从事一项挑战性的任务，从而创造出一块充满想象力、献身精神和彼此信任的社会领地"。现代管理学之父彼得·德鲁克（Peter F. Drucker）认为，"领导力是将人类的愿景提升到更高的境界，将人类的业绩提升到更高的标准，使人类能够超越正常的个性局限"。

领导者在组织中所处的位置不同，领导力面临的场景也不同，熟知领导力法则，可以加深对每一层级领导力的理解、训练和实践。吉姆·柯林斯（Jim Collins）将领导力分为五级，每级领导力特征分别对个人能力、协作能力、卓有成效的领导力、领导者的方向及愿景、执着的雄心壮志五个方面都有明确要求。提出"领导力就是影响力"的约翰·麦克斯韦尔（John C. Maxwell）勾画了领导力成长的五个维度，即职位权力、认同关系、生产成果、复制个人发展、尊敬领袖特质。其中第一层初级职位权力下人们追随领导者是因为他们非听不可；第二层级认同关系下人们追随领导者是因为他们愿意听；第三层级生产成果下人们追随领导者是因为领导者对组织所做的贡献；第四层级复制个人发展下人们追随领导者是因为领导者对他们所付出的努力；最高的第五层级人们追随领导者是因为领导者的领袖特质以及领导者所代表的价值观。领导力的五个维度反映了领导者与追随者之间的动态关系，具有很强的理论和实践价值。拉姆·查兰（Ram Charan）的"六次领导力转型"也有相似的逻辑。

（三）领导力的本质

诸多的领导力定义，其最大的公约数或者说领导力的本质是什么？领导力权威机构美国创新领导力中心（CCL）总结领导力的定义，发现包含了三个共同要素：领导力本质上是一种影响他人的社会过程；领导者的性格决定领导风格；情境影响领导力的发挥。

安德鲁·J.杜伯林（Andrew J. Dubrin）提出的多种相关因素相互作用活动说，用一个简单的公式表示为：$L = f(l, gm, s)$。这个公式的意思是说领导力是领导者（l）、追随者（gm）和其他情境变量（s）的函数。领导者因素包括领导者性格、领导行为和风格；追随者因素指追随者的某些属性，这些属性会影响领导成效；环境因素由内部和外部环境组成，其影响着领导力的有效性。本质上，领导就是影响人们努力为实现群体目标而努力的艺术和过程。

我国学者刘澜认为领导力有三层含义：职位、能力和行动。领导者往往是担任职位的人，具备一些特殊的能力，通过采取行动影响企业绩效。职位需要能力，能力带来职位；职位要求行动；行动可能带来职位；能力支持行动；行动可以培养能力。

在安妮·麦基（Annie Mckee）看来，出色领导力的要点在于社交智商和情商、权力的有效使用和伦理观。社交智商和情商是丹尼尔·戈尔曼（Daniel Goleman）提出的概念，是指自我意识、自我管理、社交意识和关系管理的能力。这些能力让大众在社会交往中认识、管理自己和他人的情绪。权力是改变他人想法、感觉和行动，使他人完成自己想做的事的能力。了解企业中权力来源、性质，在工作中有效地行使权力，做出符合伦理的决策，以实现自身目标和组织目标。

概言之，领导力是权力和个人魅力的综合，两者相互关照、相互促进、相互推动，正如《中国企业管理百科全书》中对领导的定义："领导是率领和引导任何组织在一定条件下实现一定目标的行为过程。"

三 领导力是农业龙头企业绩效提升的关键

随着市场竞争的日益加剧，外在环境迅速变化，企业只有通过持续的变革，以适应外在环境的变化来达到"基业长青"的奋斗目标，这离不开企业强有力的领导。根据路易斯·卡特（Louis Carter）等的调查研究，对企业战略变革和远景目标实现的影响因素主要有领导力开

第一章 农业龙头企业领导力概述

发、绩效管理、组织发展与变革、创新与加强服务、辅导等,但最为重要的因素是企业领导力。从以往对提升农业龙头企业绩效影响因素的研究看,大部分关注企业的技术特性,而对提升企业绩效最为关键的人的因素关注不够,特别是从提升农业龙头企业高管领导力角度的研究几乎是空白。

正大集团等有关企业的培训实践表明,提升企业高管领导力,拓展领导力思维空间,是提升企业绩效极为重要的手段。过去几年,正大集团持续开展领导力提升项目,探索了适应不同领导者需求、提供多样化培训服务的新模式,探索了综合运用"培训+教练"赋能中层领导力、"测练训导评"提升高层领导力、"私董会"提升一把手领导力的复合式领导力提升新途径,探索了在企业内部建立一对一高管教练与私董会、领导力测评与领导力培训结合、设立企业领导教练或导师制的新机制,取得了明显的效果。

可见,领导力提升是领导者走向成熟的钥匙,是农业龙头企业绩效提升的关键。

第二节 农业龙头企业领导风格与特征

领导风格,一般是用来表述"领导实践中所体现出的思想与行为特质"。领导风格的形成,与领导者个人性格、成长经历和企业环境相关。不同的标准、不同的角度会有不同的领导风格分类。总体上,有重生产的任务导向型和重人际关系的关系导向型两大类。不同领导风格各有其优点和缺点,领导效能的高低取决于领导风格与情境的匹配度。结合罗伯特·布莱克(Rober Blake)和简·莫顿(Jane Mouton)的领导风格、领导权变方法与农业龙头企业管理实际,农业龙头企业领导风格可以归为以下五种模式。

一 市场交易型

(一)基本特征

领导过程涉及领导者、追随者、需要完成的工作任务、工作场景以及领导者与追随者的关系等诸多变量。在交易成本理论来看,企业领导与员工之间是一种外部交易内部化的市场合约过程。员工在企业中帮

7

"老板干活"，企业老板给员工发工资。企业内部与市场交易并没有根本性的区别。领导者与员工都把对方视为满足需要的途径，领导者借助员工实现企业目标，而员工在完成工作任务后能获得物质报酬。领导者的影响力，主要取决于支付员工报酬的高低。

市场交易型领导是管理方式中任务导向型与交易型的综合。在这种管理风格中，领导者和下属之间是一种互利的交易行为（如你做我分配给你的工作，我就给你应得的奖赏）。市场交易型领导的特征是强调交换，在领导者与部下之间存在一种契约式的交易。在交换中，领导给部下提供报酬、实物奖励、晋升机会、荣誉等，以满足部下的需要与愿望；而部下则以服从领导的命令指挥，完成其所交给的任务作为回报。这种领导风格要求有明确的权责界限，井然的秩序，规则的信守和执着的控制。高管大多为务实型：谨慎、务实、低调；他们致力于让组织保持流畅运转，在设立架构完成任务方面，非常有效率。

（二）适应的场景

每一种领导风格、领导方式都有其适应的场景，市场交易型领导风格在经济发展初级阶段更为常见。在经济发展初期，企业产品技术含量不高，产品单一；企业基本没有远景发展规划，将很多工序外包，通过市场交易获得产品；企业与员工之间并没有稳定的、长期的合作关系，企业生产过程完成后，不少员工会另谋出路，比如建筑类企业，工人与建筑商之间的合约是以项目竣工验收为时长，建筑商与工人之间大多为"一手干活，一手交钱"。从任务导向和员工成熟度看，这种领导方式中任务明确，容易考核计量，员工成熟度高，能够根据领导制定的工作进度、要求开展工作，完成任务。领导不需要培养新人，也不关注员工的成长、培训和职业发展，只是根据工作任务招聘人员，以完成任务为目标（见表1-1）。

表1-1　　　国外研究者对市场交易型领导的定义

作者及年份	定义
Bums，1978	与成员通过磋商达到互惠，领导者与成员在最大利益和最小损失的原则下达成共同目标

第一章　农业龙头企业领导力概述

续表

作者及年份	定义
Sergiovanni，1990	一种以物易物的领导，领导者与下属为了各自的利益与目的，通过协议约定而各取所需
Leithwood，1994	领导者应用组织中的各种酬赏，以换取领导者所要的成果
Pillai 等，1999	领导建立在交易过程中，依照下属努力与表现给予奖赏反馈
Robbins，2001	通过澄清角色及工作要求建立目标与方向并引导或激励下属

资料来源：陈文晶、时勘：《变革型领导和交易型领导的回顾与展望》，《管理评论》2007 年第 9 期。

二　军事化任务管理型

（一）基本特征

有一种说法，领导力就是执行力。企业发展战略目标的实现，取决于企业的执行力。军队具有铁的纪律，以保证指令的执行。军队强有力的执行力，被很多企业领导者青睐。对许多人而言，命令型和军队紧密相连，调研发现，农业龙头企业中有不少从军队转业的创业者，他们受军事化管理潜移默化的影响，追求军事化管理。这类领导者要求下属绝对服从命令。

这种领导方式与家长式领导有些相似。我国台湾学者郑伯埙等提出的家长式领导行为风格包含三个维度，即权威领导、仁慈领导和德行领导。其中，权威领导主要包括专权作风、贬抑下属能力、形象修饰、教诲行为等；仁慈领导主要包括个别照顾、维护面子等；德行领导则主要包括公私分明、以身作则等行为。家长式领导在农业龙头企业特别是家族式企业中普遍存在。企业董事长等高管本身就是一个家族，管理具有明显的家长式特征。

军事化任务领导风格，从管理方格分类法看，与高组织低关心人的领导者有些相似。领导以效率、执行以及实现目标为中心，注重计划、指导、控制和监督。领导喜欢将权力独揽，支配决策全过程，要求下属完全服从，凭借权力和奖惩进行领导。追随者与领导者的直接交流少，处于消极受命的被动地位。这种领导风格的优点是，领导活动高效率，办事迅速果断，缺点是被领导者的主动性和积极性容易受挫，工作没有灵活性，"一言堂"容易扼杀创新思想，不利于团队成员的成长。

9

（二）适应的场景

军队习惯用简易可行的务实方法处理各种问题。《美国军队领导手册》(*The U. S. Army Leadership Manual*)（FM22-100）确定了三种领导类型，即命令型、参与型和授权型，并对命令型领导进行了以下定义："当领导者想要告诉自己的部下完成什么任务及如何完成这一任务，而不想听取部下的建议或意见时，该领导者就会采取命令型领导方法。"在以下条件下，命令型方法通常可行：①领导者掌握了用以解决问题的重要信息；②时间紧迫；③领导者的部下受过一定的训练。

军事化任务领导风格的优势是决策果断，在一些情景下有其独特优势。比如，当公司急需扭亏为盈，或者面临恶意收购，常规方法无法管理问题员工时，军事化任务管理型可以快速破局，快刀斩乱麻，打破过时的条条框框，使企业快速获得新生，形成新的组织结构。实施军事化管理的目的就是增强团队的凝聚力、执行力以及战斗力。这也是军事化管理的优点所在。也就是说，军事化管理能够导致权力的集中和最有效化，作为管理者自然希望组织高效运转，希望下属用心并对下达的命令无条件执行。有了知识力加上强大的执行力，企业及其成员就可以产生强有力的竞争力，企业才能够发展壮大，企业实行军事化管理的初衷是为了让企业形成强大的执行力。

需要特别说明的是，军队管理，并不是只有命令，而没有民主和参与。人们有时会认为，领导者离不开命令型方法，然而，这一方法毕竟只是一种容易被滥用的低级的领导方法。《美国军队领导手册》解释道，当领导者确信自己拥有充足的时间和通畅的信息渠道并确信自己的部下训练有素时，该领导者适合于实施参与型和授权型领导方法。军队强调纪律和领导的道德品行。领导者有义务将注意力集中于完成使命和照顾、关心自己的部下方面。有资格称自己是海军陆战队领导者的人必须爱他人和赢得他人的爱戴。爱他人就要为他人承担义务，努力为他人创造条件和努力提高自身素质，不能只有教训别人直到别人按自己的要求去做的决心，而是向别人做出与他们一起完成共同的目标和一起进入更高境界的承诺。企业的领导者可以向军队学到许多经验，企业的领导者也许会越来越愿意向军队学习，那么，军队究竟能给企业的主管提供哪些值得学习的领导方法呢？企业领导可以从军队中学到许多东西，比如运用价值和道德原则，对部下和接班人进行强有力的培训，爱护自己的部下。"养兵千日，用兵一时"，平时刻苦训练，是军人战场制胜的法宝。企业领导以身作则，提高个人能力，带领员工苦练本领，把企业建成一个具有坚强意志、执行力强的学习型组织。总体上，军事化任务管理型适合于企业面临巨大挑战或者任务目标非常明确的场景。

三 自由发展授权型

（一）基本特征

这种类型与领导方格中的"1.9"俱乐部式领导有些类似，主要出现在知识文化水平总体比较高的创新型企业中。查理·曼茨（Charles Manz）和亨利·西姆（Henry Sim）提出的自我领导理论，描述了这种管理风格的特征。自我管理理论认为，在一个快速变革时代，人们不太可能接受被动安排，在此情景下，领导者很难强迫下属去创新或变革，需用充分发挥每个人的能动性，使其积极主观去选择工作重心和发展方向。这两人提出的超级领导理论更进一步，他们认为，领导者应该带领下属领导领导者自身。如果下属曾接受过培训，具有丰富的经验，领导者就没有必要对他们加以指导、控制和监督，因为下属已经知道该如何办事，如何做事。

自由发展授权型领导对生产关心少，对人关心多，他们努力营造一种"人人得以放松，感受友谊与快乐"的工作环境。员工具有很强的工作能力和成功愿望，他们自信满满，主动担负工作责任。领导者赋予下属权力，退而做好全流程监督，尽可能让下属自行决定何时、何地和怎么办等归属领导者的决策性问题。领导者把自我领导设定为企业文化的基本组成部分，注重培养下属自我成长意识。在开始时领导主动示范，引导下属广泛参与，通过"师傅""教练"式陪伴引导下属逐步走向成熟，使下属从依赖领导变为独立行动。在这个过程中，需要下属为自己确定目标和自己行为的实施承担主体责任。

自由发展授权型领导风格与生命周期理论中的授权型领导风格相对应。自我管理推动自我发展，需要充分授权。自我发展授权既包含了追随者"自我管理"的需要，也包含了领导者对工作任务、追随者成熟度、权责的理解。追随者应用自我观察的行为技巧，自我设定发展目标，主动作为，回报自我、奖励自我。

（二）适应的场景

采用这种领导风格需要一些前提条件：员工具备完成自己任务的能力和信心，在此基础上员工享有更为广泛的自主决策权。高科技创新型龙头企业适合这种领导风格，这类企业员工大部分具有丰富的知识，受过良好的训练，能够自主地开展工作，不需要领导时刻监督。很多员工本身是技术型专家，具有清晰的个人工作和发展目标，能够很好地自我管理，高效地开展工作。企业高管创新能力强，喜欢社交，愿意直面风险，他们有能力创建蓝图，解决棘手问题。自由发展授权型领导风格使企业气氛轻松活泼，组织中所有人在环境许可时都愿意尝试一些革新性想法和冒险行为。

如果采用这种领导方法，那么"领导者就可将决策权授予某一部下或某一下属单位"。但这时领导者"仍然要对部下决策造成的结果负责"。在军队领导中有一条反复强调的规定，那就是："你可以将决策权让给部下，但你不能推卸责任。"授权对大多数企业创始人或领导者来说都是一件纠结的事情，业务不断扩大，不授权领导者自己忙不过来，授权却常常引发危机，导致不得不一次又一次地收回权力。

自由发展授权型领导风格要解决授权问题，需要对企业权责体系有深刻的理解。基于企业决策、运营、管理重大事项和关键点在组织内部的分布和制衡的系统构建企业权责体系，目的在于保障企业权力的有效行使以及权力和责任的实时纠偏，保持企业在发展中的动态平衡。企业发展阶段不同，对于企业的权责体系和领导风格也有不同要求，一个初创型企业发展到一定阶段，领导力制度化建设自然进入企业的重要议事日程。领导者在如何自由授权的同时，确保有一个控制系统的有效支撑。如果缺乏有效的系统安排，权力没有制衡和监督，"绝对的权力必然导致绝对的腐败"，自由授权往往导致企业权力个人化。另外，企业规模扩大，为了树立领导权威，领导回收决策权而集大权于一身，企业又会失去创新激励和活力。对于一定规模的企业领导来说，授权需要权责体系和制度规范建设相结合。领导要时常对授权环境进行检测，根据控制系统的成熟度和经营环境决定授权程度。自由授权并非放任自流，这是授权给他人并保障权力恰当行使的基本原则。领导能够有效授权，企业可以从创业状态走向专业化经营管理，企业领导人可以从很多日常事务性工作中解脱出来,把握企业发展方向,思考企业发展目标、愿景和途径,确保企业战略目标如期完成。

四 参与变革创新型

(一) 基本特征

参与变革创新型领导风格类似于变革领导力,主要指有社交智商和情商、能够激励他人寻求非凡愿景的领导风格。这种风格的领导表现出高度自信,对企业发展愿景充满热情。在与员工的关系上,领导因具有同理心而信任员工,关注员工个人发展和激励需求,员工对领导有很强的认同感和崇拜感。参与变革型领导方式的领导者也注重向下属分享权力,倾向于将下属视为与自己平等的人,并给予他们足够的尊重。为了使下属实现目标做出自主自发的努力,领导往往会认真倾听下属的意见并主动征求他们的看法。在参与变革型领导者的管理团队中,主要决策常由团队成员集体讨论、共同决定,领导者采取鼓励与协助的态度,要求企业员工积极参与决策,为企业发展建言献策。

参与变革创新型领导风格与服务型领导很相似。领导者保持谦逊和平易的作风、强烈的道德观念和为下属献身的精神,从而激发追随者加入领导者的团队并以领导为榜样。服务型领导帮助下属发现他们的内在精神力量以及协助开发他们的潜能;以信任取得信任,通过自己的诚实和守信赢得下属的信任;超越自身利益服务他人,不计个人的利益而愿意帮助和指导下属。理论上,参与变革创新型领导风格与交易型领导风格相对,这是伯恩斯在对政治型领导人进行定性分类研究的基础上提出的二维分类法。在巴斯看来,参与变革创新型领导者行为风格包括四个维度:一是精神激励,即通过愿景与理想目标激励下属;二是智能启发,即激发下属参与,但在实施参与型领导的过程中,领导者始终掌握着最后的决策权;三是动机鼓舞,领导通过赋予企业员工工作使命、意义和价值,以此促进员工工作动力;四是个性化关怀,领导如同员工的导师,发现员工的个性和潜能,帮助员工成长,辅导他们有效完成任务(见表1-2)。

表 1-2　国外研究者对参与变革创新型领导的定义

作者及年份	定义
Burns, 1975	通过较高的理念与道德价值激发、鼓舞员工,使下属能全心投入工作,培养下属成为领导者,而领导者成为推动改革的原动力
Bass, 1983	通过让员工意识到所承担任务的重要意义,激发员工的高层次需要,建立互相信任的氛围,促使下属为了组织利益牺牲个人利益,并达到超过期望的结果
Fields and Herold, 1997	通过下属对领导者及其愿景的认同,使下属能超越利益上的交换而努力工作
Pillai et al., 1999	通过激发下属较高层次的需要、促进组织的信任关系,使下属将组织利益建构在自身利益之上,以促使下属能做出超越预期的表现
Robbins, 2001	领导者具有魅力特质,对追随者具有特别影响力,激发下属为组织牺牲自身利益,并且对下属开展个性化关怀与智能开发,使下属愿意尽最大努力达成团体目标

资料来源:陈文晶、时勘:《变革型领导和交易型领导的回顾与展望》,《管理评论》2007 年第 9 期。

(二) 适应的场景

参与变革创新型领导以员工为中心,我们在调研一家大型农业龙头企业时就有此感受。领导重视新技术,善于发现新机遇,并不断强势推动。管理方式上倾向民主,会花费时间了解下属的想法和意见,通过倾听员工建议,使员工保持高昂的士气。在市场开拓、项目推进方面,敢于授权,高薪重用年轻人,企业发展迅速。

根据企业经营产品、发展阶段和经营环境,下属参与的程度不同,又呈现出三种不同类型:一是咨询式。领导者在做出决策前会征询下属的意见,但对于下属的意见,他们往往只是作为自己决策的参考,并非一定要接受。二是共识式。领导鼓励下属对需要决策的问题加以充分讨论,然后由团队成员共同做出一个大多数人同意的决策。三是民主式。领导授予下属最后决策权,领导在决策中的角色则更像是一个各方面意见的收集者和传递者,主要从事沟通与协调。

参与变革创新型领导风格在科学技术快速发展的时代,是一种大的发展趋势,但是,由于企业内外部环境处于不断变化过程中,特别是在企业经营面临重大问题时,参与、民主式领导不利于企业快速做出决策

第一章 农业龙头企业领导力概述

而失去机遇窗口期,这时权威甚至独断领导也具有合理性。

五 保持现状中庸型

(一)基本特征

这种领导类型与领导方格中"5.5"中庸式领导类似:领导既不偏重关心生产,也不偏重关心人。领导不设置过高的目标,企业保持稳定,对新产品开发、市场拓展、组织调整都按部就班地运行。领导以保障企业"不出事"为经营总基调,有时员工身份特殊,领导不具有解雇员工的决定性权力,领导追求卓越的激励不足,企业常借助一些特殊的垄断性资源获得市场份额。

(二)适应的场景

从领导特质角度说,一个农业龙头企业的董事长、高管,不管企业规模大小,只要企业能够进入农业龙头企业行列,企业领导者就会出现既不关心企业员工也不关心企业生产的状况。企业领导表现出这样的"中庸"行为,往往与企业的外部环境、领导者的年龄有关。不管是从关心人和关心组织的二维领导理论看,还是从专制、民主和放任的三维方式看,企业要想在激烈的市场竞争中生存发展,领导者不管如何行使权力,都会努力促进企业生产或者努力提升企业员工能力。领导者对企业生产能力或是员工关注的程度不高,主要是领导者自身的动力不足,领导者没有发挥主观能动性的制度安排。从严格意义上讲,这不算是一种领导风格或模式,而是领导者缺乏卓越领导能力的表现。

第三节 农业龙头企业领导力提升途径

无论是大型国家重点农业龙头企业,还是规模相对较小的市级农业龙头企业,企业领导力提升都是领导者从认识领导规律、寻找差距、改变认知、引导行为变化到内化于心的动态过程。有效领导力的形成,需要企业领导者从自查、自省的自我认知开始,知道自己是谁,从哪儿来,要到哪里去,从而有能力带领企业全体职工去完成企业目标、使命和愿景,实现企业领导自我价值和人生意义。

一 全面提升农业龙头企业领导者自我认知能力

"知人者智,自知者明",认知是人与人最为本质的区别。领导者

15

中国农业龙头企业领导力修炼手册1.0

自我认知能力决定着农业龙头企业的生存时长和发展高度。自我认知是一种认识并理解自己情绪、情感、动力以及影响他人的能力。自我认知包括自我观察和自我评价。自我认知能力不是简单的自我评价或自我满足，而是一种基于控制主观情感的科学评判和自我剖析能力，其核心要点在于敢于正视自我缺陷和不足。自我认知包括自我与他我的关系，具有动态性、层次性特征。按冰山理论从表到里、由外而内的逻辑，一般来说，需从以下八个层面了解自己，即身份、价值观、品格、性格、领导风格、能力、思维方式、行为习惯。

调研发现，农业龙头企业领导者主要关注自我认知中的能力、价值观、思维方式及领导风格四个维度，而对身份、品格、性格及行为习惯关注较少。农业龙头企业领导大都谦逊开放，愿意倾听不同意见；获得外部反馈，深刻自我反思，总结复盘；向行业标杆学习，去尝试不断打破边界。但部分农业龙头企业领导缺乏自我认知的意识；还有部分农业龙头企业领导自我认知层级处于较低水平；也有很多农业龙头企业领导缺乏自我认知提升方法；一些农业龙头企业领导只有静态机械的自我认知。此外，不少农业龙头企业领导对自我认知概念还存在不少误区，突出表现在对自己的评价像坐过山车，时而为偶然的成功而自视过高，时而为必然的挫折而自怨自艾。

农业龙头企业领导者对自身拥有清晰的认知，通过对自身价值追求、专业素养、职业责任等方面进行精确的自我评估，不断提高自我认知能力，进而带领企业创造日益向好的绩效。面对农业龙头企业领导者自我认知的现状与常见问题，农业龙头企业领导者要做到以下几点：第一，消除自我认知是一个快变量的认识误区。提升自我认知是一个多角度、多系统的工作，一两次的工具测评，几次简单的自我认知感悟是远远不够的，需要修炼者不断地打磨、颠覆、辩驳、验证，在长期、反复的自我认知过程中得到质的提升。第二，梳理成长历程，理解自己的人生经历。成功的农业龙头企业领导者没有统一的特征、品质、技能或风格，造就领导力的是每个人独有的人生经历。真正的领导者是带着学习的视角，努力从人生经历中总结经验。第三，充分利用专业测评工具，比如DISC个性测评进行个性评估，职业人格测评工具MBTI测评，霍根领导力测评，"360°反馈"等工具（具体见后面章节内容）。第四，聘请高管教练或导师辅导提升自我认知，实践证明，高管教练不失为提升高管自我认知，提升领导力的有效方式。第五，参加私董会。私董会是高管教练的升级版，其核心模式是把来自非竞争行业的企业家和管理者们汇聚到小组中，在一对一辅导的支持下，帮助会员企业，无论是在市场繁荣期还是衰退期，表现出优于竞争对手的能力。

二 全面提升农业龙头企业战略领导力

战略领导力即战略思维，是指对关系事物全局的、长远的、根本性的重大问题进行灵活而主动的谋划。这种谋划是一个分析、判断、预见和决策的动态过程。企业战略的本质是目的思维、老板思维和权变思维。只有找到这种"大方向感"，才会有坚持的方向。战略思维具有全局性、长远性、综合性、层次性和动态性的特征，对企业最高能力要求排在第一位的是必须具备战略思维。

现实情况是很多农业龙头企业，包括一些知名的农业龙头企业竞争策略和手段普遍雷同，往往靠打价格战生存。企业领导者缺乏系统性战略思维，忙于日常，无暇审视企业整合运营成效、辨识企业潜能和风险。当前农业龙头企业战略领导力方面存在的主要问题表现在：一是低头做事不看大势。当宏观政策、行业大势、技术和商业模式发生了重大变化时，企业领导者却不能适时洞察，其结果常常是"战胜了对手，却输给了时代"。二是小富即安，难以壮大。企业经过创业到形成一定规模后，发展遇到瓶颈时难以突破，因而安于现状。三是短期见利，长期失信。领导者只抓短期利润，忽视核心能力建设。重日常经营，轻重大决策；重具体项目，忽略整体布局。

农业龙头企业战略思维聚焦有七个法则，一是洞察企业未来，发现机会。二是着眼于未来，行动于当下。三是有智慧地投机，但不要赌上公司。四是善于管理高于自己的人才。五是适应复杂世界的心智成长。六是合作共赢，打造生态系统。七是立业为善，善业自成。BLM（Business Leadership Model）业务领先模型是一个完整的战略实施方法论。运用BLM模型对企业进行X光扫描，经营者能够看清楚环境。BLM模型认为企业战略的制定和执行部分包括八个相互影响、相互作用的方面，它们分别是战略意图、市场洞察、创新焦点、业务设计、关键任务、氛围与文化、人才和正式组织等。

三 全面提升农业龙头企业高管团队领导力

企业高管团队是企业的决策中心，高管团队领导力是企业能否高效运转的根本。高管团队与一般团队一样，从诞生到成熟，一般要经历"形成期""激荡期""规范期""高效期"四个阶段。在不同时期，高管团队呈现出不同的特质，其领导力的重点也不同。高管团队领导力就是打造高效团队的能力。高效团队是在企业董事长的带领下，将所有高管团结在一起，对彼此的个人成长和成功有高度承诺。高效高管团队明显的特质有：卓越的绩效、高度的热情和旺盛的精力、更多的融合和默契、有冲突但更多为合作、有社会责任感。

农业龙头企业高管团队领导力存在的主要问题：一是关键岗位空岗率高，企业快速发展与人才短缺的矛盾明显。二是企业只关注业务本身，忽视高管的个人成长，激励手段单一。三是高管团队执行力弱，高管们各怀心思，以个人利益代替企业利益。四是企业董事长对高管团队不同成长阶段的特质认识不足，打造企业文化意识薄弱。

共启愿景、选人育人、激励人心、有效沟通、充分授权、建立信任是提升农业龙头企业高管团队领导力的六个方面。构建愿景对于凝聚人心至关重要，大到一个国家、一个政党，小到个体，都需要有"梦想"来引领。企业有一个清晰的愿景，才会让从业者有使命感、价值感和归属感，才能激发员工强大的精神动力。企业要想选对人，就要用好"房子""尺子""法子"的激励体系。保持高管团队高昂士气的秘诀是要有一套科学的激励人心的制度体系。这套体系能够使高管团队为目标而不断地投入和保持积极进取的心态。高管团队高效协作在很大程度上取决于冲突管理的有效性。高管团队冲突管理可通过三个层次的团队活动来实现。充分授权要允许团队成员各司其职、各负其责，建立权、责、利相互对等的运行机制，这也是高管之间能够建立信任，进而充分合作的关键。

四 全面提升农业龙头企业营销领导力

营销无处不在，高明的营销永无止境。营销领导力是指企业领导者高效利用企业既有资源，以顾客为中心，在产品、价格、渠道与促销等营销各个环节发挥影响，为顾客创造、传递和传播价值的能力。面对种种变化，企业的营销更需要顺势而变。在产品打造、营销推广、品牌建

第一章 农业龙头企业领导力概述

设、渠道拓展与营销团队建设中如何最大限度地发挥其效能,并有效协同,是摆在每个企业面前的重要课题。

目前,农业龙头企业在营销领导力方面存在的主要矛盾有:一是产品打造有思路,但难以满足客户需求。企业的创始人或管理团队产品思维大多偏技术型,经常在自己的思路下研究产品,闭门造车,很少考虑产品与受众的真正需求。二是营销推广有体系,但难以适应新市场理念。品牌建设重注册,规划系统投入少。大部分企业依然觉得品牌建设没有必要,也不知道该怎么做品牌建设。农业龙头企业在多年的发展中形成了传统的以包代管的营销模式。三是市场营销专业人才缺乏,农业龙头企业招人难,尤其是招到农业营销专业人才更难。

提升农业龙头企业营销领导力,需要从多维度发力。一是要把握用户需求创造产品。企业产品要获得成功,企业就要有先为用户创造价值,再为自己创造利润的用户思维,需要在价值链与生态链的各个环节以用户为中心,需要放下"关门"做产品的老套路,多看看行业发展趋势,看看政策环境,看看目标客户与消费者的需求,真正把握客户想要的、需要的,打造能够给客户带来价值的产品。二是要驱动策略整合做推广。营销推广需要有战略、策略的系统思路,对市场环境、细分市场与消费者需求以及企业的核心优势做全面分析,并从内容策略、渠道策略、传播矩阵到消费者需求等层面系统规划并有效实施。三是要精准心智定位建品牌。农业龙头企业的品牌建设,需要从系统的视角,将品牌建设纳入企业营销领导力层级,形成系统与流程,以更好地提升品牌影响力和知名度。四是要引领营销创新拓渠道。中国经济发展全面进入新时代,农业龙头企业在确定营销渠道时,必须彻底改变传统思维,积极探索新模式、新资源、新机会。

五 全面提升农业龙头企业创新领导力

创新领导力可定义为企业领导者应具备创新基本素质、创新思维方式和创新基本技能。创新型领导者,应具有积极的、有战略意义的思维,具体体现为长远目光(A long-term perspective)、响应变化(Responsiveness to change)、接受风险(Acceptance of risks)。

调研显示,近年来我国农业龙头企业在科技研发投入、省级以上研发机构、获得省级以上科技奖励或荣誉、专利数保持持续上升态势,科

19

技创新体系建设不断优化，技术和装备创新成果显著。但由于农业龙头企业总体上规模小，利用资金、技术、品牌和管理等方面的能力有限，导致企业在激烈竞争的红海之中只能打价格战，依靠低价竞争，同时也不得不压缩上游农民生产环节的利润空间，这就弱化了企业带农富农能力。调研数据表明，农业龙头企业自主创新比例低，其中生产性加工技术创新自主研发比例不到四成；物流建设领域、信息化建设领域和节能减排领域的新技术装备自主研发比例不到两成；关键技术大多被国外垄断，面临着关键环节被"卡脖子"的危险。

农业龙头企业领导者可以借由学习三项创新思维与五项关键行为技能，并应用在工作实践中，通过员工、同事和上级反馈，持之以恒，系统性提升自身创新领导力。要有长远目光，积极支持变化，不断提高接受风险的能力。在企业经营过程中，要定期检视自己的战略是否兼顾长期与短期的平衡，是否将资源均衡地投入在核心业务、成长业务及新兴机会上，做到"卖一代，生产一代，储存一代"，带领企业在创新中形成持续性竞争优势。

六　全面提升农业龙头企业逆境领导力

逆境领导力是指企业领导者在企业面临各类不可预知性、不确定性、无差别性等因素陷入逆境时，通过多种途径和方式，以最快的速度、最小的成本战胜逆境，带领企业持续健康发展的能力。随着社会的发展，个人和组织面临的环境变得越来越复杂，危机无处不在。面对危机情境时，管理者的心智和情绪状态可能会经历不确定性、困惑甚至混乱，并有"失控感"乃至恐慌，因此，企业领导者需要从心理和制度层面建立企业逆境预警机制。企业逆境，是指由于外部环境或内部条件的突变，造成企业经营活动陷入极为困难的境况。当企业陷入逆境时，需要领导者系统分析企业所处的内外部环境条件、逆境表现和成因，进而通过积极发挥个人领导力，增强每个员工逆境应对能力，持续地提升企业逆商，以最快的速度、最小的成本战胜逆境，带领企业持续健康发展。

农业龙头企业领导者时时有陷入逆境的风险，但目前有价值的逆境领导力调查研究比较缺乏，我们通过对一些农业龙头企业领导访谈的方式进行了初步分析。从参加调研的高管来看，农业龙头企业领导者在企业创业之初有面对逆境的思想准备，他们在经营企业过程中，都经历过形态各异的逆境。逆境发生后，大多数人也有积极的心态，会利用各种方式努力去化逆境为顺境，带领企业成长。总体而言，农业龙头企业领导人普遍缺少应对逆境的系统性学习，对企业发展各阶段可能出现的逆境缺少提前预判，缺乏有效的应对工具和方法，"边干边学"的心态在中小型农业龙头企业中普遍存在，企业领导人对逆境准备不足，面对逆境常常束手无策。

应该看到，经营一个企业，逆境就如孙悟空脑袋上的紧箍咒无时不在，面对逆境时，企业家的格局和心胸就至关重要。常言道，只要思想不滑坡，办法总比困难多，面对逆境，首先，企业领导要正确认识乌卡时代企业逆境发生规律，做好理论储备；其次，要修炼学习，不断提升个人逆商、团队逆商和企业逆商；再次，要制订规划，对影响企业发展的各种危险性因素尽可能做好各种预判，前瞻性地建立预警机制；最后，当逆境发生时，要能够根据逆境发生的阶段，采取有针对性的措施，特别是要大胆启用企业中的攀登者，带领扎营者，激发放弃者，形成应对逆境的强大合力。

七 全面提升农业龙头企业传承领导力

农业龙头企业领导力传承主要包括三个方面的内容：一是保障家庭（家族）自身和谐。农业龙头企业创始人白手起家艰苦创业者居多，企业发展到一定规模，家族积累了一定财富。但财富是把"双刃剑"，如果没有正确的价值观、财富观、家庭观指导，财富往往是家庭矛盾、家庭失和的源头。二是保障企业可持续发展。农业龙头企业既是家庭财富来源，也是企业家精神的依托和家庭的荣耀。应通过企业领导权力适时交接，保障企业运营平稳过渡。三是保障企业承担社会责任。一家农业龙头企业，少则几十人，多则上万人，涉及很多人就业。企业通过联农带农，与产业链、供应链上下游紧密联结，是农业及关联产业的主体力量，涉及金融稳定和农村繁荣。

调查显示，2020年全国5万多家农业龙头企业中，主要负责人50岁以上的占了42%，80%以上是企业的创办人，上万家农业龙头企业领导力传承已是当务之急。当前农业龙头企业领导力传承方面主要存在以下问题：一是没有正确的企业领导力传承理念；二是没有制订企业领导力传承计划；三是企业没有适合的接班人；四是没有有效的企业传承方法。

　　提升农业龙头企业传承领导力已是很多企业领导的当务之急，不可回避。第一，企业老板必须转变观念。随着时间推移，企业创业一代老去，新老交替是社会发展的必然过程。老一辈企业领导者要增强企业传承意识。保障企业顺利交接，既是对自己和家庭负责，也是对企业和社会负责。第二，要根据自己家庭成员、企业发展实际，及时制订企业传承方案。第三，要通过学习国内外企业传承的常见做法，采取咨询外部专家等多种方式，结合企业实际，以明家风为起点，有序开展企业权力和财富交接。第四，国家通过政策制定，比如实施农业龙头企业接班人计划，对实际负责人年龄在 55 岁上的农业龙头企业开展专项调查，通过培训、专家咨询、建设职业经理人平台等方式，引导和协助企业有效传承。

第二章

农业龙头企业领导的自我认知能力

自我认知是一种能力,是提升领导力的起点,领导者自我认知包括身份认知、价值观、品格、性格、领导风格、能力、思维方式、行为习惯八个维度。调查发现,目前农业龙头企业领导者主要关注自我认知中的能力、价值观、思维方式及领导风格四个维度,大多数农业龙头企业领导自我认知仍处于较低层次,缺乏提升自我认知的工具和方法。农业龙头企业领导需要通过个人学习、反馈导向、反躬而思、专家指点和自知之明五大途径与方法来提升自我认知。

第一节 农业龙头企业领导自我认知的重要性

一 自我认知概念与意义

(一) 自我认知概念

自我认知(self-cognition)指的是对自己的洞察和理解,也叫自我意识,或叫自我觉察,是个体对自己存在的觉察,包括对自己的行为和心理状态的认知。自我认知是认识并理解自己情绪、情感、动力以及自己对他人影响的一种能力。自我认知包括自我观察和自我评价。①自我观察,是指对自己的感知、思维和意向等方面的觉察。②自我评价,是指对自己的想法、期望、行为及人格特征的判断与评估。

认识自己,自古以来就已经被刻在德尔菲(Delphi)神谕的石头上了。实质上，自我认知就是清醒地认识自己：我是谁？我的价值观是什么？我的优缺点是什么？我的思维方式、内在品格、行为习惯、领导风格是怎样的？

（二）自我认知的意义

亚里士多德曾经说过："认识自己是一切智慧的开端。"认知是人与人之间唯一的本质差别。可以说，企业家之间最大的差别就是认知，因为，技能的差别是可以量化的，再多的技能累加也就是熟练工种。而认知的差别是本质的，是不易量化的。人一定要对自己有准确的认知，对普通人来说，自己是自己人生的舵手；对企业家来说，自己是整个企业的掌舵人及灵魂。

1. 自我认知在个体层面的意义

（1）正视人生目标。专家研究发现，成功的人大都具有清晰而明确的自我认知和人生目标，知道自己想要什么，能做什么；知道要实现人生目标需要具备的条件、需要怎样努力，并会锻炼自己的毅力、耐力和能力去实现这些目标。可见，人只有正确地认识自己，才能正确地确定人生目标，才能使人生的航船不迷失方向；反之，人如果没有清醒的自我认知，就无法意识到本体自我内心的逻辑和选择倾向，容易被普世价值观影响，甚至还会嘲笑别人没有追求，实际上自己一直走在一条看似清晰实际迷茫的路上。

（2）正确认识自己、积极接受自己。每个人都是独一无二的个体。自我认知是一种强大的技能，它能让每个人看清自己，认识到自己的禀赋和独特性；自我认知有助于个体认识到能让自己变得更好的发展潜力，增强自信心。所有持久的成长都需要认知。如果个体缺乏认知，就会始终处于浑然不觉的状态。

自我认知能够帮助人测试自己的极限。自我认知会让人的优点最大化，而让弱点最小化。对自己抱有正确的态度，不骄傲也不自卑；帮助个体调节和控制自己的行为，做到知行合一。

（3）客观对待评价、主动理解他人。自我认知可以使人既能够重视他人的态度和评价，也能客观冷静地分析问题，不固执、不盲从。

自我认知有助于自己更好地理解他人；每个人从内在而言，都有自作用的潜意识，有看不见的心理反应，有内心不断思量的过程；从外在看，有喜怒哀乐的情绪，有我行我素的行为，有自己独特的各种习惯等。一个具备自我认知的人，能够从更多维度去理解、包容接触到的每个人。自我认知会让自己与他人的合作关系更牢固。

2. 自我认知在组织层面的意义

（1）领导者自我认知能够让企业"及时自省"。农业龙头企业领导者的自我认知有别于普通人的自我认知，领导者自我认知的能力决定了企业的生存时长和发展高度，如何认知自己的团队和企业，会影响领导的判断力及决断力。

良好的自我认知能力能够让农业龙头企业领导者清晰认识到自己的角色、定位、优势和劣势。现实中农业龙头企业领导者大都忙于发展外部事务，习惯于"向外看"，关注事多，关注人少。领导者只要有意识地花时间"向内看"，反思内省自己，在企业内部，就能够获得来自下属真实的反馈，不会自我膨胀。特别是在碰到逆境，遭遇重大挫折时，更能痛定思痛，反思认识自己，让企业"及时自省"。

（2）自我认知是领导者成长必备的能力。古人云，"人贵有自知之明"。自知之明是任何一个农业龙头企业领导者面对最艰巨的任务时必须具备的一种能力。领导者必须真正了解自己的优缺点，想清楚做什么和为什么做，敢于直面自己的缺点。坦诚是自知之明的关键，是基于真实的思想和行动。同时，自我认知也是提高自我接纳的关键，领导者可以通过他人直接而诚恳的反馈建立起自我认知，如同照镜子，获得重要的反馈后，并有必要进行一段时间的反思和内省。

（3）自我认知有利于提升领导者的自我激励。自我认知可以让一个人能够洞察自我，清楚地了解自身的优势、劣势和盲点，并利用这些信息来高效工作。具有较高自我认知水平的人一般都拥有个人见解，能清晰地理解自身优缺点，不受自身盲点所限，并运用这些知识有效行事。

二　自我认知的特征

（一）动态性

自我认知是一个动态进化的过程，成为领导者的唯一途径就是不断超越自身的局限。领导者从改变对自我的认知开始，在企业的发展过程中认识自己，不经一事难长一智。在事上修心，在事上练人，通过做事认识自己。

领导者的成长就是不断用新的认知打破旧的认知，重建自己的思维方式，心智模式不断进化的过程。全面客观地认识自己非常重要，只有科学地认识自我，才能在实践中认识自己，在顺境中提升自己，在逆境中超越自己。

自我认知有一个过程，需要长时间逐步认识自己。一方面，自我认知是在经历了许多困难和挑战后痛定思痛，从反思中认知自己；另一方面，领导者在光环和人们的赞美中，难以获得真实的反馈。领导者的自我认知不能停留在自我能力认知层面，也不能满足于仅了解自己的优势和劣势，擅长什么，不擅长做什么，更要对自己的价值观、品格、性格、思维方式、行为习惯等给予更多关注和了解。

（二）层次性

《思辨与立场》的作者理查德·保罗，曾经提出过人的认知四个层次理论。他将人的认知划分出了四个层次，分别为不知不知、知己不知、知己自知、不知己知。

1. 不知不知

不知道自己不知道。自以为自己无所不知，处于自以为是的认知状态。盲目自信，以为自己什么都知道，拒绝接受别人的建议，排斥不同的声音。井蛙不可以语于海者，拘于虚也；夏虫不可以语于冰者，笃于时也。

每个人都受限于时间和空间，所以人们根本看不到认知水平以外的东西，但是，人的财富来自人的认知水平，一个人永远赚不到自己认知之外的钱。

2. 知己不知

知道自己不知道。对未知领域充满敬畏，看到自己的差距和不足，准备丰富自己的认知。苏格拉底对自己的评价是："我唯一知道的就是我一无所知。"

3. 知己自知

知道自己知道。善于抓住事情的本质和发展规律，不断提升自己的认知。

4. 不知己知

不知道自己知道。常保持空杯心态，这是自我认知的最高境界，是人生的大智慧。

（三）层级性

自我认知有较低、一般、最优和过度四种状态。

1. 较低的自我认知

主要表现在满足于自己的当前状态，对负面反馈有抵触情绪，活在当下（指没有长远规划，无目标感），找借口或责怪他人，高估长处，低估短处。看问题视角很狭窄，想法过于单一，对于遇到的人和事缺乏判断力。

2. 一般的自我认知

主要表现在为个人成长付出一定的努力，会考虑他人的批评，偶尔反省过去比较重大的事，从错误中获得一些省悟，较好地意识到自己的长处和短处。

3. 最优的自我认知

表现在虽然见过大世面，知识渊博，但依然觉得自己知之甚少，始终保持强烈的求知欲。渴望得到成长机会，积极接受反馈（包括批评），用较多的时间进行反省，从错误和失败中学习，对自己的长处和短处有清晰的认识。

4. 过度的自我认知

主要表现在依赖于反馈，沉溺于过去，以及过度自我批评，对自我缺乏客观的评价。

就企业层面而言，成功的领导者大多具有较高的自我认知水平，他们能够反思并发挥自己的个人技能，随着时间的推移，这些技能让他们更加卓有成效；失败的领导者通常缺乏客观的自我认知，要么过高评价自己，要么过低评价自己。

改变一个人的必要条件是改变他对自己的认知，取得结果的关键在于认知。作为农业龙头企业领导者，清晰了解自我认知处在什么状态，什么层次，通过学习调整自己，跃迁到较高的自我认知层级，对企业经营至关重要。

三　自我认知的八个维度

为了让农业龙头企业领导者更加系统全面地认识自己，以下采用由表及里、由外而内的逻辑，通过分析领导者管理风格、性格特征、能力行为等外在表现要素，深入探求其内在的思维方式、品格特质、价值观、身份，最终帮助领导者从八个维度系统全面地了解自己：①身份认知（我是谁？）；②价值观（我的核心价值观是什么？）；③思维方式（我的思维方式是怎样的？）；④品格（我的优良品格是什么？）；⑤性格（我的性格特点是怎样的？）；⑥能力（我的优势是什么？劣势是什么？）；⑦行为习惯（我的行为习惯是什么？）；⑧领导风格（如何描述我的领导风格？）。

参考美国著名心理学家戴维·麦克利兰冰山模型，可以将自我认知划分为表面的"冰山以上部分"（领导风格和行为习惯、优劣势）及深藏的"冰山以下部分"（性格、品格、思维方式、价值观）和最为底层的"身份"，搞清楚"我是谁？我想成为谁？"犹如身份证 ID 是识别自我认知的根本所在。与自己的"身份"相匹配的有价值观、思维方式、品格、性格、优劣势、行为习惯、领导风格。如图 2-1 所示。

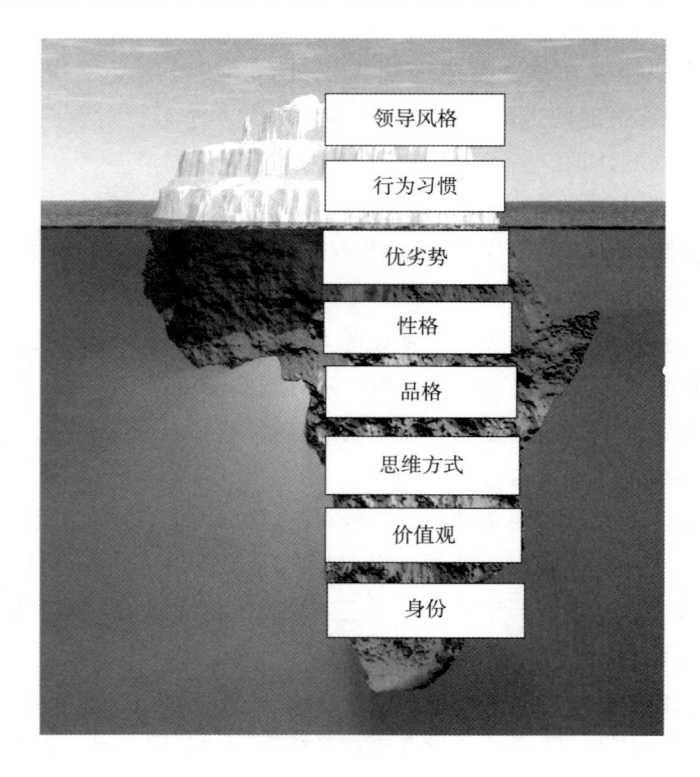

图 2-1　领导者自我认知的冰山模型

(一) 身份

1. 身份的内涵

身份就是自身和他人对自己的看法，这不仅关乎外表（外部身份），更关乎感受（内部身份）。身份是指一个人怎样看自己（我是谁?），给自己定位，或者准确描述出自己，这涉及身份的意义。很多人都没有意识到，最了解自己个性特点和天赋才能的莫过于本人。可以说，每个人都是自己的专家。

2. 身份与角色

身份如同一颗钻石，钻石的每一棱面代表着自己扮演的角色，不变的是身份，变化的是角色标签。自己是谁? 源于自己做了什么。自己的一言一行决定了"我是谁"。自我评价自己是一个什么样的人是自我认知的外在展现形式，核心身份是根本，在不同情境中扮演不同角色。

认识自我是一个不断进化的过程：认识自我意味着要把我是什么样的人，我想成为什么样的人，与他人认为我是什么样的人，与他人希望我成为什么样的人区分开来。除了自己，没有人能够教会人怎样成为自己、怎样负起责任、怎样表现自己。

回顾过去生活中成功或失败的经历，可以帮助人更好地了解自己。在日常工作和生活中，尝试问一问：①在生活中我擅长扮演什么样的角色? ②能够发挥什么作用? 不擅长什么角色? ③在经历的这些角色中，哪些发挥得游刃有余，原因何在? ④失败的经历有哪些? 从中发现与理想角色或理想生活不符的有哪些? ⑤我是一个领导者还是一个管理者?

3. 外部视角中的自己

个人的自我认知还包含外部视角中的自己，即熟悉的人、利益相关者是如何评价自己的? 征得他人诚实的反馈，犹如照镜子，从逆耳忠言中学习。良药苦口，良师益友会帮助一个人看到自己的盲点和误区。

个人看不到自己的盲点，但别人对此却一览无余，这就像两边车道无法进入汽车后视镜的视野一样，自我认知中的盲点也很容易被忽视，因为人完全意识不到它们的存在，甚至不知道它们就在那里——我并不知道我所未知的自己。了解自己是谁固然很重要，但更重要的是我想成为谁，它左右着每个人未来的人生导向，也是领导者自我发展的内在驱动力。

（二）价值观

1. 价值观是什么

价值观是对人生的看法和态度。它决定了个人最在意的是什么，什么对自己来说是最重要的。

价值观是奠定真正领导力的基石，也是领导者的内在驱动力。事实上，核心价值观发自每个人的内心深处，它们通常会长期存在，并且很难改变。

真实的价值观只有在压力的作用下才能显现出来。顺风顺水时，一个人不必费太大工夫，便可列出自己的价值取向，并将此作为行为准绳。只有当事业甚至人生都命悬一线时，人们才能体会到人生中最重要的是什么，以及自己愿意通过付出代价换来什么。

2. 如何找准价值观

领导者要根据自己从人生经历中获得的启发，问问自己什么最重要。这些问题会帮助自己充分认识自己属于哪一种领导者，自己真正在意的是什么。可以通过思考以下问题并尝试把答案写下来，进而找准自己的价值观？①生活中什么是值得珍惜的？②生活中遇到过哪些挫折或失败？让自己认识到了最重要的是什么？③生活中的哪项特权教会了自己认识到了所要珍惜的东西？④哪些是值得用自己的生命去冒险的？⑤生活或工作最重要的意义是什么？⑥鼓舞和激励自己前行的核心价值观和信念是什么？⑦所在企业秉持并贯穿各种商业活动的价值理念是什么？从选择最重要的价值观开始，看看自己当下所依靠的最重要的3—5个价值观或原则是什么；对个人来说，什么最重要。

大量研究表明，领导者和普通人的区别就在于领导人的信念坚定，无论在什么情况下他们也不会妥协让步。普通人的价值观比较模糊，往往会为了短期利益而退让。

3. 发现自己与众不同的价值观，建立共同价值观

农业龙头企业领导者的个人价值观决定着企业的价值观，无论是创业股东层面，还是企业经营层面，拥有共同价值观至关重要。拥有共同价值观的前提是志同道合，道不同不相为谋，最具挑战的是高管之间价值观冲突，往往难以调和，最终导致分道扬镳。领导者了解自己的核心价值观，选择合作伙伴或招聘时也要特别关注价值观匹配度。

（三）思维方式

1. 固定型思维/成长型思维

思路决定出路。企业领导者的思维方式可分为固定型思维和成长型思维。持固定型思维模式的人认为领导者是天生的，任何培训都不会提升领导力。成长型思维模式建立在人的基本素质可以通过努力培养这一观点基础之上。认可成长型思维模式的人认为，人可以通过学习成为更优秀的领导者，领导者是后天培养的，而不是天生的。

如果一个人接受领导者是天生的，人的才能在出生时就已经定型的观点，那他就不太可能投入时间和精力来提高自己，只会等待自己的才能自行开花结果。相反地，如果认为人可以通过培训和发展提高自己，每个人都能够掌握新的技能，就更有可能取得进步。

在应对具有挑战性的问题时，决定成败的不是技能，而是思维模式。作为农业龙头企业领导者，必须认清自己是固定型思维还是成长型思维。如果发现自己是固定型思维，需要通过有意识的训练来转变为成长型思维。

2. 积极（正向）思维/消极（负向）思维

日本管理学大师稻盛和夫总结出人生成功方程式：人生的成功＝能力×热情×思维方式。

成功三要素中思维方式最重要。思维方式指一个人准备用怎样的精神状态投入工作，度过人生。思维方式可以通过正100和负100之间打分评估，比如受妒忌、忌恨、憎恶等负面情绪支配的人，其精神状态得分就会是负数，那么他的最终人生得分也必然是负数。如果思维方式的分值是负数，一切结果都是负值。相反，一个正直向上、拥有积极思维方式的人，就容易取得成功，度过美好的人生。

3. 战略思维/变革思维

企业领导者是企业的掌舵人，其决策关乎企业的兴衰存亡，领导把握着企业发展的航向，不仅要关注企业当下的生存问题，还要洞悉企业的发展机遇，顺应行业发展大势，洞察先机，与时俱进，变革领导力，适时推动企业变革。既解决当下的问题和挑战，又兼顾企业长远发展，大处着眼，小处着手。

北京百净保科技发展有限公司总经理白云华博士在参加了引力波领

导力开发项目后深有感悟地说:"我一直认为自己管理能力不够,没有办法领导好公司,后来通过学习,我感悟到自我认知最重要的是思维方式。当思维方式变化以后,把才能匹配到自己的身份,从思维上让自己变成一个具有正能量的人,让自己变得更加优雅从容。思维方式开阔以后,领导行为习惯随之而变。一个人,只有认知引导行为改变后,自己的才智才能有更好的表现。"

（四）领导品格

领导品格是领导者内在的人格特质,优秀的品格特质是管理者人格魅力的基石,也是人的性格中最重要的部分。领导力需要品格支撑。丘吉尔曾经说过,重要的时刻也许最能凸显品格,品格是在平凡的经历中磨炼出来的。品格不能决定一个人现时的命运,但它能决定人的最终命运。

大量专家学者的研究表明,多达50项品质对领导力都有重要作用,但其中有七项品质比其他项作用更为突出。幸运的是,这些品质都可以后天习得,需要坚持不懈地重复练习和应用。

1. 远见是领导力中最重要的品质

作为领导者,要能看到未来的愿景,清楚自己前进的方向和希望到达的目的地。拥有清晰的远见是农业龙头企业领导者所必不可少的品质。"远见"这一品质不仅能够将领导者与经理人区分开来,而且可以使"事务型领导者"转变为"变革型领导者",前者只需把工作完成即可,真正的领导者要有前瞻力,洞悉行业发展趋势,把握发展机遇,不只是埋头拉车,更注重抬头看路。

2. 勇气是领导者必备的第二大品质

对农业龙头企业领导者勇气的终极考验,就是考察领导者身处逆境时处理危机的能力。对农业龙头企业领导者来说,工作中唯一不可避免的事就是危机和冲突,这正是考验自己勇气的时刻。农业龙头企业领导者身处错综复杂、快速变化的时代,面对外部环境不确定性而勇于承担风险,即使没有成功的保障,仍然要直面危险,不断前行。农业龙头企业领导者在压力和挑战面前需要勇气,敢于冒险,适时展现出决断力。

3. 诚信是最受尊敬和羡慕的品质

诚信意味着在领导他人之前,自己必须是诚信之人。考量一个人真正的品行，就是要看他在四周无人时会做些什么。诚信的领导者所做的每一件事都问心无愧。无论一个领导者多么有能力、多么称职，其伪善、虚伪也不可能被掩盖。赢得下属的善意和尊重的唯一方法便是坦诚相待。

4. 谦逊使领导者具有足够的安全感与自信去挖掘他人的价值

最优秀的领导者不但坚强、果断，而且十分谦逊。谦逊并不代表软弱和不自信，恰恰相反，谦逊彰显的是十足的自信和自醒，谦逊的领导者能充分挖掘他人的优点和价值，而又不觉得受到了威胁。谦逊意味着愿意承认自己也可能犯错，清楚自己不能解决所有问题，同时意味着不吝啬给别人应得的奖赏。农业龙头企业领导应善于汲取周围人的优势和知识，虚心求教，懂得倾听和学习，注重和谐关系，避免冲突，为人低调谦和。

5. 先见之明是领导者有预见未来的能力

当前市场竞争激烈，只有能精确预计未来市场情况的领导人才能够带领企业生存下去，也只有拥有先见之明的领导才能够走在别人前面。领导人拥有敏锐的战略眼光，需要专注于重要的事，能够相对准确地预测行业和市场动向。如企业在未来几个月或几年内可能发生的最糟糕的事情是什么？在这些事中哪个可能会是威胁企业生存的致命问题？从今天起，应该怎么做才能避免这些问题的发生。农业龙头企业领导者需要抢在竞争对手之前判断行业趋势，需要经常自问"基于现在的情况，整个市场的走向如何？三个月、六个月、一两年后的情况又会如何？"

6. 凝心聚力能够将个人、公司的精力和资源投入最重要的领域中

领导者的职责是帮助公司里的员工将自己的精力全部贯注到自己所能贡献最大价值的地方。当然，领导者必须在这方面起带头作用，应该树立起良好的榜样，时时刻刻都专注于自己可以创造最高价值的工作，这样其他员工才能够上行下效。领导者需要把自己的核心能力匹配到企业的核心竞争力中。要审视自己的核心能力：最擅长哪方面的工作；哪方面的特殊才能是个人成功的主要原因；哪些是能够做到且只有自己才能做到的事；这些事一旦做成是否会对企业产生深远的影响；公司核心竞争力是什么；公司在哪些方面做得特别好；什么因素导致公司比其他竞争对手更强；公司利润最高和最成功的商品和服务是哪些；哪些员工

是最优秀和最具有生产力的；哪些是公司最重要的市场和最宝贵的客户等。

7. 合作是与他人有效合作的能力

合作是高效领导力的重要因素，鼓励所有人努力工作，同时促进团队齐心协力，这二者对成功非常重要。领导力就是能够让员工心甘情愿为领导服务的能力。二八法则的意思是员工中20%的人可以贡献80%的成果，为了整个企业的正常运转，领导人必须正确挑选出这20%的人，并与他们进行高效的合作。优秀农业龙头企业领导要善于与他人合作，对外发挥农业龙头企业带动作用，与农户合作共同致富，会受到广大农户的青睐。对内要坚信人才是公司最宝贵的财富，千方百计地与公司的骨干员工保持好的关系。与这些员工每天融洽相处可以换来整个团队的精诚。

（五）性格

领导者性格指领导者对人、对己、对事业的稳定态度和习惯行为方式。人格是驱动行为的内在原因和动力来源；领导者的性格决定其领导风格。

领导者要树立自己独特的领导风格，这个风格与个人的个性、性格、品格是一致的。在领导力开发过程中，学者们经过研究发现，领导者可以通过以下问题，探求自己在性格方面的自我认知：①最好的朋友是如何形容自己的？②自己与众不同的地方主要体现在哪里？③自己最出色的性格特质是什么？④自己是否曾经在不适合自己性格的岗位上工作过？⑤自己是否曾经管理过那些付出巨大努力但工作心态不正确的员工？

行为心理学家已经开发出了性格测评工具，比如专业测评工具MBTI或霍根性格测评工具，能够帮助领导者了解自己的性格并进行相应的管理，相关信息可参看相关资料（16personalities.com/cn 或 www.hogenassessments.com）。

（六）优势/劣势

1. 探求自己的优势

能力挑战始于自我认知，认知将掀掉压制每个人能力的帽子，很多人能够说出自己的优点和长处，但只有少数人能充分利用这些优势，实现人生价值。一般可以通过以下问句来探求自己的优势：①我最擅长什么？有什么天赋？②我做什么最得心应手？在哪方面比较有影响力？③我的五大优势是什么？三大缺点又是什么？④最了解自己的人认为自己最擅长的是什么？最不擅长的又是什么？探求优势实质是要明确核心优势（成长点/盲点），明确成长点。

领导者的最大财富是个体优势。如果希望自己能够更上一层楼，领导者必须要确认自己的强项是什么，把优势转化为自己的核心竞争力，这可以使自己变得强大。在克服自身劣势的同时，不要忘记强化自己的优势。现代管理学之父德鲁克曾意味深长而清晰地表达了这一理念：一个人只有凭借自身强大的优势才会有所作为。

明确并利用自己的优势，可以从五个方面入手：一是把优势罗列出来，思考自己在哪些方面表现优异，诚实地面对自己，设立一个较高的标准来定义自己心目中的"优势"。二是通过他人的角度来看自己的优势，问问他人自己哪些方面做得特别出色。三是寻找利用优势的机遇，让自己置身于一个能全面发挥优势的环境当中。四是客观探究，寻找那些让自己做出很大成就的才干是什么。五是追问提炼，当自己做出了很卓越的成绩时，自己表现出来的才干是什么。

2. 借助SWOT等分析工具

SWOT是一种企业战略分析方法，即基于内外部竞争环境和竞争条件下的态势分析，就是将与研究对象密切相关的各种主要内部优势（strengths）、劣势（weaknesses）与外部的机会（opportunities）和威胁（threats）等，通过调查列举出来，并依据矩阵形式排列，然后用系统分析的思想，把各种因素相互匹配并加以分析，从中得出一系列结论。SWOT分析既可以用于企业战略规划，也可以用于个人职场分析。利用SWOT分析工具，了解并更好地利用个人优势。如果领导充分发挥自身的才能，了解并克服自身的弱点，就有可能取得人生的成功。

（七）领导风格

每个领导者都有自己的领导风格和适应性，多样化的领导风格尽管数不胜数，但不同的领导风格都有其有利的方面，也有其不利的方面。除了前面提到的农业龙头企业五种领导风格分类法外，在权变理论中，常见的领导风格有民主参与型、官僚主义型、魅力型、专制型四种，各

35

种领导风格各有利弊，农业龙头企业领导可以根据实际对标自己比较倾向于哪种领导风格，经常运用哪种，哪一种是自己格外偏向的。

在企业领导实践过程中，领导要根据团队和自身的职位，确认每种领导风格的理想比例应该是多少。也就是说，领导找到自己可以尝试或需要做出改变的领导风格，因为"一刀切"的管理风格不利用企业的发展。

（八）习惯行为

要领导他人，必须先了解自己。建立卓越领导力，需要领导者通过明确的行为和价值观，对团队进行清晰的传递，言传身教行之有效。詹姆斯·M.库泽斯和巴里·Z.波斯纳合著的《领导力》一书中谈到，从20世纪80年代开始，他们通过研究几千个最佳领导事迹，发现不管时代和环境如何不同，能够领导他人开创出一条新路的人，都具有相似的经历。虽然每位领导者的经历各有特点，但都具有共同的习惯行为。他们把这些共同的行为习惯提炼出来，形成了"卓越领导五种习惯行为"。

行为习惯一：以身作则。明确自己的价值观，找到自己的声音；使行动与共同的价值观保持一致，为他人树立榜样。

行为习惯二：共启愿景。展望未来，想象令人激动的、崇高的各种可能性；描绘共同愿景，感召他人为共同愿望奋斗。

行为习惯三：挑战现状。通过捕捉创意和从外部获取创新方法来寻找改进的机会；进行尝试和冒险，不断取得小小的成功，在实践中学习。

行为习惯四：使众人行。通过建立信任和增进关系来促进合作；通过增强自主意识和发展能力来增强他人的实力。

行为习惯五：激励人心。通过表彰个人的卓越表现来认可他人的贡献；通过创造一种集体主义精神来庆祝价值的实现和胜利。

这其中，真正的挑战是如何提高践行卓越领导五项行为习惯，掌握五项习惯行为的含义，并且更加自信和自如地运用它们。

第二节　农业龙头企业领导自我认知现状

笔者从2021年3月始，先后调研访谈了多家农业龙头企业的领导，对企业董事长或总经理进行了一对一的深度访谈。这些农业龙头企业涵盖了饲料、饲料添加剂、生猪养殖、兽药动保、羊全产业链、农产品加工、农牧物流、畜牧人工智能等领域，访谈对象分属国家、省级、市级重点农业龙头企业。访谈围绕自我认知的八个维度展开，以期能对当下农业龙头企业领导自我认知现状有初步的了解。

一　农业龙头企业领导自我认知调研主要发现

总体而言，当下农业龙头企业领导者主要关注自我认知中的能力、价值观、思维方式及领导风格四个维度，而对身份、品格、性格及行为习惯关注较少。

（一）农业龙头企业领导能力自我认知

农业龙头企业领导者大都能够发现自己的优势，并充分发挥自己的优势，了解自己的短处，知道自己擅长什么和不擅长什么。领导者善于"扬长避短"；同时，领导者也需要自我提升，"扬长补短"，比如企业发展到一定阶段时，需要领导者与时俱进，懂得资本运作，弥补短板；领导者还需要学会"取长补短"，善于用下属的长处弥补自己的短处。

广州优百特科技有限公司董事长丁为国认为："木桶效应就是从另外一个角度去观察，人无完人，每个人肯定都有自身的长板和短板，不断地完善修补自己的短板，控制自己的短板并不让短板影响企业发展，尽量发挥自己的长项。只有完美的团队，没有完美的个人，用好他人长处弥补自己短处，借助外力合作有利于企业发展。"

正大集团农牧食品企业（中国区）副董事长董忠认为："我从来没有把自己看得很高，自己的优势就是在于能听取大家的意见，在民主的方面能够走得更远，博采众长就是优势；劣势就是对宏观经济大势掌控方面，尤其对包括金融资本运作等专业之外的东西了解不足，需要学习提高。"

调研的农业龙头企业领导都能够找到自己的优势能力，并且充分发挥自己的优势，同时，也善于学习和思考，不断提升自己的能力，补足短板；能够随着企业规模的扩大与时俱进，持续提升自己以胜任企业的发展需要。

（二）农业龙头企业领导价值观自我认知

价值观对于个人而言，是内驱力的源泉；对于组织而言，是组织顶层设计（愿景、使命、价值观、战略）中重要的一环。农业龙头企业领导的价值观决定了企业的价值观。企业价值观成为企业的行为准则，也是企业文化建设的核心要素。在对农业龙头企业领导者进行访谈时，绝大部分企业领导者表示非常重视企业价值观建立，也非常认可领导者价值观决定着企业核心价值观的逻辑链条。对于企业领导者而言，价值观决定了行为准则。如果说领导者的能力决定了做事的方式方法，那么志同道合的价值观则是创业合作伙伴合作的基础，至关重要。价值观决定了合作伙伴能否走到一起，能够共同走多远。作为创业团队其成功有三要素：一是志同道合，拥有共同的价值观；二是志趣相投，团队之间性格合得来；三是团队成员之间技能优势互补。

企业内部价值观冲突常常难以调和。农业龙头企业领导的基本价值观和信念能够帮助自己判断做什么、不做什么。道不同不足为谋，一旦企业发展到一定阶段，合伙人之间出现价值观冲突，往往会以分道扬镳而告终。总体而言，农业龙头企业领导在选人用贤上比较重视价值观的匹配度和一致性，但部分农业龙头企业领导选人时过分注重能力经验的匹配度，而忽视了候选人与企业价值观的匹配度，最终让企业付出了较大代价。

正大集团农牧食品企业（中国区）副董事长董忠说道："自我认知首先是价值观，从性格和自身的能力来看价值观，一是领导者做的事情跟个人价值观是相符合的。二是思维方式是逆向思维还是纵向思维。三是多年养成的工作生活行为习惯。"

北京小龙潜行科技有限公司 CEO 鞠铁柱说道："价值观最根本的就是一个人怎么做事，自己想做什么事，欲望建立在价值观基础上。企业创始人的价值观基本确定了公司价值观，小龙潜行价值观表现为正直、信任和开放。正直就是不能撒谎，不能骗人，不能作恶。企业文化、企业底色第一是不能偏离企业价值观，第二是不能偏离企业愿景和战略，这需要用领导者价值观和企业愿景来衡量，用长期价值来衡量。如果短期价值和长期价值相冲突，那么即使要实现短期价值也会艰难，需要坚持长期价值。"

内蒙古斯隆生物技术有限责任公司总经理贾银宝说道:"第一,价值观决定了领导的方向和选择,拥有共同价值观,创业团队才能志同道合,才能走到一起,才能走得更紧密。第二,性格和行为习惯很重要,能一起做事的伙伴对彼此的性格比较了解,行为习惯有趋同性。第三,思维方式,领导者的思维方式与追随者的思维方式有所不同。领导者考虑问题包含的维度要多一些,广一些,当然最重要的是内部要团结。"

(三)农业龙头企业领导思维方式自我认知

战略思维对于很多高管是"未经发展的能力"而不是弱点。从领导力的角度看,战略思维能力对于高管显得越发重要。如果企业高管缺少参与公司战略方向的制定和商业逻辑的锤炼,就会对创始人或者董事长战略形成过度依赖。战略思考可以在实战中通过训练获得能力的快速提升,动态地制定和调整战略战术对于企业的成功至关重要。

访谈中发现,农业龙头企业领导者思维方式有以下四个共同特点:其一,绝大部分农业龙头企业领导头脑灵活,勤于思考,有不达目的誓不罢休的执着,甚至有些"偏执狂"。其二,绝大多数农业龙头企业领导具有积极正向思维方式,能够灵活变通适应外部环境变化,具备成长型思维。其三,大多数农业龙头企业领导形成了问题导向思维,成为解决问题的高手,变成"救火队长",但一些中小型农业龙头企业领导更多关注当前业务发展,对于企业长远发展关注不够。其四,部分农业龙头企业领导擅长逆向思维,有的领导者拥有跨界思维。

内蒙古金草原生态科技集团有限公司董事长刘奋泽认为:"下属思维跟领导思维不一定都是一样的。每个人的思维不同,不能完全按照自己的方式要求去做。领导者要学会包容他人的一些缺点。要换位思考,工作中以成果为导向,追随者能完成既定绩效就可以了。"

正大集团农牧食品企业(中国区)副董事长董忠认为:"践行逆向思考以及换位思考,以目标为导向,倒逼反向思考。重视治本思维,不能只治标不治本,头痛医头,脚痛医脚,要标本兼治。"

天津市现代天骄农业科技有限公司董事长孙超认为:"转变观念就是要逆向思维,颠覆传统思想,以客户为中心。企业能不能做好,就看能给客户带来多少附加值。比如,大家常说食品是安全优质新鲜,我们公司追求的未来就是饲料如食品一样也要安全优质新鲜。作为饲料企业，就必须把饲料特性研究透彻，做到干一行必须干明白一行。"

（四）农业龙头企业领导风格自我认知

农业龙头企业领导风格因人而异，不同的性格和价值观展现出迥异的领导风格。不同规模、不同性质的龙头企业领导风格也存在显著差异。中小型龙头企业领导以专制型领导风格居多，其次是魅力型领导风格，再次是官僚主义型风格。大中型农业龙头企业领导以专制型领导风格为主，其次是官僚主义式风格，再次是民主参与型风格。

广州优百特科技有限公司董事长丁为国认为："我的领导风格肯定是亲和型和关系导向型。我很清楚自己不是教练型的，对各个部门的辅导还不够。我会创造一种氛围和一种关系导向。建立平台需要大胸怀。其实我更像刘备，当然我得有五虎上将。"

内蒙古斯隆生物技术有限责任公司贾银宝认为："我的个人特点一是亲和力强。二是处事大度，我们要考虑公司的发展需要，考虑团队每个人的情况。他们信任我，跟着我不会受骗，这是我的优势。我的致命缺点就是做事不果断，有时候优柔寡断。"

北京小龙潜行科技有限公司 CEO 鞠铁柱认为："我们公司采用决策委员会机制，打破个人边界，融入大家的智慧，最后形成决策共识。多人参与，集思广益，民主决策，最后由董事长拍板。这种做法的缺点是有的时候太耗精力。领导风格主要还是基于信任和开放，让整个企业保持创新性。"

（五）农业龙头企业领导品格自我认知

《中国企业家》杂志社曾经做过一项调查，调查目标是人们最看重的企业家应具备哪些特质。该调查分析汇总结果表明，企业家最被看重的十大特质依次是：诚信、道德、创新、远见、胸怀、胆识、正直、真诚、公正、奉献。

品格是领导力的基石，品格构成了领导人格魅力的核心要素，作为农业龙头企业的灵魂人物，以身作则，值得员工信赖和追随，良好的品格是高绩效领导力的前提。调查发现农业龙头企业领导品格特征表现为自信、诚信、勤奋、好学、靠谱、进取、坚韧。做企业就是做人，人品决定了领导和企业发展的长久性。

（六）农业龙头企业领导性格自我认知

调研访谈显示，大多数农业龙头企业领导能够认识到自己的性格特点和不足；他们或勤奋好学、自律自信、积极乐观、不抱怨、有情怀、有担当、善沟通；他们或拥有敏锐的商业嗅觉，善于捕捉商机，抗压顽强、充满热忱、富有冒险精神，敢于大胆尝试，能够从容面对失败并且善于从失败中吸取教训；他们或能够广结人脉，善于进行资源整合。

天津市现代天骄农业科技有限公司董事长孙超认为："我始终坚持乐观、开朗、执着。十多年来在创业路上掉进过许多坑，走过很多弯路，但我始终保持乐观的态度，面对困难、坚持、执着，咬定目标不放松，不管遇到多少艰难困惑，绝不轻易放弃，也不会转向。我现在已经选择了一件值得奋斗一辈子的事情，自己内心越来越热爱它，也就越干越有激情，越来越有上升的动力了。"

北京和利美生物科技有限公司董事长尚秀国博士认为："我的性格有好的一面，也有不好的一面。自己的性格比较急，有的时候也有点情绪化。现在通过借助领导力开发项目，尽量去修心、修性、修情，加强自我情绪管理。"

（七）农业龙头企业领导行为习惯自我认知

调研中发现，农业龙头企业领导在"五项行为习惯"当中，以身作则做得最好，绝大多数农业龙头企业领导首先都很敬业，其次是勇于挑战现状，最后是能共启愿景。除此之外，农业龙头企业领导在自律自制、自我激励、有效沟通、善于决策、激励人心方面都有可圈可点的表现。

（八）农业龙头企业领导身份自我认知

农业龙头企业领导的身份认知决定了领导在企业中扮演什么角色，发挥怎样的作用，想成为怎样的领导者。

广州优百特科技有限公司董事长丁为国认为："'先知己，后知彼'，商场如战场，知己知彼，方能百战不殆。知己是前提。作为企业家，首先要认识自己。自从接触到领导力开发自我认知课题之后，在生活和工作中，我就有意识地探究自己到底是一个什么样的人：我是谁？我从哪儿来？要到哪儿去？我要把自己和企业领向何方？"

内蒙古金草原生态科技集团有限公司董事长刘奋泽认为："我不属于一个合格的管理者，有的时候可能还不如别人做得好。但是我有敏锐的商业嗅觉，做一个企业领导者有我独特的优势。"

福建龙岩闽雄生物科技股份有限公司董事长陈敏认为："以往做商业贸易时，我以为自己什么事情都能干，企业决策就是以我的为准。但现在更多的是把个体角色转化为企业领导角色。企业事务千头万绪，有些事情自己不会做，也没时间做，一个企业领导不可能把企业所有的事情大包大揽，现实逼迫自己慢慢把一些事授权交给别人做。"

二 农业龙头企业领导提升自我认知的常见做法

调研访谈中发现农业龙头企业领导在提升自我认知方面常用的方法有以下几种。

（一）认识自己，谦逊开放

优秀的领导者大都谦逊开放，愿意倾听不同意见。只有保持谦虚精神的领导者，才能创造一个配合协调的团队，并带领团队走向长期发展的道路。农业龙头企业领导者一般都会通过对自己充分的认知，与团队成员建立良好的信息共享、开放、信任的关系，并充分激发、发挥团队成员最佳的潜能。可见，领导者一要谦虚，谦虚才能接受；二要开放自己，愿意倾听不同意见，而不是自以为是，封闭自己。

（二）反思内省，总结复盘

大多数农业龙头企业领导者都热爱工作，不仅会深深地沉浸在自己的工作中，而且都是以行动为中心。因此，他们会不时地从领导角色中跳出来，并站在高处像在直升机上俯视，看看发生了什么，进行反思内省，总结复盘，让自己少走一些弯路。不断盘点自己，能够使领导者更加成熟，对企业的理解也就更加深刻。自我反思内省，自我复盘评价，还要看周围人对自己的评价。

北京小龙潜行科技有限公司 CEO 鞠铁柱认为："第一点自我复盘评价还是很重要的，是做管理者和创业者的基本能力，每个人自己最了解自己，我经常进行自我复盘评价，看看自己做得好的是什么，什么还可以做得更好。第二点要看周围人对自己的评价，即使评价是片面的，但也可能在某个方面反映出来一些东西，让自己修正自己的看法。"

北京和利美生物科技有限公司董事长尚秀国博士认为："主要通过

自我反省，反思比反馈更重要，外因通过内因起作用。痛定思痛，认识到自己的缺陷，认知自己的局限性，从技术角色走出来。"

（三）获得外部反馈，深刻自我反思

农业龙头企业领导者一般都会参考外部意见，倾听利益相关者的反馈，进行反思和内省。使用非正式或非结构化反馈是特别重要的自我提升工具，人更像镜子或"社会反光镜"，能够反射出个人给他人留下的印象。领导者需要充分利用各种反馈渠道接受反馈，如来自上司、同事、团队成员、朋友和家人的反馈。反馈像火箭的制导装置，如果以开放的心态接受它，寻找其中真相，它就可以指引领导者走上卓越领导人的道路。

正大集团农牧食品企业（中国区）副董事长董忠认为："要接受来自相应的社会利益相关方的反馈，如客户的、领导的、同行的，还有自己的反思和总结。他人评价第一，反省总结属于第二，第三是社会反馈。"

江苏健安农牧物流有限公司董事长杨团结说："每一次自我认知的改变都得益于合作伙伴及客户的挑战，即使让自己下不来台，也能让我的认知不断升级。"

（四）向行业标杆学习

调研访谈发现，大部分农业龙头企业领导善于眼睛向外看，寻找标杆人物并向他们学习。有的还跨界向华为学习，有的学习稻盛和夫的阿米巴等，有的向行业内标杆学习，通过对标找差距，取长补短。

扬翔股份两河事业部CEO付双喜博士认为："自己最有效的领导力提升方式是去跟别人交流，看优秀的人如何经营管理。中国做得好的企业家都经常学习，不断改进。领导要带头向别人学习。"

（五）勇于创新，突破边界

农业龙头企业领导提升自我认知的另一种做法是自己大胆去尝试，不断地打破边界。

北京小龙潜行科技有限公司CEO鞠铁柱认为："我是做技术出身的，原认为自己不能做经营，不能做管理，不能做销售。后来认识到做企业的人要不断地打破自己的认知边界，不断地去突破、去尝试、去踩雷、去失败，不断给自己树立新的目标、新的挑战、不断扩大自己的边界来重新认识自己。"

三 农业龙头企业领导自我认知的主要问题与误区

从笔者调研的总体看,农业龙头企业领导在自我认知方面存在一些问题与误区,主要表现在自我认知意识缺乏、自我认知层级偏低、提升自我认知的方法欠缺自我认知静态机械的。

（一）农业龙头企业领导在自我认知方面存在的问题

1. 部分农业龙头企业领导缺乏自我认知的意识

犹太法典里有一句话：我们看到的不是客观世界,我们看到的是主观的自己。农业龙头企业以民营中小型企业为主体,其规模多在 500 人以下。农业龙头企业领导绝大多数都是从草根起家,在企业领导实践中,摸着石头过河,在摸索中发展,在发展中认识自我。失败的领导者往往缺乏自我认知。不少农业龙头企业领导关注任务和以问题为导向,更多向外看,寻求外部机会,整合外部资源,很少向内看,进行反思内省,更好地认识自己。只有碰壁遭遇挫折打击时,才会静下心来反思一下自己,而在发展顺风顺水时,往往容易自我膨胀,得意忘形,很少反思自己。

2. 大部分农业龙头企业领导自我认知层级处于较低水平

调研访谈了解到,绝大多数农业龙头企业领导处在较低的自我认知层级上,他们满足于自己的当前状态,对负面反馈有抵触情绪,不太愿意听取下属意见,总认为自己是对的,找借口或责怪他人。有些领导往往容易高估自己的长处,低估自己的短处,看不到自身的盲点误区。只有少部分领导自我认知处于较高层级,他们能够聆听下属的不同意见,适当考虑他人的批评,能够从挫折失败中反思内省获得一些省悟,能充分意识到自己的长处和短处。很少有农业龙头企业领导处于最优的自我认知层次。高层级自我认知的领导的共同特征是他们积极参加各种学习班（总裁班、EMBA 班等）提升自己,向标杆学习,向专家取经,扩大自己的视野。没有调查到过度自我认知的领导者。

3. 很多农业龙头企业领导缺乏提升自我认知的方法

自我认知有一定难度,一方面,农业龙头企业领导碍于面子,不愿倾听真实反馈,更喜欢顺从型下属；另一方面,下属为了迎合领导,曲意逢迎,不愿意或不敢讲真话实话,领导者也难以获得对于自己的真实反馈。农业龙头企业领导多是在摸爬滚打中认识自我，受视野见识所限，缺乏提升自我认知的方法和途径。在大中型农业龙头企业中通常会采用360°测评，几乎没有用到 MBTI 测评及霍根（Hogan）测评方法。中小型农业龙头企业很少接触到专业的测评工具，领导者自我认知的精准度不高。

4. 一些农业龙头企业领导只有静态机械的自我认知

自我认知是一个动态进化的过程，有些农业龙头企业领导自我认知停留在自我能力认知层面，往往只能了解自己的优势和劣势，擅长什么，不擅长做什么比较清楚，较少关注和了解自己的价值观、品格、性格、思维方式、行为习惯等认知维度，而这些方面的修炼，需要长期坚持，持久为功。大多数农业龙头企业领导在实践中摸索，"不经一事不长一智"，缺乏长久的理论学习，不能做到持久发力，逐步认识自己。

(二) 农业龙头企业领导自我认知的主要误区

很多农业龙头企业领导对于"自我认知"存在诸多的误解，主要有：

误区一：较少关注自我认知，认识自我仅停留在认识自己的优缺点上，认为自我认知就是了解优势和不足。

误区二：认为知道自我认知后自己就可以改变了，不需要专业训练。

误区三：不了解和不能利用专业测评工具认识自己，认为用一个测评工具帮助实现认知，了解一下自己就够了。

误区四：认为经过一次自我认知，就不需要新的自我认知了。每个人的"自我认知"都是一个由表及里的渐进过程。它绝对不仅仅是了解自己的优缺点，而是要能够理解自我优点、弱点背后的原因。

误区五：自己最了解自己。许多高管对自己的职业健康状况，不愿意听取其他资深高管和外部专家的判断和建议。许多领导者自我认知时，关注视角是有局限且粗浅的，而有商业经验和人生阅历的旁观者，能够从更综合的视角帮助领导者审视其领导效力、挑战并完善其自我认知。

误区六：盲目复制已知世界的最佳实践，简单认为职业发展就是找到自己过去得以成功的某些最佳实践并在新的环境下复制，认为"成功是失败之母"，盲目地活在过去的成功模式中，忽视过去成功模式现在已经失效的现实，不知与时俱进，迭代进化。

误区七：成王败寇的过山车心态，对自己的评价像坐过山车，时而为偶然的成功而自视过高，时而为必然的挫折而自怨自艾。自我认知的历程实际是一个对自己的价值逐步建立内部评价体系的过程。成熟的自我认知能够使领导者不会因为一时的成败而撼动自信心和对自己能力价值的认可。

第三节　农业龙头企业领导自我认知提升途径与建议

一　农业龙头企业领导自我认知提升的五大途径

农业龙头企业领导可以通过个人学习、反馈导向（照镜子）、反躬而思、专家指点和自知之明五大途径提升自我认知。

（一）个人学习

自我学习能力是认知优化的关键能力。学习是最重要的技能，优秀的领导者必定是优秀的学习者。常用的自我学习法则为721法则，即知识和技能的学习70%源自干中学，干中悟；三人行必有我师，20%源自向他人学习；10%源自读书学习、参加培训。

农业龙头企业领导者学习的途径有多种，可以向书本学习，读书研修；也可以通过参加外部总裁班培训、MBA学习、游学活动、标杆单位参观学习、私董会等方式学习提升；还可以向行业知名专家请教，与他们交流，不断从别人身上汲取经验，激励自己成长。

学习能够使农业龙头企业领导者始终处在不断进步的过程中，帮助他们致力于自我改进的过程而非达到一个明确的完美终点。每一次经历都是学习提升的机会。

（二）反馈导向

1. 反馈分析法

德鲁克在其著作《二十一世纪的管理挑战》中指出，职场上所有的成功——不同行业、不同职业生涯——都来自认识自己。以在生活中得到自己想要的东西而言，认识自己意味着了解自己的优势。很多人并不清楚自己的优势，德鲁克给出一个有助理解的解释："什么是自己擅长做且总是能产生理想结果的事？要想知道自己擅长做的事情"，德鲁克推荐了他称为"反馈分析"的方法。方法很简单，做事之前先把自己的期望写下来，然后观察结果。慢慢地，领导者就知道自己做得好的是什么、做得不好的是什么。

2. 乔哈里视窗（Johari Window）

乔哈里视窗是一种沟通理论，也被称为"自我意识的发现—反馈模型"，中国管理学实务中通常称为沟通视窗（见图2-2）。这个理论最初是由乔瑟夫（Joseph）和哈里（Harry）在20世纪50年代提出的。视窗理论将人际沟通的信息比作一个窗子，它被分为4个区域，分别是公开区、隐蔽区、盲目区、未知区，人的有效沟通就是这四个区域的有机融合。

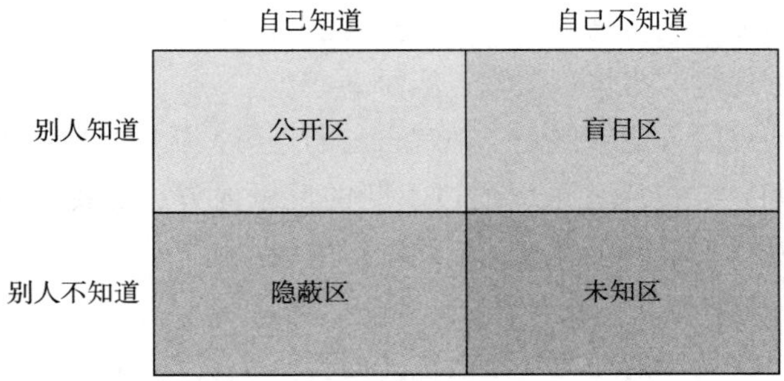

	自己知道	自己不知道
别人知道	公开区	盲目区
别人不知道	隐蔽区	未知区

图2-2 乔哈里视窗自我意识的发现—反馈模型

乔哈里视窗工具从自我认知和他人认知两个视角评估自己。公开区，你知我知共同认可的优势；隐蔽区，自己知道、他人不知道的隐私或潜能；盲目区，他人知道，自己浑然不知；未知区，自己不知道，他人也不知道。

以反馈为导向的人寻求来自各方面的反馈，并依据利益相关者反馈采取行动。他们从容地做出个人改变，并且将批评视为有用的建议。参考外部意见，倾听利益相关者的建议，也善于使用照镜子（外部评价反馈）、360°测评等专业工具。

参考外部意见，倾听利益相关者的建议，看周围人对自己的评价。评价可能是片面的，但是它也会反映出一些真实的东西，进而修正自己的看法。

面对社会的反馈，清楚自己处在哪个层次，然后把这个角色匹配到社会当中，明确行业定位，并借助一些外力，如通过教练或导师帮自己提升到一个更高的层次。农业龙头企业领导要虚心接纳不同见解，开放自己，不固执己见。

（三）反躬而思

认知迭代的秘密武器就是在行动中反思。自我反思是农业龙头企业领导最主要的认知方式。缺乏个人反省，不愿付出代价就想获得经验会阻碍自我认知。

培养反思的思维取向需要时间、空间以及对检验思想、感觉和行动的渴望。领导者需要在工作情境中去分析自己的角色，借助角色来修炼自己；还需要找到自己的目标，找到自己的欲望点，通过自我反省，认识到自己的优势、劣势、缺陷、威胁。

反躬而思的人能够接受、理解自己的经历，从中吸取教训，并且为未来做出调整。领导者可以通过不断的反思内省、自我对话、复盘评价，以明确得失、继续努力，最终取得成绩。

（四）专家指点（良师益友）

提升自我认知的捷径就是向优秀的行业专家交流请教。人人都需要导师，当局者迷，旁观者清，导师能指点迷津，成为良师益友，让领导者更好地认识自己、提升自己。

扬翔股份两河事业部CEO付双喜博士认为："认识自己最有效的方式，除了自悟以外，还有跟别人交流，看优秀的人做得好的事情，一定要很谦虚地去看，这样可以借助外力外脑推动公司发展。扬翔股份引进国外技术专家推进技术进步和创新，升级核心技术，持续快速向良师益友学习、与时俱进。企业家一定要去学习，要去改进，要带头去找别人学习，找真正的企业家，跨界学习，学习优秀企业的做法，华为、阿里和腾讯给我很大的启迪。"

（五）自知之明

自知之明就是要认清自己的优势和劣势，定期盘点自己（能做什么,不能做什么)。拥有自知之明可以帮助领导者更好地发挥优势、弥补不足。

约翰·C.麦克斯韦尔在《领导力21法则》中提出了盖子法则:锅里的水总是漫不过盖子,领导力就像一个盖子,它决定了一个人的办事效力。一个人的领导力越低,限制其潜力发挥的盖子所处的位置也就越低,也就是说他的潜力更低;相反,一个人的领导力越高,盖子所处的位置也就越高,他所能发挥的潜力也就越大。领导者不仅要知道是什么限制着自己,而且要想法消除这些限制。

快速突破认知停滞区的有效方法是开放自己、谦虚、广开言路、愿意倾听。

人们经常能看到别人身上的无数个缺点,却看不到自己身上的一个缺点。人拿自己与别人比较时,要么高估自己的价值,要么贬低别人的价值。人对别人的评估其实相当精确,而自我评价却常常扭曲失真。人们往往通过玫瑰色的眼镜观察自己,走进"无意识的自我膨胀",并导致自以为是。

二 农业龙头企业领导提升自我认知的建议

(一)梳理自身的成长历程

培养领导力的第一步是梳理自己的人生经历。造就领导力的是每个人独有的人生经历,真正的领导者都能够带着学习的视角,努力从人生经历中总结经验,不断梳理自身的领导历程,从人生经历中学习领悟。

1. 回顾自己的领导生涯

人生经历是经验的来源,在积累经验的过程中,人们对这个世界做着点滴的改变。人生经历并非生活本身,而是人们穷尽一生书写的故事。领导者走过的路决定了将要去的方向,如果不知去向何方,脚下的路会带领你到某个地方。

2. 不断地追问自己

领导者无论有意识还是无意识,他们都一直在现实世界中摸爬滚打,从中吸取经验教训,帮助自身了解自己的内核是什么,需要不断地追问自己是否经常这么做?自己是否善于总结过去的经验教训?自己应该这样做吗?不知道吸取教训的领导者注定会重蹈覆辙。

3. 复盘关键时刻的表现

作为一个领导者，要善于复盘自己经历过哪些关键时刻？当时是怎么应对的？哪些方面做得不错？哪些方面还有提升空间？从什么时候开始感觉自己像一个真正的领导者？最重要的一点是自己从这些关键时刻中都学到了什么？

4. 体验重要事件的情境细节

农业龙头企业领导都会记得那些对自己而言刻骨铭心的重要事件，有些给自己留下了深刻的教训，有些令自己受益匪浅，虽然从中获得的教训可能是共通的，但每个情境的细节都使自己的故事独一无二。

5. 回到过去来观望自己现在的旅程

通过自己的人生经历可以逐渐发现自己的领导目标、价值以及动力源泉。其中有些来自最引以为傲的领导经历，有些可能来自人生中的一些重大事件。它们看似与领导力没有直接关系，却造就了今天的自己。

农业龙头企业领导大都熬过一段艰难时光，而这段时光正是各自人生的转折点。有的领导者经历了创业失败、股东分家或资金链断裂，有的领导者经受了市场突变、法规环境变化给企业带来的转型挑战。这些转折性的人生经历，为其人生赋予了别样的意义。他们或逆流而上，或浴火重生，并在此过程中发现了自身渴望引领他人的热情。

（二）充分利用好专业测评工具

农业龙头企业领导人应该使用专业测评工具进行个性评估，以便更好地认识自己，进行个性评估的专业工具有以下几种。

1. DISC 测评

DISC 个性测验是国外企业广泛应用的一种人格测验，用于测查、评估和帮助人们改变其行为方式、人际关系、工作绩效、团队合作、领导风格等。

2. MBTI 测评

MBTI 测评是国际最为流行的职业人格测评工具，是一种对个性判断和分析的理论，可以帮助解释为什么不同的人对不同的事物感兴趣、擅长不同的工作，并且有时不能相互理解。MBTI 主要用于了解受测者的处事风格、特点、职业适应性、潜质等，从而提供合理的工作及人际决策建议。企业可用此改善人际关系、团队沟通、组织建设、组织诊断等。此测评对于客观认识自我、完善自己会有很大的帮助。美中不足的是有时用于职场测评，会显得过于主观。

3. 霍根（Hogan）测评

霍根测评是目前市场上主流的领导力测评。霍根领导力测评通过分析潜力、挑战、价值观等信息，让领导者清楚地理解自己的工作表现和核心驱动因素，并为自己提供战略层面的自我认知，使良好的领导变成伟大的领导。此测评不仅能帮助接受测评的人了解自我的性格特征，还可以让领导者看到需要发展的领域（HDS）、自我的价值观和动机（MVPI）。

4. 360°反馈

360°反馈（360°Feedback）也称为全视角反馈，是被考核人的上级、同级、下级和服务的客户等对其进行评价，通过评论知晓各方面的意见，清楚自己的长处和短处，达到提高自己的目的。农业龙头企业领导者全面了解自己的途径之一是发挥"360°反馈"工具的功效。

发挥360°反馈功效的方法有：

（1）启动360°反馈机制，建立自己的领导风格和领导行为基准。

（2）密切关注他人的反馈意见，控制好防御心理，保持开放，欣然接受反馈。

（3）感谢提供反馈意见的人，把他们列入未来的发展计划当中。做友好大度的接纳者，让他人继续支持。

（4）向自己的工作网络寻求支持与持续反馈意见。

（5）向同事直接征求意见，问他们"如何才能成为更出色的领导者"。

（三）高管教练或导师辅导提升自我认知

笔者曾经对农业龙头企业中高层主管百余人进行了上千场一对一高管教练，实践证明，高管教练不失为提升高管自我认知，提升领导力的有效方式。高管教练犹如一面镜子，通过高管教练的深度聆听、强有力发问、反馈沟通，可以观察和反思自己的观点、言辞、想法，照出自己的真实面目，更清晰地认识自己的动机、价值观、驱动力，了解自己的性格；高管教练、高管导师利用专业的教练、导师技术支持高管觉察自己的盲点和误区，帮助高管识别自己的限制性信念，正确认识自己的优点和缺点，找到高管的核心价值观及内驱力，识别行为习惯模式，更好地提升自我认知、自我反省，推动高管个人的持续发展和成长。

北京百净保科技发展有限公司总经理白云华博士认为："我觉得农牧行业领导提升自我认知最有效的路径就是高管教练，当局者迷，旁观者清，一年多的高管教练活动使我的自我认知提升到了一个更高的层次。教练就像照镜子一样，自己脸上有花没花，不照镜子就不知道，照镜子时脸上的花就一目了然，就会自己反省、自己提升。"

（四）通过私董会提升自我认知

私董会即私人董事会，也称总裁私董会、总裁私享会，是高管教练的升级版，源自1957年成立于美国的伟事达（VISTAGE），其核心模式是将非竞争行业的企业家汇聚到小组中，一般私董小组由8—16人组成，每次私董会每人一个选题，通过投票选择案主。共创一个场域，建立彼此高度信任、关怀关系，相互挑战，共同成长。私董会本质是一种横向学习模式，在一对一教练辅导下，私董会成员以同学为镜子，拓展思维，向其他公司大佬取经学习，看清自己的优点和缺点，提升自我认知，可以结交值得信任的朋友。可以说，私董会是后EMBA时代企业家相互学习、持续成长的最佳模式。私董会让学员有更好的决策、更好的领导力、更好的商业成果，私董会本质特点与个人经验紧密结合，与过去经验相结合，反思学习，与当下经验相结合，体验学习，与未来经验结合，行动学习。

伟事达私董会作为全球最受信任的领导力发展机构，自1957年以来一直享有盛誉。无论是在市场繁荣期还是衰退期，表现都优于他们的竞争对手。这是全球最受CEO、企业主以及企业核心管理者们所信赖的组织，伟事达私董会可以体验一系列独一无二的服务，这些服务相互促进，帮助会员成为更好的领导者，做出更好的决策，取得更好的结果。笔者是伟事达099组总裁教练，专注服务于中国农业龙头企业领导者，将伟事达私董会推广引进到农业龙头企业中，组织公益私董会六年以来，举办了60多期私董会，为农业龙头企业领导的自我认知赋能。

专栏 2-1　　伟事达私董会北京体验会学员现场的反馈

学员甲：学员之间没有什么利益关系，都是局外人，氛围比较好。私董会现场收手机的规则，让平时习惯了三五分钟看一眼手机的我，一个下午能够坐在这里静静地倾听，能够自己思考，这个场景对我来讲，很多年没有出现过，感觉非常好。

学员乙：让我进行了一次系统梳理，思考企业经营中存在的问题，让我们回头看、向内看、向自己看，诊断我们最迫切需要解决的现实问题。核心是问题导向，我们抓住核心问题，把问题解决后心情就轻松了。

学员丙：私董会让我们学会了更深层次的思考，不给建议就提问的过程其实对大家来说都是特别大的考验。如何提出一个开放性问题，提一个简单直接清晰的问题？通常是会去给评判，或者是给一些建议，把问题解决方案包装在问题里边。伟事达私董会是帮助大家找到真问题的关键。找不到真问题，可能方向就错了，再使劲也是白费。

学员丁：这种横向学习的价值，能够从每一位分享者身上学到很多东西。学员能看见每个人的思维和观点是不一样的，每个人的领导风格也是不一样的。领导者可以从不同角度去看问题，进行脑力激荡，在大家同频共振的场域里能有非常舒服的享受。遇到志同道合的观点的时候就特别开心，当然听到不一样的声音的时候也会觉得蛮扎心的。就觉得我怎么没想到，或者说他怎么跟我想的一点都不一样。他人的想法能引发自己很多的深入思考。

学员戊：平时工作会有自己的思维框架，习惯了在自己的框架内进行思考，非常有局限性，特别享受私董会这种碰撞。自己某些观点被击碎，能够引发深度的思考，极大地拓展了自己的认知边界。让我们从更多视角去看待问题，能找到更多的解决方案。

学员己：这种主动参与式的学习形式很好。大家开诚布公、集思广益，相互学习和成长，每个人都从中获益。"授人以鱼不如授人以渔"，你给他鱼吃，天天喂饱他，说不定他就已经受害了。你教给他钓鱼的技术，这可受益终生。无论在事业上扮演什么角色，思维的自我认知提升都非常重要。

第三章

农业龙头企业领导战略思维

企业领导是否具有长远性、全局性战略思维,决定着企业业务能否领先,基业能否长青。调查中发现,不少农业龙头企业领导缺乏系统性的战略思维,常被日常事务缠绕。农业龙头企业应根据实际,运用战略思维基本理论,在复杂环境下养成战略思维习惯,在面对机遇和挑战时掌握构建战略格局的基本方法。借用企业管理 BLM 业务领先战略模型,可从八个方面提升领导战略思维,以此助力企业梳理业务愿景,匹配关键资源到关键任务和人才上,实现企业可持续健康发展。

第一节 农业龙头企业领导战略思维概述

当前,全球经济进入更加动荡的时代,企业经营环境日趋复杂。如果说以前的竞争只是平面二维的、同行业之间的竞争,当下企业面临的竞争则是三维、四维乃至更高维度的跨行业跨界竞争。没有一种商业模式是永恒的,再大的商业大国也要学会居安思危,更要懂得顺时应势。特别是当中国生产制造业告别粗放式发展,向附加值更高的产业链高端攀升时,运用战略思维进行结构性布局显得越来越重要。

一 什么是战略和战略思维

(一)关于战略

"战略"一词起源于军事学,在古希腊它的原意是指挥军队的"将军",后来被引申为指挥的艺术。在经典军事著作《孙子兵法》中,战略指战争的谋略。

管理学者巴纳德（Banard，1938）将军事战略概念引入企业管理，认为企业决策必须要考虑战略要素；通用汽车总裁阿尔弗雷德·斯隆、标准石油创始人约翰·洛克菲勒和福特汽车总裁亨利·福特等国际商业巨头纷纷把军事战略思维用于企业战略决策。战略概念在理论和实践过程中不断丰富和发展，如钱德勒（Chandler，1962）将战略定义为"实现目标所必需的基本行动和资源分配的决策"；霍弗和申德尔（Hofer and Schendel，1978）认为战略是"在环境约束情形下组织实现其目标的根本方式"；格卢克（Glueck，1980）给战略的定义是"保证企业目标实现的全面而完整的计划"；在希尔和琼斯（Hill and Jones，1998）看来，战略是"管理者为实现组织目标而采取的特定决策和行为模式"。德鲁克认为战略就是通过最有效的管理，用最小的资源达到最大回报的过程（罗珉，2012；徐二明和李维光，2018）。各种战略定义的侧重点不同，但无论是作为计划、决策、定位、模式还是观念，企业战略都是一个以目标实现和绩效提升为核心的动态发展过程，战略思维是企业领导功能实现的重要方面。

（二）关于战略思维

美国战略管理学家希特（M. A. Hitt）、爱尔兰（R. D. Ireland）和霍斯基森（R. E. Hoskisson）在《战略管理：竞争与全球化》一书中指出，有效的战略领导决定组织的战略意图和战略使命，进而决定了战略制定和战略实施等战略行动，战略行动决定战略绩效，而战略绩效就是战略意图的具体化。可见，战略思维是一种可以进行预期、想象、保持灵活性并且促使他人创造所需要的战略改变的能力。领导战略思维等同但不限于以下几种能力：其一，构想组织愿景的能力。其二，指明组织发展战略实现路径的能力。其三，构建基于战略的组织结构能力。其四，平衡关键的利益相关者利益的能力。其五，谋求实现组织可持续发展的能力。

二 战略思维的基本特征

（一）战略思维的全局性

战略思维具有全局性，核心要义是要把握企业运营的全局和整体，把企业当作一盘棋来运筹。战略思维首先考虑的是事关企业发展的全局性问题，聚精会神"下大棋"，不局限于一兵一卒的折损或一城一池的得失，把企业资源布局于企业战略目标中，调动一切有利因素实现全局利益最大化。当然全局中包含局部，没有局部就没有全局，战略思维也不能忽视局部问题，而是要在局部问题的相互联系、相互作用中，洞察、把握全局的总体特征、总体趋势。

（二）战略思维的长远性

战略思维具有长远性、前瞻性。战略思维在立足解决企业发展当前问题的基础上，着眼于企业发展的长远目标。影响企业全局的重大问题往往不能在短时间内解决，而要经历相对较长的时间，而且全局性的重大问题，往往不仅影响企业当前绩效，更会影响企业未来发展方向。战略思维必须是一种从长远打算的思维，不仅考虑当前，更要考虑未来，是一种前瞻性、预测性思维，要求企业从现实情况出发，善于根据事物发展规律，对未来的变化趋势作出科学预测，提前作出预案。

（三）战略思维的综合性

全局性的重大问题一般不是单一性的，而是由局部性问题综合构成的，就像森林是由树木构成的一样。局部性问题之间不是相互孤立的，而是相互联系、相互影响的。战略思维要求把局部性问题联系起来综合考虑，把握整体局势，既要避免只见树木不见森林，也要避免只见森林不见树木。

（四）战略思维的层次性

战略思维因为事物具有层次性而表现出层次性。全局和局部是相对于组织层级的，一定的全局是相对一定局部而言的，而局部中又包含更低层级的局部，一定的局部相对更低层级的内部构成看，又可能成为全局。战略目标具有层次性，战略思维也具有层次性。领导处在哪个层次上，就要考虑哪个层次的战略问题。

（五）战略思维的动态性

对战略问题一旦做出总体决策和部署就具有稳定性，但这种稳定性是相对的而不是绝对的。由于外部环境和组织内部因素的相互作用和不断变化，特别是由于存在一些不可能掌控的不确定性因素，先前的战略决策在某些方面可能已经不适应新的要求，就需要做出相应调整。因此，战略思维不是静态思维，而是动态思维，战略目标、战略决策都需要根据局势的变化及时做出反应，适时反馈和调整。

三 农业龙头企业领导具有战略思维的现实意义

具有战略思维符合企业家的现实需求,也是百年变局下对新一代领导者认知升级的必然要求。

(一)具有战略思维有助于应对快速变化的复杂世界

正如德鲁克在《已经发生的未来》开篇中提到的:"让人惊骇的是,昔日明显的事物竟如此之快地变得不可理解。我们依然承认和教授着过去300年的世界观,但我们已经不能很好地理解它。"在这个快速变化的复杂世界,经常听到企业领导者感叹,"早已习惯的方法,现在不再奏效了"。原来领导认可的方案很难调动年轻员工积极参与;薪资激励也不再是万能的;KPI也不容易带来整体绩效的提高;企业无论多么努力改进质量,但还是被颠覆了。从个体到组织,都必须面对"基本世界观转变"的世界。全新的世界需要农业龙头企业领导者具备战略思维能力,掌握战略思维工具,提升战略思维认知。

(二)具有战略思维有利于适应新的发展需要

20世纪初,科学界发展出一系列新科学,包括量子理论、混沌理论等,彻底打破了影响我们三百年之久的笛卡儿机械世界观。新世界观让我们知道"部分之和大于整体",这与机械世界观完全相反。机械世界观认为世界由各个部分组成,就像一台由各种零件组合而成的大机器。比如,KPI(Key Performance Indicator)绩效考核,就认为只要每个职能部门完成自己的指标,企业就能实现期望的绩效。然而,实行KPI却很少真正产生成效,很多情况下考核指标与企业绩效没有必然关系。新世界观的"去中心化,多元主导"打破了机械世界观中"中心化,一元主导"的认知,就像每节车厢都有原动力的动车与"火车跑得快,全凭车头带"的传统火车不同。很多企业的组织形式打破原来职能式直线管理的方式,而采用矩阵式或者网格式或者青色组织[①]等创新驱动组织形式。

(三)具有战略思维有助于破解企业发展难题

对企业最高领导人排在第一位的要求是具有战略思维,因为企业面对的环境越来越复杂、模糊、不确定,这对领导者提出了现实的考验。

---

① 一种来源于弗雷德里克·莱卢《重塑组织:进化型组织的创建之道》的组织形态。

市场政策环境的风云突变，技术的快速更迭，非行业竞争对手颠覆整个行业，追求 KPI 的激励方式对整体绩效提升的失灵，新生代员工对个性化的追求与僵化组织形式的矛盾等，都倒逼企业领导者要具有战略思维，用理论知识和科学工具提升自己的意识维度和格局，从全局、长远、多元、动态角度整合企业的现实和未来，从战略的高度预见行业发展变化趋势，把握企业发展方向，破解企业发展中的各种难题。

四　农业龙头企业领导战略思维常见问题

具有战略思维能力的领导者能够预见日常工作中可能出现的机遇和挑战，并能有效地转化成可以得到预期产出成果的机会。领导者在分析现状的基础上，明确提出变革的途径和方式，以实现战略目标。现实情况是很多农业龙头企业包括一些知名的企业，其竞争策略和手段普遍雷同，往往靠打价格战生存。企业领导长期缺乏系统性战略思维，忙于日常，无暇审视企业整合运营成效、辨识企业潜能和风险，寻求潜在机会。

（一）低头做事不看大势

1. 不关注宏观经济政策的变化

只做耕地的牛，不抬头看路，农业龙头企业普遍存在这种现象。这类企业的竞争力和生存寿命均跟不上时代的变化。当政策法规调整时，企业很难持续发展，根源在于领导者的战略思维。"战术上的忙碌往往掩盖战略上的懒惰"是不少企业存在的现实。一些企业领导缺乏战略思维，最终导致企业深陷泥潭甚至破产。随着近几年环境不确定性增加，以及跨界资本和技术进入农业食品行业，更需要领导者拥有大局观，站在更高的层次审视企业的未来，在迷雾重重中科学决策企业的业务应该是什么，以及现在是什么的重大战略问题。

2. 不看行业大势的变化

缺少战略思维，死磕工匠精神可能是一场灾难。商业巨头索尼移动通信业务巨额亏损的事实验证了马化腾所说："巨人稍微没跟上形势，就可能倒下。巨人倒下时，体温还是暖的。"其衰败的速度如此之快，快得让所有人猝不及防，让所有人心惊肉跳，让所有人扼腕叹息。时代的快速运转，早已容不下没有快速迭代能力的企业。企业不主动颠覆自己，别人就会颠覆你的企业。战略出错，赢了对手却输给了时代。

3. 不了解技术、商业模式的变化

每次工业技术革命都会引发产业迭代升级，以智能科技为代表的第四次技术浪潮正快速改变企业商业模式。无人机等高科技农业设备的广泛使用，使大规模种植变成现实，而人工智能、物联网、大数据、云计算等前瞻技术融入农业生产、加工和营销，则促进了智能养殖、智能种植、智能加工制造和平台经济等新经济形态产生。科技创新引领的农村第一、第二、第三产业融合发展，正推动农业领域颠覆性变革。"面朝黄土背朝天"的农业生产模式也正逐渐被高科技的现代农业、智慧农业和全产业链发展模式所替代。农业区域化、专业化分工与农业产业集群发展相互耦合，农业龙头企业在中国制造业和区域经济中的地位正悄然发生着变化，农业龙头企业的生态环境变得立体和多元。企业如果还一味依赖"一招鲜"，终将会被市场淘汰。在技术创新或推广应用上持续高投入，立足于专精尖是不少农业龙头企业保持竞争地位的必然选择。

（二）小富即安，难以壮大

1. 失去创业精神

万事万物都是动态发展的，若企业满足于小富即安，失去锐气闯劲，成天"打小算盘踏小碎步"，对别人的"抢逼围"反应迟缓、无所应对，就很可能让稍纵即逝的发展良机从十指间滑落溜走，造成"小富"终非长富、"即安"恐难长安的被动局面。所以，现实中很多企业很有名气但是销量不高、利润很低，有的企业红火一两年后就销声匿迹。要保持干事创业精神，就要有把企业做大做强、做精做尖的雄心壮志，努力克服小富即安、不思进取的不良心态。"居安思危"是对每一个人、家族和企业的警示。

2. 不愿合作和防范心理

协作、共享是当今时代发展的主旋律，在疫情肆虐、全球经济衰退的大环境下，抱团取暖更是企业的不二选择。不少农业龙头企业实力有限时大都希望与别人合作，增强企业的竞争力，然而又往往因不能放弃自己既得利益而谈不到一起。不少企业经历过被骗的事情，因而产生很强的防范心理，合作也就成了一句空话。

3. 规避风险意识变强

从创业到守业，企业领导历经磨炼。一些企业雄心不再，由于有了大大小小的亏损经历，企业领导把握生意能力预期降低，更偏爱规避风险。他们不会再轻易将积累的资金投入风险较大的项目中去，认为不赚钱可以接受，但血本无归则无法忍受。企业受挫后大都不愿重头再来，这就是人们常说的"留得青山在"。

（三）短期见利，长期失信

1. 抓短期利润

人总要面对现实，但如果一味追求落袋为安，只注重眼前利益，急功近利，没有远见，还美其名曰为"务实"，其实就是格局不够。创业初期这样还可以，但如果企业发展到一定规模还如此"务实"，就会成为致命伤。最常见的例子就是只顾眼前的营业收入与利润，只要有可观的利润就行，不愿意也不舍得为经营长线的价值而投入。长线常是眼前看不到收益的事情，比如团队建设、人才孵化、企业核心竞争力培育、具有划时代意义的产品迭代升级等。

2. 忽视核心能力建设

培育企业核心竞争力需要秉持长期主义，坚守长线思维和持续投入，创业初期企业能活下来就行，生存才是王道，无所谓战略，然而当企业掘得第一桶金后，如果仍然只顾眼前就会形成选择式的恶性循环，也就是过于依赖现有的发展模式与赚钱方式，不愿意做出实质性改变，造成错过战略机遇期，不能与时俱进。在企业团队建设上，有些老板认为自己有钱，别人给年薪一百万元我给两百万元，挖到人就完事儿了，但这样是不可能真正建好核心团队的，取巧和偷懒会给企业带来更大的隐患。

第二节　农业龙头企业战略思维聚焦的七法则

战略思维具有长远性、综合性和动态性的特点，提升战略思维意味着领导者要把注意力放在常规工作以外的事情上，要从更广阔的视角看待企业所面临的挑战和机会、优势和潜能。根据大卫·B. 尤费所著的《战略思维》及"现代管理学之父"德鲁克在《为成果而管理》中对企业领导者的深度访谈和分析可知，具有战略思维的领导者在企业发展过程中需遵循七法则。

一　洞察企业未来，发现机会

德鲁克在《为成果而管理》一书中谈到，企业遭受挫折的一个重要原因是领导者很少思考企业的任务是什么，缺乏对企业未来发展方向的思考和谋划。成功企业家之所以能够在一次次战略中获取先机，取得胜利，靠的是洞察未来的能力。

（一）洞察政策法规

政策法规极大地影响着农业龙头企业的经营行为。农业龙头企业领导者只有关注并准确研判政府长期和短期的相关政策，才能使企业战略既能够契合政府长期政策，又能够适应短期性政策，进而使企业借力借势，借风飞翔。

农业龙头企业领导者的战略思维模式必须从"等政策"转变为"懂政策"。领导者要习惯性地关注、研究政策法规，特别要关注那些正在酝酿之中的法律法规，跳出企业的短期利益，从维护公平竞争、维护消费者利益、维护社会最大利益的维度思考未来的趋势，梳理企业的产品，洞察、重新理解市场需求，进而重新梳理企业的营销战略。

（二）洞察技术发展

科技进步对农业龙头企业的生存状态产生了巨大的影响，AI、大数据技术使企业对市场及客户进行更精准的分析成为现实，物联网技术和大数据与网络技术的融合，促进了智能化养殖的发展。突破性技术的出现为企业扩大经营范围开辟了新市场。技术领先可以为企业创造出竞争优势，但所有的技术都有生命周期。一项新技术从发明到逐渐对市场产生影响，再到市场逐渐成熟，主导技术或产品占领较大的市场份额，为企业带来收益，需要一定的时间，期间经常会有突破性新技术出现而打破市场格局。新技术创造新需求，原有技术随之会被淘汰退出市场，新技术逐渐又发展成为市场主流，将原有技术颠覆，这是技术周期和市场周期发展规律所决定的。

成功的企业积极鼓励创新来重塑自己和市场，而失败的企业必然会被技术和市场变化颠覆，那些试图通过渐进式变化来适应非连续变革的领导者往往把企业引向失败。

（三）洞察顾客偏好

为顾客服务，为顾客创造价值，满足顾客需求是企业存在和发展的唯一理由。农业龙头企业领导者只有对企业产品或者服务的市场以及终端用户进行深入分析，才能够充分确定企业要满足的是哪种需求，满足谁的需求以及如何满足这种需求。随着对企业的深入洞察分析，经营者就能够看清楚自己的企业经营的是什么、企业现在做什么以及还能做什么。看顾客需求的同时，也要善于发现意想不到的情况，领导者需要不断发问：

（1）顾客花钱到底买的是什么？他们把钱和时间都花在哪里了？他们是如何花钱和分配时间的？

（2）在顾客的心智和经济观念中，什么才是有意义的产品集合？什么促使他们形成了这种集合？

顾客认为有价值，并且掏钱来购买，才是企业的价值实现。

二 着眼于未来，行动于当下

成功的领导者有伟大的远见，能将做事的每一步都事先计划好。但多数伟大的战略家也是机会主义者。他们能看到新兴市场初期微弱的亮光，也能认识到竞争对手尚未填补的空白，然后做出有根据的研判，或者凭直觉采取行动，任何不确定性或者疑虑都无法阻挠他们。

（一）分析经济环境变化对企业的影响

经济环境主要包括宏观和微观两个方面的内容。宏观经济环境主要指国家的人口数量及其增长趋势，国民收入、国民生产总值及其变化情况以及通过这些指标能够反映的国民经济发展水平和发展速度。微观经济环境主要指企业所在地区或所服务地区消费者的收入水平、消费偏好、储蓄情况、就业程度等因素。这些因素直接决定着企业目前及未来的市场大小。

（二）分析竞争环境，制定行动方略

多年前，经营如日中天的尼康没有想到手机能够与相机同样具有方便快捷的拍照功能以实现顾客留影需求，因此走向没落。方便面品牌企业康师傅也不会想到"饿了么——一款手机App"就可以通过新销售渠道完美满足顾客充饥需求，使自身市场份额受到很大影响。技术跨界迫使管理者重新定义市场竞争：从行业内的竞争到行业外的竞争，从对

竞争对手的了解到对非竞争对手的分析，新进入者一而再再而三地从天而降，成为原行业领先者最有力的竞争对手，特别是以全然不同的手段满足了顾客的相同需求。今后竞争会变得越来越激烈，今天看上去坚如磐石的产业形态、商业模式也会分崩离析，而新市场结构稳定下来，又随时会被另一次的新竞争带入未知。

因此，领导者必须站在战略高度审视竞争，需要绘制完整的竞争图景。以饲料行业为例，近几年，农业企业产业融合发展趋势明显，市场竞争表现出产业链与产业链之间竞争的趋势。当下饲料企业很少有只单纯经营饲料的，有很多饲料企业通过全产业链发展模式，向上游的原材料，下游的养殖业，食品加工业延伸；有的饲料企业通过合作或者捆绑抱团加入产业联盟等方式壮大自己的实力。可以预见，饲料行业将来的竞争将不单纯是饲料生产企业之间的竞争，而是饲料产业链企业群之间的竞争，饲料产业生态正在发生重大变化，企业领导者需要有战略思维的前瞻性，时刻分析竞争环境。

（三）让今天的决策跑赢明天

伟大的领导者既是博弈家，又是实干家，他们面向未来，谋划未来某一个时刻他们想要的公司是什么样子，然后推理、判断当下需要采取什么行动，让企业达到需要的状态。创造未来的努力不是为了决定明天应该做什么，而是决定今天应该做什么才能拥有明天。具有战略思维的领导者知道如何走向未来，知晓企业需要持续独断的重新评估和校正方向。企业的头等大事是在当下有效运转的同时，需要分析和投入给未来带来效益的活动。领导者必须做到通观全局，将资源和企业的投入视为一个整体，并且了解这一切是如何分配到产品、服务、市场、顾客、最终用户和分销渠道的。需要知道用多少力气解决老问题，用多少力气去寻找新方向。当有多种方向和配置可供选择时，要重新做出权衡，将企业作为整体经济系统。

三　有智慧地下赌注，但不要赌上公司

《战略思维》一书中提到："战略不是为了心生畏惧。伟大的战略家会做那些不易觉察的事、难事以及反直觉的事，以此将竞争格局向着有利于他们的方向改变。"领导者在面临艰难的战略选择时，往往会大胆而不鲁莽地做出风险相对可控的选择。

优秀的战略家需要有勇气下赌注，但不能赌上公司。他们可能改写行业游戏规则，并进行到底；也可能颠覆自己的成功，重塑企业；还可能有勇气放弃，及时止损。平庸的领导者则很可能在左右为难中选择中间路线，左右逢源，最终可能会以牺牲长远利益为代价。

战略家在意识到自己的错误时，要以最大的勇气承认过去的错误，及时改正而最大限度地保护公司。在这个过程中，战略家会把握时点，分散风险。下赌注并不意味着赌上公司，反而是降低损失向企业的战略方向前进。"心智上的成熟是优秀领导者成功的一个重要因素。"

农业龙头企业新希望集团有限公司（以下简称新希望）是这方面的典型案例，多年来公司始终秉承"为耕者谋利，为食者造福"的初心，深耕农牧产业，致力打造现代跨国农牧产业集团，带动了农村数以百万计的农户脱贫致富，为数以亿计的城镇居民提供安全优质的食品。

专栏3-1　农业龙头企业新希望倾力打造现代跨国农牧产业集团案例

新希望是一家民营企业，一直坚持刘永好董事长提出的"紧跟潮流快半步"的理念，紧跟国家政策方向，抓住机遇，促成发展。

改革开放初期，刘永好兄弟敏锐地洞察到中国农村将迎来翻天覆地的变化，创办"育新良种场"，繁殖良种鸡，养殖鹌鹑，带动全县成千上万养殖户发家致富，摸索出了"公司+农户"的雏形，但随着养殖规模的扩大，利润严重下滑。刘氏兄弟率先意识到过度养殖带来的市场混乱，必须要按暂停键。他们以企业家的社会责任感发出了"告全县人民书"，倡导大家适度控制养殖规模，并率先将自己价值几百万元的鹌鹑全部处理掉，养殖规模得到了控制。刘氏兄弟的果断决策，最终保护了养殖户的长远利益，也为自己赢得了声誉。20世纪80年代初，改革开放进一步深化，刘氏兄弟认定国内饲料业处于起步阶段，国家会支持饲料行业发展。刘永好敏感地洞察到这一市场信号后，随即将"育新良种场"更名为"新希望饲料厂"。研发出"希望一号"乳猪配方饲料，改变了川西地区生猪养殖户的养殖理念，也带来了新希望的快速发展。随后，四川新希望农业股份有限公司在深圳证券交易所成功上市。新希望进军金融、房地产、化工、乳业等行业，随着新希望经营领域的扩张，业务主线越来越模糊。

2005年，新希望决策层及时做出重大战略调整，把农业和食品定为核心业务，决定实施业务"归核化"发展。2006年将新龙和华融两家化工公司剥离出股份有限公司，将股份有限公司打造成真正意义上的农牧企业。同时加大农牧行业战略整合，2005年收购了山东六和集团45%的股份。与山东六和联盟后，年屠宰和加工鸡鸭能力超过2亿只，饲料合计产量达600万吨，家禽养殖和饲料产量均居同行业第一。2006年还收购了北京千喜鹤集团，打通生猪产业链，实现了从养殖到餐桌的全产业链运营。

经过三十余年的规模扩张和发展，新希望农牧和食品业已经形成较为完整的猪、禽、奶三大产业链，在集团的销售收入中一直保持80%以上份额。新希望倾力打造的现代跨国农牧产业集团轮廓初步形成。

资料来源：《新希望集团为耕者谋利，为食者造福》，周小英采访记录，中国优质农产品开发服务协会官网，https://www.cgapa.org.cn/es/2106ffc40c.html，2019-02-18。

四 善于管理高于自己的人才

管理高于自己的人才，需要对领导者人性进行终极拷问：企业是不是足够开放？是不是足够有安全感？是不是足够相信下属能做对？这些都是带动企业气氛的关键问题。领导者怎样用对人，用什么方法能够用对人，同样至关重要。

（一）"70后"的领导者要懂得"80后"的追随者

当下，在讲奉献的时代成长起来的"70后""80后"的企业领导人常常需要面对已经成为企业中坚力量的"80后""90后"甚至"00后"。这些后浪在学识和知识上比前浪更胜一筹。他们更加追求价值实现，勇于尝试，共创未来。

当今世界复杂性和不确定性已经成为一种常态。以"70后"和"80后"为主体的企业领导人大多成长于以确定性为特征的工业时代，习惯了效率优先，遵循计划和命令的管理方式。面对天马行空的"90后""00后"员工以及跨界跨行业的颠覆性竞争环境，就需要提高自身心智模式，有意识地匹配与复杂环境相适应的心智和行为方式。

"70后""80后"领导者如何激发知识员工内生动力，已经成为企业管理的热门话题。传统的直接命令式领导在带来高效业绩成果的同时，也会使员工把不满藏在心里，进而倦怠不作为，这对企业可持续发展是非常危险的。激发员工对企业产生向心力，需要从设置反熵增的组织层面设计，需要用更开放、透明的方式激励员工在企业平台上为他们自己的梦想而奋斗。对以"70后"为创业群体的企业来说，不管是CEO还是高管，或是创始人，这都是巨大的挑战。

（二）要适应去中心化的领导方式

进入互联网时代，容得下并善于管理各方面都比自己强的下属是新时代对领导者提出的新挑战和新要求，这需要领导者有心胸和气度，需要将下命令转化为深度聆听，通过提问，启发团队的参与感，调动团队动力，朝着共识的目标贡献最好的成果。从运用权力管理到赋能团队，提高管理效能，领导者的角色要从司令官转化为成就者，成就团队，成就组织，成就自己。

五 适应复杂世界的心智成长

管理学者彼得·圣吉（1990）指出："心智模式"植根于每个人的思维和认知中，影响人们如何看待和了解世界，进而影响人们行为方式。心智模式作为企业家战略思维核心组成部分，对战略决策具有重要的作用。在快速变化的发展环境中，心智模式可以助力企业家迎来重大机遇，应对更大挑战。如果心智模式僵化将会引发一系列问题。

（一）肯尼芬模型

肯尼芬模型和成人发展理论对于提升领导者心智模式具有参考价值，能够启发领导者感知正在发生的企业环境和系统变化，为领导者提供匹配的心智模式。

肯尼芬框架（Cynefin 框架）最早由威尔士学者 Dave Snowden 在 1999 年供职 IBM 时提出。肯尼芬框架用于描述问题、环境与系统，说明了什么环境，适合使用什么解决方案。

肯尼芬模型将企业所处环境状态分为四种，分别为清晰、繁杂、复杂、混沌状态。

1. 混沌状态和清晰状态

在企业环境里，很容易辨别出混乱状态和清晰状态。比如工厂的生产线是否非常有秩序，人物料是否都清晰定义在流程中，可测性是不是非常高。如果环境处在混沌状态，就会像进入无人区，没有方向，下一步会发生什么也不可预料，需要在摸索中前进。反之，在清晰的环境里，按照流程和经验工作会产生效果。但这种方式应用到混沌的环境中就会是灾难。

2. 繁杂状态和复杂状态

在繁杂状态中，事物存在可见的因果关系，通过分析、调查或专业知识的应用，可以得到很好的实践。专家根据过去经验可以推演将要发生的未来。

在复杂状态中，因果关系不容易提前判断。事物中存在不清晰的某种规律，需要多一些耐心来慢慢探索，不断试错，规律才能浮现。

（二）肯尼芬模型的运用

在肯尼芬模型中，从清晰、繁杂、复杂、混沌状态移动的过程中，复杂性会越来越高。在清晰和繁杂的环境下，领导者更习惯用过去的经验和标准来管理，"照我说的做就肯定不会错"是人们常常听到的忠告。当不确定因素发生，标准流程不能解决问题时，会邀请专家集体开会，根据经验，给出解决方案，这是常见的处理方式。

随着科技和政治、经济环境的变化，很多行业都已经越来越走向复杂环境，没有现成的规章制度和流程，需要不断进行摸索，摸索就会带来失败。领导者是否勇于拥抱失败，决定了团队是否敢于试错。对于擅长在现有业务中实现效益最大化和 KPI 管理的领导者，迈进一个新的不确定的复杂领域，放弃效率，给自己和团队提供摸索的空间和时间是一个巨大的挑战。

复杂环境下，领导者和团队从失败中学习，小步快跑，需要整个团队协同，需要跨部门协作，跨界合作，一起共创成果。越是复杂的环境就越能考验领导者心智的成熟度和合作意识，在共识的方向上，舍得用代价换来一些新的对整体有用的信息，从复杂环境中摸索出可行的成果，再转移到繁杂环境下进行优化提高效率。

六 合作共赢，打造生态系统，而不仅仅是产品

（一）全产业链合作

近年来，一些世界级大公司发生了重大转化，迪士尼公司成功收购了老对手皮克斯公司，微软公司开放云业务，使老竞争对手苹果公司一跃成为自己最优质的客户，IBM 公司一反常态的少了咄咄逼人的气势，与自己客户、供应商合作。这些转化绝不是偶然的，而是历史已经从工业时代中心化、封闭、从上至下的竞争关系转向 21 世纪的开放、联合、共赢的共生关系时代的变迁。新时代的领导者需要有足够的勇气和信心转化单纯中心化的竞争认知为开放、合作的共生思维认知，与员工、上下游、利益相关方形成合作和联合，从而构建开放、共赢的商业环境，突破红海的激烈竞争，打开蓝海市场。正大集团和新希望等饲料行业农业龙头企业提出的全产业链战略是平台思维构建行业生态系统的新尝试。这些领导者的思考已经超越各自的优势产品，从行业和最终消费者角度，为安全可靠的农副产品构建从养殖、屠宰、食品加工、新零售直到百姓餐桌的生态环境。养殖、加工、零售等各方力量的补充能够带动行业的扩大，推动行业生态环境的强有力成长。

（二）跨界合作

独木不成林，现代科学技术的发展，跨界竞争合作是常有的现象。不同所有制、不同行业的农业龙头企业进行战略合作，可以快速提升农业龙头企业的市场竞争力。贵州现代物流润丰贸易发展有限责任公司（以下简称润丰公司）是在贵州现代物流产业集团党委高度关心和贵州现代物流产业投资有限责任公司党委的支持下，由产投公司与贵粮公司共同出资成立的新公司。润丰公司作为贵州省粮油食品进出口公司改制职工安置平台，系产投公司控股的混合所有制企业，为国有控股公司。润丰公司成立以来，积极融入贵州现代物流体系发展战略，多头并举积极探索和创新工作模式，另辟蹊径主动参与乡村振兴、带动黔货出山，助力乡村振兴，展现国企担当。从润丰公司的实践来看，探索乡村振兴新路径，充分发挥国有企业的资本和产业优势，不仅可以对乡村振兴项目进行直接资金支持，还可以为进一步撬动社会资本奠定基础，而且相对于财政资金，国有企业在资本管理与运作方面更具优势，更能吸引市场力量参与。2021年，通过前期大量卓有成效的走访与调研，位于贵州省金沙县的省级农业龙头企业贵州老太爷食品科技有限公司进入润丰公司视野。两家企业实行战略合作后，有效地开发当地特色资源，实现了经济效益和社会效益双丰收。

七 立业为善，善业自成

"立业为善，善业自成"是领导者在企业发展过程中需遵循的法则之一，要求领导者要从战略高度界定企业的社会责任。

（一）企业的社会责任

企业的社会责任主要是指企业的使命、愿景、价值观是否与社会环境、国家安全、百姓利益等企业运营的边界和机会相匹配，领导者清楚企业经营红线在哪里，什么业务可以做，什么业务绝对不能做。社会责任要渗透到企业经营的每个决策中，做正确的选择和事情，基业才能长青。

对于农业龙头企业而言，在挣钱的同时，要考虑到广大终端农户的利益，让农户和企业一起成长。企业从出生时的商业运作起点就要考虑农户的利益、环境的影响、消费者的安全、国家安全等企业应当承担的社会责任。如果领导者被利益蒙住双眼，那消费者就会擦亮双眼，对产品说不，国家就会出台政策法规制止企业的野蛮生长，维护大多数人的利益。企业在选择放弃社会责任的同时，就选择了短命的前途，这个认知已经越来越被事实验证，也被越来越多的领导者所敬畏。

大部分企业成立之初，都能洞察到社会机遇，希望解决社会痛点问题，为社会发展做贡献。但是随着企业的发展，解决了一个社会问题，很可能会出现更大的社会问题。

专栏 3-2　　某生物技术有限公司科技创新案例

某生物技术有限公司是一家专注于饲料药物添加剂的农牧企业，通过科技创新，自主研发的那西肽抗菌促生长剂和抗球虫药，在很大程度上提升了治疗和预防动物传染病的疗效，使规模化养殖有了实现的基础，其产品销量在全球占据较高的市场份额。

随着抗菌抗生素添加剂在饲料中的过度使用，禽畜产品中抗生素残留超标、细菌产生耐药性和畜禽产品质量安全等问题越来越严重，对食品质量安全、公共卫生安全和生态安全造成严重的风险隐患，这些隐患就像一把剑悬在饲料添加剂企业头上。与消费者对食品健康安全的呼声越来越高所释放出来信号不匹配的是饲料添加剂企业还在不断投入科研，扩大产能。

2019年，农业农村部发布了第194号公告，决定停止生产、进口、经营、使用部分药物饲料添加剂。这些企业只能被动转型生产"替抗"产品，过去的研发投入和资源储备都成为包袱，企业发展举步维艰。这与那些能够洞察消费者需求和社会环境的变化，将提供安全可靠的产品作为企业存在的底线，及时抓住"替抗"产品的历史机遇，在全面"禁抗"后异军突起，成为市场引领者的饲料添加剂企业形成了鲜明的对比。

（二）对社会责任的认知

企业的职能就是通过把社会问题转化为企业的发展机会进而满足社会需要。对社会责任的深刻认知，不是限制企业发展所投入的成本，反而能带给企业业务上的发展机会。领导者既要洞察各种社会问题如生态环境的恶化、自然资源的快速消耗、贫困地区、老年化等可能给企业带来的风险，同时也要洞察它们给企业带来的潜在发展机遇。

社会影响和社会责任是给企业带来风险还是机会，取决于管理层是否能在每一项重大决策中都能承担社会责任。另一个与企业命运密切相关的管理层责任是"绝不明知其害而为之"。"肥皂鸭"事件就是很好的例证。

> **专栏 3-3　　　　"肥皂鸭"案例**
>
> 　　2020年,一则"某集团饲料在山东鲁南片区出现严重质量问题,造成行业数亿元巨大损失"的消息在朋友圈转发。有关部门对当地多家肉鸭屠宰企业进行调查,涉及饲料、冷藏、调理品等大半个鸭业链条。禽业商会召集9家饲料企业召开紧急会议,初步确定"肥皂鸭"源于饲料。通过对某集团三家公司自同年8月上旬至9月初生产的饲料监测分析,发现了巨大的质量问题。"肥皂鸭"在山东鲁南地区引起连锁反应,经销商大量退货、养鸭户的鸭子无人宰杀、屠宰场有鸭不敢宰杀,鸭业产业链直接损失6亿—8亿元。造成"肥皂鸭"问题的根源在于某集团公司为应对市场竞争,提高利润,对饲料成本进行压缩超过了安全健康的责任底线。

　　实践表明,任何以牺牲消费者安全健康为代价的成本控制、绩效提升都会把企业以及行业推向深渊。

　　德鲁克说,管理人员的首要责任是"绝不明知其害而为之"。没有一个管理者能够保证他一定能为顾客带来利益。他所能做的,只是尽力而为,但他必须在一些重要领域中承担起伦理责任。他们的职责在于仔细检查自己的言行,以保障做到"绝不明知其害而为之"。

　　"立业为善,善业自成。"管理者的正直诚信是企业生存和成功的根本保障。

第三节　农业龙头企业领导战略思维提升的 BLM 模型

一　BLM 模型简介

　　BLM（Business Leadership Model）业务领导模型是一个完整的战略实施方法论。这套方法论是 IBM 在 2003 年与美国哈佛大学商学院一起研发的，是 IBM 在全球所有公司从高层到各个业务部门共同使用的统一的战略方法。华为公司在 20 世纪 90 年代末花重金从 IBM 引入 BLM 模型，并坚定地在华为全面实施，为华为公司卓越的管理理念的实施奠定了基础。

（一）BLM 模型概念图

图 3-1 中业务领导模型分为三部分，最上面的是领导力，公司的转型和发展由企业领导者的领导力水平驱动。中间分为战略制定和战略执行。制定符合企业发展的战略需要领导者有敏锐的市场洞察力，找到方向和目标，上下同欲，力出一孔，共创与之匹配的业务。而战略执行涵盖的关键业务、人才、组织、文化与战略需要紧紧握手，生死与共。一致的价值观为战略有效制定和执行保驾护航。

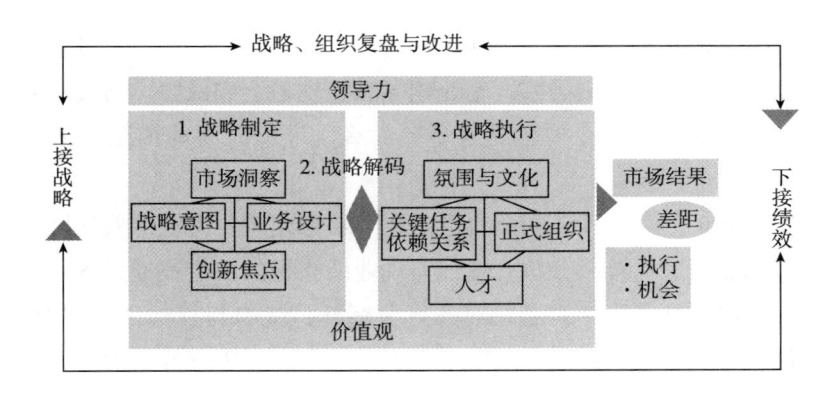

图 3-1　BLM 模型概念

资料来源：［美］迈克尔·塔什曼、查尔斯·奥赖利三世：《创新跃迁》，四川人民出版社 2018 年版。

（二）BLM 模型的运用

运用 BLM 模型对企业进行 X 光扫描，经营者能够看清楚环境，行业的大势是什么？企业坚持的是什么？放弃的是什么？企业的机会是什么？威胁在哪里？此时，经营者应该在以下几个方面给出确定的答案。

（1）什么是能带来最大经营成果的机会？我们还需要什么知识、技术发明、资源安排来扩大成果？

（2）企业的产品或服务打算为顾客提供哪些方面的满足感？这些产

品和服务应满足人们什么愿望？企业要做出什么贡献才有望获得回报？

（3）企业为哪些顾客市场和最终用户提供与众不同的价值？为了服务这些顾客、市场和最终用户，企业需要开辟哪些渠道？怎么满足渠道的需求？

（4）为了赢得生存和发展机会，企业需要认识到自己在哪些方面能够做得比其他企业好？为此，企业需要器重什么样的人？

为回答好这些战略问题，BLM 模型认为企业战略的制定和执行部分包括八个相互影响、相互作用的方面，分别是战略意图，市场洞察，创新焦点，业务设计，关键任务，依赖关系，氛围与文化，人才和正式组织等。

二　BLM 模型指导农业龙头企业提升战略思维

（一）战略意图是战略思考的起点

战略是现状和期望之间差距的一种感知。通过对政策、经济、技术、竞争等环境的深刻洞察，企业领导者发现机会和威胁，通过对差距的分析，逐渐明确企业要什么，不要什么，进而清晰地描绘出战略意图，推动上下同欲。

差距分析分为业绩差距、机会差距、对标差距。企业需要对期望业绩与实际业绩进行差距分析，找到实现业绩指标的机会或通过各种手段识别出可以弥补差距的机会，对齐行业标杆，找出与标杆之间的差距。识别机会与威胁及破局点，现实中，有些破局点提得很好，但公司并没有那么多的资源来处理这些破局点，因此，破局点应当适当地取舍。

企业里，战略和执行的关系最难处理。建立在讨论战略、宏观环境、产业政策之上的策略与能够做到的实际现状，往往会有 60%—70% 的差距。组织、人、资源调配等都会导致战略执行出现偏差。

（二）市场洞察力决定了战略思考的深度

企业领导者最重要的职责就是深刻洞察由变化带来的机会，清晰地知道未来的机遇和企业可能碰到的挑战与风险，理解和解释市场上正在发生着什么以及对公司未来的影响，从而选择正确的战略方向。

对市场的深刻洞察，对政策法规、市场和产业结构、技术发展、竞争对手和顾客偏好的敏锐洞察，辨别趋势和差距对农业龙头企业尤为重要。

农业龙头企业的特点是对资源依赖性强，包括自然资源和环境资源。农业产业龙头企业的上游连接着千家万户的农民，下游连接着市场和广大城乡消费者，生产成本和市场价格受到农药、化肥、种子等生产资料和劳动力、用工成本、城乡居民食品需求等多重制约。领导者不仅要关注企业运行效率，同时还要关注社会发展动向、国家政策导向，要有高度的社会责任感，才能使企业基业长青。

（三）创新是战略思考的焦点

创新最终解决的是为客户、为市场创造价值的问题，其最终目标是企业产生持续的竞争优势，从市场和客户那里获得持续的价值。

好的创新体系是企业与市场进行同步的探索和实验，而不是独立于市场之外的闭门造车。迈克尔·塔什曼和查尔斯·奥赖利三世（2018）在《创新跃迁》中提出了"三个地平线"方法，可以支持领导者梳理业务现状和未来规划，做到"卖一代，生产一代，储存一代"，带领企业保持持续性的竞争优势。

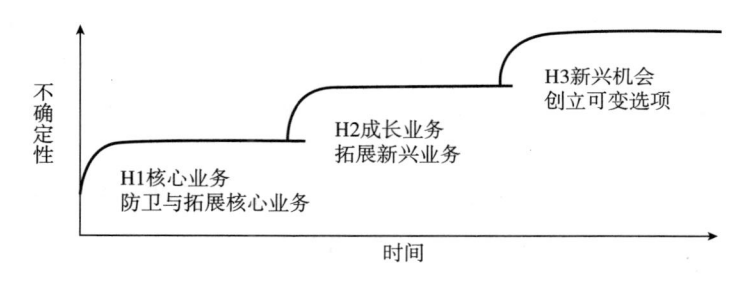

图 3-2 创新的三个层次

资料来源：[美] 迈克尔·塔什曼、查尔斯·奥赖利三世：《创新跃迁》，四川人民出版社 2018 年版。

三个地平线分为：

第一层：核心业务，收入与利润的主要来源。领导者思考问题要更多聚焦在哪些产品和服务属于核心业务，采取什么措施扩展与防守，从而能确保利润率。

第二层：成长业务，市场增长和扩张机会的来源。对于成长业务，领导者更多要思考如何投入资源、采取什么措施促进成长业务发展。

第三层：新兴机会，产品/业务创新的组合，未来长期增长的机会点。领导者需要大胆判断是否为未来机会下赌注。

领导者和团队在市场洞察和清晰战略意图的基础上，对业务进行梳理，明确核心业务、成长业务和新兴机会。根据业务不同的发展阶段，采用与之匹配的管理和资源投入方式。

（四）战略思考要归结到业务设计中

战略思考要归结到业务设计中，回答企业客户是谁，提供什么客户价值，价值获取方式，业务范围，价值增值，风险管理以及战略壁垒是什么等问题。

（1）客户选择：谁是企业的主要目标客户群体？哪类客户需要拓展或放弃？

（2）价值主张：企业的产品或服务能给目标客户带来哪些价值（产品价值定位），怎样才能赢得竞争优势（差异化、成本领先）。

（3）价值获取：企业怎样赚钱（主要通过什么来获得利润），是传统的产品销售、服务协议、许可证、使用费，还是知识产权销售；主要竞争对手是如何盈利的。

（4）业务范围：企业在产业链中的角色是主导还是依赖，是否需要合作伙伴；需要什么样的合作伙伴（如外包商、渠道商、供应商等）。

（5）价值增值：如何保证持续的利润增长，客户需求是否有转移的趋势，如何保证为客户提供持续的价值增值，如何保证在产业链中的主导地位。

（6）风险管理：有哪些潜在的风险（市场、对手、技术）；如何管理。

（7）战略壁垒：如何利用企业内部现有的资源，创造可持续的战略控制点。新的业务设计能否建立在现有能力基础上，能否获得所需要的新能力。

（五）关键任务的设定统领执行细节

关键任务是连接战略与执行的轴线点，在业务设计的基础上，要聚焦业务优势和潜力，把精力和资源放在少数几项成果显著的经营活动上。给出执行的关键任务事项和时间节点，对企业的流程进行改造并提出具体的要求。

成本和成果的产生不是正比关系，在现代管理中，领导者要明晰二八原则。80%的成果由20%的活动贡献，80%的成本花在了只能创造少量成果的地方，成果和成本之间的关系被倒置了。

为了有效控制成本，首先要全面考核成本和绩效的关系，资源优先分配到稍微改善效率就能大幅度提高经济效能、降低成本的领域。削减成本要聚焦在几个成本消耗大、对企业效益影响小的产品或服务方面，成本和效益不匹配的产品会拖累能产生效益的关键活动。

要将企业的资源投入优势领域，比如产品研发要投入市场销售好、效益高的产品上，销售力量要分给畅销产品，而不是与竞争对手比拼自身非优势产品。

分配资源时要参照成果和效益高低，而非难易程度；资源分配不能忙着解决老问题而不顾新机会。

（六）氛围与文化

领导风格有强制式、身先士卒式、教练式和授权式。在知识密集型经济时代，大量成功转型的企业，逐渐形成了开放、授权、共享的氛围和文化，变革授权型领导风格代替了强制式领导风格。

产品过盛的年代，企业要学会转变战略布局，要站在外部的视角和未来的角度去看待自己企业的行为。领导者不仅要成为战略的决策者，不断地通过自我变革抢抓外部机会，更要界定清楚企业的成果是在外部也就是顾客端，要从管理者变成企业与顾客之间的信息连接者，把重心放在顾客心智方面，通过打造品牌影响力持续获得顾客的青睐，从而构建企业的可持续竞争力。

（七）人才要有相应的技能去完成战略的执行

人才培养包括技能的描述、获得、培训、激励和保留人才的措施。

人力资源投入也要考虑二八原则，要将高级人力资源聚焦在重大机会上。人才是企业最稀缺、最昂贵、最有可能产生成效的资源。但企业常常将稀缺的优秀人力资源分配到已经是末日黄花的产品上，或者分配到难啃却不一定带来成果的方面，这种现象每个企业几乎都存在，CEO的大量时间在徒劳无益的忙碌中消耗，这样的忙碌不能为企业创造效益。

（八）正式组织是执行的保障

企业在开展新业务时，要舍得投入人力和相匹配的资源，同时要建立相应的组织结构、管理制度、管理系统以及考核标准，否则执行的结果会大打折扣。

组织形式以及相应的管理制度，系统和标准需要与企业的战略意图、业务设计和文化相匹配。

近年来，去中心化的组织结构应运而生，对提升员工自驱力和创新能力产生了前所未有的作用，如海尔公司的小微组织团队、某集团常用的聚焦"成果与绩效"的联邦分权事业部制、聚焦"任务与工作"的职能制等。

三　优百特公司提升战略思维案例分析

提升战略思维需要领导者高瞻远瞩、统揽全局，通过转变战略布局，抢抓发展机会，持续打造品牌影响力，进而构建企业的可持续竞争力。广州优百特科技有限公司创始人及其团队，顺应时代潮流，制定了专属的蓝海战略，开创了饲用脂肪的新天地。

专栏 3-4　　优百特公司提升战略思维案例

广州优百特科技有限公司（以下简称优百特公司）是一家专业研发、生产和销售优质饲用脂肪粉的高新技术企业。

2000年年初，猪饲料中的脂肪酸营养平衡是一个蓝海市场，国内这个领域很少有领先品牌。优百特公司创始人以其敏锐的战略思维觉察到随着人民生活水平的提高，老百姓对安全、绿色、健康肉制品的需要将快速增长，而生肉的健康和饲料的安全、绿色、健康有直接的关系。优百特公司通过技术研发投入，专注于饲料原材料的脂肪酸营养平衡，在研发和培育市场方面不断投入，脂肪粉市场从无到有，通过不断聚焦，保持脂肪酸营养平衡的技术领先地位，奠定了高端市场的领先优势，占据了高端市场80%的份额。此时公司并没有盲目沉醉，而是密切关注外部变化，及时调整企业内部资源投入，实现战略转型。近几年，随着高端市场的成熟以及非洲猪瘟和猪肉价格下降等外部环境的变化，高端市场对脂肪酸营养平衡产品的需求减缓。优百特公司敏锐地觉察到这一市场变化,将产品战略进行下移,利用技术领先优势,开发中低端脂肪酸营养平衡产品,实现规模化、标准化生产,先后在广州、湖北、沈阳建立生产基地,实现对养殖户需求的快速响应,扩大生产和市场规模。这次战略转型奠定了优百特公司在行业内的主导地位。

资料来源:《潜心耕耘方能成就价值——访广州市优百特饲料科技有限公司丁为国董事长》,《广东饲料杂志》2017年第26卷第2期。《替抗浪潮中的"黑马"》,李嘉隆采访记录,新牧网,https://xinm123.nfncb.cn/html/n-poultry/514588.html,2020-12-31。

优百特公司创始人和团队在企业成长过程中洞察外部环境变化,调整战略并及时优化内部资源,形成自身的领先优势并不断扩大领先优势,从技术领先到规模领先,再到成本领先,确定了自己的品牌地位,成为行业的引领者。

第四章

农业龙头企业高管团队领导力

强有力的高管团队是提升企业绩效，保持企业有效运营的根本，打造一支高效高管团队需要农业龙头企业领导人具备专业的高管领导力。不少农业龙头企业领导人为缺少"左膀右臂"而苦恼，企业高管队伍不稳，执行力不强，冲突不断。从理论和实践两方面看，共启愿景、选人育人、激励人心、有效沟通、充分授权、建立信任是高管团队领导力的六个核心要素。对于企业高管，既要有广阔的发展前景吸引人，也要有高收益来激励人。情怀和物质激励有机结合，才能使高管队伍为企业发展而努力奋斗。

第一节　农业龙头企业高管团队领导力概述

一　高管团队和高管团队领导力

（一）高管团队

1. 高管团队的概念

团队是为完成企业特定目标和任务，按照一定结构组织人员而形成的利益共同体。高管团队（TMT）是高层管理团队的简称，指企业高层经理小群体，包括企业董事长（CEO）、总经理、副总经理以及直接向他们汇报工作的高级经理（孙海法和伍晓奕，2003）。TMT 是对组织战略决策和可持续发展发挥重要影响的群体，由董事长、CEO、高级经理等人员组成，一般只在中型、大型企业中存在（王革等，2022）。

综合理论界关于高管团队的多种解释，我们将企业高管团队定义为：由企业核心管理层组成的一个以目标为导向，以协助为基础，为了特定目标而按照一定规则组合在一起的共同体。

高管团队有共同的理想目标，在技术或技能上互补，愿意共同承担责任，共享荣辱，带领基层和中层管理者实现目标。高管团队包含五个基本的构成要素：一是目标。高管团队应该有一个既定的目标，为团队成员导航。二是人员构成。人是构成公司团队最核心的力量。三是定位。高管团队在企业中处于什么位置，成员在团队中扮演什么角色。四是权责。高管团队在组织中拥有什么样的决定权，承担什么样的责任。五是计划。实现团队目标的具体工作程序。

2. 高管团队发展的阶段性

高管团队发展与广义的团队发展一样，是随着团队成员之间合作时间的推移，而逐渐走向成熟的，一般有以下四个阶段。

（1）形成阶段。高管团队在公司组建之初，要明确成员个体的组成及身份，明确每个成员的岗位职责，清晰职权边界，初步确定公司的宪章（规则）和奋斗目标。

（2）震荡阶段。高管团队形成之后，很快会进入震荡阶段。成员之间的职责交叉、职权界限等会在这一阶段产生问题，发生碰撞；尤其是高管团队成员之间的价值观的碰撞在这一阶段变得明显；同时成员对团队规则的挑战和质疑也会在这个阶段凸显出来。

（3）规范阶段。高管团队在震荡期问题的推动下，逐步建立正式的流程、确定基本的结构；通过碰撞和共识，具体的团队目标和成员之间的职责也进一步清晰。

（4）执行阶段。只有成功地度过形成、震荡、规范阶段，高管团队才有可能进入绩效提升阶段。这个阶段，已经建立起了互相尊重、理解和支持的氛围；流程运行顺畅，高管团队成员各自发挥优势、互相弥补短板，形成良性运转的局面。但如果此时有新的高管加入，或者公司的外部环境、条件发生变化，就会推动公司新的生命阶段的到来，进入新一轮生命周期的循环发展中。

实践表明，在公司早期，高管团队形成阶段以及规范前期，通过聚焦于使命、目标以及公司整体绩效，可以最大限度地激发高管成员的投入度。公司愿景和使命是将大家凝聚起来的最强动力。

3. 高管团队高效运作的影响因素

有研究表明，影响企业高管团队运作效率的主要因素包括团队的结构组合、规模、权力分配、凝聚力、成员的人力资本价值等方面（华艺和陶建宏，2012）。高管团队人员组成结构有异质性和同质性两类，在企业运营实践中各有利弊。实际上，高管团队的规模、成员的人力资本价值，都可归于团队组织一类。权力分配、责任、利益是高管团队的制度建设层面，而凝聚力是团队建设的结果。高管团队要高效运作，包含的是组织（用什么人）、权责制度安排（怎么用人）、资源分配和文化建设（如何激励人）三个相互影响、相互支撑的维度。

（二）高管团队领导力

高管团队领导力涉及多学科，是组织发展理论和领导力理论融合的产物。一方面，它反映出领导力研究的对象从个体转向了团体；另一方面，它也反映出组织权力分配从集中走向分散的趋势。

1. 团队领导力

学者伯克等整合出了一个团队领导行为模型。该模型分析了团队领导通过收集信息、对团队进行资源整合，充分利用团队成员间的协作帮助团队有效解决问题，实现目标的过程。史密斯提出了"团队领导力"的概念。他们认为团队领导力才是推动和影响整个团队成员朝着共同的团队目标和团队远景而努力的原因，团队领导力包括共同的愿景、共同的规则和共同的价值观。"团队领导力是团队领导者在领导团队的活动中，对团队成员产生的有利于团队目标实现的影响和作用"（宫小淇和孙立樵，2017；吴维库，2015）。一般意义上讲，狭义的团队领导力是指领导团队的能力。而广义的团队领导力指团队所有成员发挥自己的领导力以实现团队共同的目标，并且为工作的成败共担责任。广义的团队领导力强调了团队所有成员的领导力，而不单单是领导者个体。这种合力在领导者与团队成员相互作用中促使团队的潜力爆发出来，成为推动团队前进的能量（乔雪，2012）。

2. 高管团队领导力

对于高管团队领导力（Top Managerial Team Leadership，TMTL），也可以从两个层面来看。第一，是企业一把手如何领导高管这个特殊的群体。第二，企业一把手与其他高管一道，通过环境分析、权责利结构安排、职能界定和绩效考核，形成高管团队群体的领导力。不管哪种层面的高管团队领导力，企业一把手都是企业发展的"天花板"，这里我们重点关注一把手高管团队的能力和效力。

高管团队领导力包括由内而外、自上而下两个维度。所谓由内而外，就是最高领导者必须调整自己的认知，通过自身的改变来影响周围的高管成员。这和中国传统文化中强调的"修身齐家治国平天下"的路径是相通的。自上而下，强调发挥领导者的影响力，要根据组织的特点，有针对性地培养响应的能力：高管团队的核心在于"气度"，也就是公司愿景和价值观；中层团队的核心在于"专业"，也就是专业和计划能力；基层团队的核心在于"做事"，也就是岗位职责的执行能力。

需要注意的是，农业龙头企业中有国有企业、集体企业以及一些上市企业，企业所有权与经营权分离，企业的一把手并不一定是企业资产的最大拥有者，在这样的经营环境下，企业高管团队领导力更应强调"团队"的领导职能和绩效。高管团队所面临的企业经营环境包括人员组成等在内的团队结构、团队一把手与其他成员的权责关系等决定团队领导效能的核心要素（王革等，2022）。正如《让高管团队更高效》中所说，"团队领导力，是如何领导一支制定企业发展方向、激发他人的聪明才智并调动他人的积极性朝着预定方向前进的团队"（韦格曼等，2022）。

现实中企业领导者对高管团队领导力存在一些片面认识：一方面，认为领导力是企业最高领导者的专属能力，高管团队成员只需按照组织规定的授权行使职能，无须谈领导能力。另一方面，则担心高管团队成员都来参与决策反而导致决策的低效率（洪明，2005）。

二　高管团队领导力的六个关键要素

结合理论和实践，高管团队领导力包含共启愿景、选人育人、激励人心、沟通和冲突、充分授权、建立信任六个关键要素。这六个部分涵盖了企业发展的三个阶段，即为什么打造团队、打造怎样的高管团队以及怎样保证完成高管团队和企业目标。

（一）共启愿景，指明方向

愿景决定了一个组织为了什么而长期存在。从公司经营的外在表现来看，公司之所以能够生存下来是因为向顾客销售了产品和服务。更深层次的原因是公司帮助客户解决了问题，创造了价值。而愿景则是公司对于自己为客户和社会持久创造价值的设想。

虽然很多企业的诞生是依靠资源，比如有现成的客户和渠道，但决定企业成员发展方向的是企业的愿景。愿景是困难时期或者转变时期的方向舵，愿景是竞争的有力武器，愿景能够建立起一个共同体。尽管很多领导者都清楚愿景的重要性，但真正能够将个人愿景变成全公司所有人愿景的领导者却凤毛麟角。

一个伟大的愿景，即便只为少数关键人物所理解和认同，也能发挥重大的作用。但是，只有当公司或任务所涉及的大多数人对愿景的目标和方向有共同的理解时，愿景的真正力量才会得以释放。

愿景设计不好，就可能把人们引向深渊。毫无决心支撑的空头支票会使人产生危险的幻觉。

（二）选人育人，组建团队

团队是由人组成的，高管团队亦然。虽然优秀的人才聚集到一起不一定是最优秀的团队，但团队里必须有优秀的人才。选人和育人是企业领导者的责任，特别是对于重要的高管岗位，选人不能仅仅依靠人力资源总监的判断。育人则是组织最高领导者的另一个重要责任，普通的员工也可以在工作中逐渐成长为高管，而优秀的人才却不一定能够融入组织，这取决于最高领导者用人和育人的才能。

企业发展到一定的规模，就会经历人才危机。初创阶段，领导者经常亲力亲为，但随着业务增多，一个人就难以应付，这就需要团队来分担自己的工作。而这个阶段的困扰就是，感觉当年与他出生入死、共同创业的弟兄们"跟不上趟"了；同时，新来的职业经理人又都眼高手低、高不成低不就，而且对老板的批评和提醒还特别敏感，动不动就以辞职要挟（丛龙峰和张伟俊，2022）。

（三）物质精神，共激人心

有了愿景和人才，怎样保证组织完成目标，取得业绩就成为关键。在执行任务的过程中激励人心，帮助成员争取资源，克服困难，愿景才能变为现实，每个成员的能力才能得到提升。

物质激励当然是必不可少的手段，但激励人心不能仅靠奖金和职位，而是要激发每个成员的内心动力。

《追求卓越》的作者、管理大师汤姆·彼得斯说："领导就是激励。"如何让大家更加自愿和快乐地持续投入工作，这就需要领导者对团队成员的卓越表现进行有效的认可与表彰，创造一种集体庆祝的氛围来鼓舞大家。从某种意义上讲，领导者就是要做团队的"啦啦队长"。

（四）管控冲突，有效沟通

高管团队合作涉及信息的交换和责任的分担，否则组织很容易陷入各自为战，甚至内部冲突的境地。避免这一局面的方法就是沟通。

开会是组织沟通的一种最常见形式，但要把会议开得成功有效并不容易，需要练习和调整。沟通是双向的，既要有自上而下的方式来宣传理念和计划，也要有自下而上的，及时倾听现场的实际情况与障碍。

学术界对组织或群体展开了大量的研究，也促进了对组织过程中一个重要变量——组织内部冲突的研究，得到大家认可的是人际冲突可以分为认知冲突（又称为任务冲突）和情绪冲突（又称为关系冲突）两个维度，高管团队成员之间要有管控冲突的能力和机制（王国锋，2009）。

（五）权责对等，资源匹配

企业处于不同的发展阶段，面临不同的经营环境，对高管团队的权责有不同的要求，授权担责是高管团队发挥功能的基本要求。有很多企业的最高领导者抱怨，自己一个人忙得要命，但下属却看起来无所事事，完全没有主观能动性。这背后的问题就出在授权不够上。"授衔"和"授权"是不一样的，虽然领导者可能给高管团队的成员都安排了职位，但他们在职位上到底能够负责什么事情并不一定清晰。频繁干预下属职位范围的事情，不仅容易让下属陷入依赖心理，还难以锻炼其能力，甚至还会引起不满。

很多最高领导者经历了授权的痛苦，最常见的情况就是授权无法达成目标，甚至授权之后出现失控的情况。因此，他们不做充分授权，只选择偶尔授权。在这些领导人看来，不能够充分授权的原因是下属不能承担、能力不够或者品行不够。这些观点很普遍，也有道理，因为如果下属成熟度不够，而又做了充分授权，结果是可想而知的。

但是，最高领导者不能因为这样就放弃授权，放弃授权就意味着放弃对人的培养，这样对解决问题没有任何意义。其实问题的关键不在于下属是否成熟，而在于最高领导者如何授权。

（六）以身作则，建立信任

信任是把优秀的团队合作制度上升为文化的前提。信任既包括下属相信上级宣传的愿景和战略，也包括成员之间相信对方的能力和善意。

一个常见的现象是，每个领导者都认为自己的公司信任度很低，但每个高管团队成员却都认为自己是值得信赖的，心理学上把这种现象归结为"自私偏见"。可观察到的是，88%的司机会认为自己是道路上排前50%的安全行驶的司机；25%的学生把自己评为与他人相处能力最高的1%之内；夫妻在估计他们对家庭的贡献时，两人相加的总和通常超过100%。

在高管团队中建立相互信任的合作关系，是取得成功的关键。最高领导者的行为对高管团队成员建立信任起到至关重要的作用。在杰出的领导人身上，一般具有以下4个特点：一是始终如一（constancy）。不管领导者自己可能面临怎样的意外，他们都不会给群体制造任何的意外。领导者是始终如一、坚定不移的。二是言行一致（congruity）。领导者言出必行。对于真正的领导者来说，他们信奉什么理论，就践行什么理论。三是可信赖性（reliability）。领导者会在关键时刻挺身而出，他们愿意在紧要的时刻给同事以支持。四是正直（integrity）。领导者以自己的承诺和誓言为傲。

领导做人、做事决定着人们的信任度。领导为人是否正直诚信，决定了是否值得员工信任和信赖，领导者是否能够以身作则，身体力行，说到做到很关键，如果领导言而无信，反复无常，对人多疑猜忌，就会导致缺乏相互信任；领导者做事是否"靠谱"也很重要，如果领导能够干成事，不放空炮，言行一致，就能够取得信任。

三 提升高管团队领导力的意义

领导者的核心能力决定了企业的发展高度。领导者核心能力强，企业发展大多比较良性，抗风险能力比较强，反之则问题较多，经不起考验。企业最高领导者只有让全体员工理解高管团队领导的意图，明白自己在企业运营过程中所能分享的成果，才能激励团队成员心甘情愿地跟着领导干事业。

（一）减少高管团队摩擦成本，形成协作

提升高管团队领导力有利于团队领导者角色从自我管理走向管理团队，实现领导团队转型；领导与被领导者之间，在外部与内部环境中的互动与影响，构成了团队氛围。

每个企业都有独特的沟通协作风格，这种风格与企业领导者的沟通协作风格高度一致。企业的领导者是公司沟通协作风格的重要引领者。有人将此分为三类，比如国企风格、外企风格、民企风格。这些风格的背后，是某类企业的做事风格，体现了这类企业员工的价值观。所以最高领导者以身作则，引领高管团队在沟通协作方面践行优秀的企业价值观和文化就显得尤为重要。那些在员工中传颂的高管在沟通协作时发生的故事，也将成为公司雇主品牌的一部分。

能否与高管进行高质量的深度沟通，关键在于是否"利他"。作为高管，要先了解下属的人生态度。你的高管成员在成长的过程中，什么人或事对他影响最大？他的价值观是如何形成的？他如何认识自己的工作乃至生命的意义？其实，领导者只需要花费几顿饭的时间去倾听与思考，就能了解这些情况。

农业龙头企业从小变大，需要企业一把手随着企业的发展不断变换角色。一把手懂得高管团队运行的一般规律，可以合理安排高管团队结构，加强团队成员交流与协作，管控成员冲突，合理配置资源，可以大幅度降低团队摩擦成本。

（二）有利于个人和企业共同发展

人们经常把企业发展与市场环境、发展机遇联系在一起，而忽略了企业发展最重要一个因素"人"。

企业领导者如果能够使高管团队成员的一切行为都与协作、目标、集体相关，就有利于组织应对复杂多变环境需求，实现扁平化、团队化管理。高管团队领导力开发与研究的目的和结果是达成企业绩效。

高管团队领导力提升的过程，是团队每一位成员特别是一把手不断修心、修身的过程，提升一把手的能力，才能提升团队的能力。提升了高管团队的领导力，才能促进企业一路向前。建立一支和谐、高效、执行力强的高管团队有利于企业和个人共同发展。

（三）有利于企业变革创新，应对外在环境变化

高管团队领导力决定着企业的竞争能力，提升高管团队领导力，有利于农业龙头企业随时运用新领导理论指导企业发展，如共享领导方式对于领导行为团队成员的赋权，以及团队成员共担领导责任；分布式领导方式基于环境与能力动态变化领导方式，给予团队成员领导权力与变换角色，以及变革领导强调需要塑造团队与个人愿景、使命价值观的一致性等。高管团队领导力提升，就是要根据外部环境的变化，通过科技和管理的变革创新，不断适应环境变化。

第二节 农业龙头企业高管团队领导力发展中的问题

很多农业龙头企业领导出身草根，白手起家。他们通过艰苦创业，靠着钻研技术和业务，以及敏锐的商业眼光，加上敢于冒险的魄力和开疆拓土的精神实现了创业从零到一的成功。我们在访谈中发现，龙头企业大多数领导者本人对事业具有极高热情，在创业之初，企业创始人寻找到非常优秀的合伙人，或是以家族亲情为依托实现了最初的积累，但随着企业规模的不断发展壮大，团队人数越来越多，其领导团队的能力便成为制约企业发展的瓶颈。

一 缺乏愿景，无法使企业获得长期的驱动力

建立一项无效的愿景还不如没有愿景。愿景设计不好，就可能把人们引向深渊。毫无决心支撑的空头支票会使人产生危险的幻觉。

（一）企业忙于生存，愿景只是奢谈

企业创立初期，规模小，抗风险能力弱，生存是当务之急，企业领导只想怎么活下来。这时的领导者容易变成问题导向，认为能否活下来都是个问题，还奢谈什么未来？愿景更是奢望。他们或自己扮演救火队长的角色，或只知道埋头拉车，不知道抬头看路。摸着石头过河，走一步看一步，相信车到山前必有路。老板缺乏长远思考意识，员工感到迷茫，没有方向感，更没有奔头。

（二）虽有愿景，却未落实，形同虚设

这种愿景要不就是老板自己定的，要不就是请外部广告宣传机构设计的，企业员工没有参与其中，也不认同这样的"高大上愿景"，自然

对员工没有激励作用。部分农业龙头企业领导者描绘愿景时，往往是东抄一句，西抄一句，凑起来形成了自己的"愿景"。有的还把知名大企业的愿景生搬硬套到自家企业头上，这俨然已经变成一种时尚。在这样的企业中，企业领导对于拼凑起来的愿景连自己都不太相信，自然就失去了愿景的引导作用。如果去问员工企业愿景是什么？很多主管和员工都回答不出来，或者一个人一种说法，这说明高管团队并未有效传递企业愿景。

（三）老板自己个人愿景代替企业愿景

企业愿景是引导企业全体员工的指路明灯，但一些企业老板把个人的愿景当成企业的愿景，员工没有参与共创愿景，无法达成共识，也缺乏达成愿景的承诺。员工不认同愿景，缺少愿景与员工的连接，员工觉得企业愿景与自己没啥关系，甚至有的员工讥讽老板习惯于"画大饼充饥"。调查了解到一家企业愿景是老板"自己的愿景"，看上去很高大上，拿来"忽悠"外边的人也很管用，然而内部员工并不相信。久而久之，员工对老板"画大饼"习以为常了，愿景失去了激发员工工作动力的作用。也有不少人被企业的愿景吸引加入公司，然而入职之后落差非常大，因不能适应这种"画饼充饥"的文化，纷纷离职。

（四）大型农业龙头企业有好的愿景，中小型农业龙头企业常缺乏共启愿景的方法

某集团有限公司董事长上任之初，就着手为企业描绘企业愿景，充分听取员工的心声，比如在确定企业的价值观和企业文化时，他组织中层经理人开了三天会，从下至上讨论"企业未来向何处去？""企业一路走过来核心竞争力是什么？""企业的文化价值观是什么？"经过充分酝酿讨论，最后确定了"通过寻求有效的商业模式不断成长，达到行业领导地位"的愿景，这也成为企业多年来为之奋斗的愿景。但很多中小型农业龙头企业，不知什么是愿景，如何与员工共启愿景，也不知高管团队应如何制定企业愿景，误以为设定长远目标成为行业第一就是愿景。

二　履行选人、育人的责任乏力

如何选人、育人是农业龙头企业广泛关注的一个问题，如同在良田里播种，选出优秀的种子，种在肥沃的土地里，由农夫精心培育，才能

89

丰收。企业最高领导者以及高管团队要扮演好农夫的角色，认真地研究选种（人）的标准，土地的施肥（资源配置），杂草（问题）的清理。

（一）老板招不到心仪的人，特别是企业高管

农业龙头企业以中小型民营企业为主，也有部分大型国有企业和上市公司。中小型农业龙头企业遇到最大的问题是招不到人，特别是能与企业老板精诚合作的高管人才，即使大型农业龙头企业在选人精准度上也是良莠不齐，不少企业出现了这样或那样的问题。

1. 企业领导选人失误多，缺乏识人"慧眼"

有的农业龙头企业领导选人依据自己的偏好，只选择自己喜欢的类型，诸如"听话好用型""有眼缘同类型""校友老乡"，这样的选人方式无法选到企业需要的、人岗匹配度高的人才。

2. 企业规模小，难以吸引到优秀人才

有的农业龙头企业因为规模太小，尽管求才若渴但却无人可选，只能以家族内部为主，从身边的亲戚朋友中物色人选。在人才市场，有些大企业可以实现在3个人中选取1个人或者在10个人中选取1个人，而这些中小企业因平台小、没有知名度难以吸引到优秀人才，无人愿意加盟中小企业，更谈不到人选与职位的匹配度。随着规模的扩大，这个"瓶颈"会消失。

3. 选人没有清晰的标准，仅凭主观感觉判断

优秀的农业龙头企业一般都应用或设计了岗位能力素质模型，对于高管岗位，在重视能力的同时，也重视与企业文化的匹配度。企业建立了一套完整的人才选拔体系，在内部选拔人才时，从工作过程、业绩结果、组织贡献等多个维度考察员工，着力打造雇主品牌，用好的体系做梧桐树来吸引金凤凰。而差的企业对于候选人把关不严，不做背景调查，选人过于草率。尤其一些中小型企业领导对于人力资源重视不够，人才意识薄弱，没有设立专职的人力资源部门，招人缺乏清晰岗位描述，招聘靠推荐，面试凭感觉，录用非常随意。

4. "空降兵"高管水土不服，高管团队不稳

农食行业近年来发展迅速，企业自身培育人才的速度跟不上企业发展的速度，培养的关键人才数量不足，很多企业选择通过招聘高管来解决问题。而企业里招聘的"空降兵"高管"水土不服"的现象也非常

严重，原本对"空降兵"寄予很大的期许，希望他们能为企业带来知识、技能和一定的资源，帮助企业开辟新局面。而当与"空降兵"合作不顺利时，老板们的第一反应是"换人"。有些企业换高管像走马灯，给企业带来了巨大的损失。分析这种现象背后的原因主要是：甄选高管时，只注重考察高管的技能和经验，而对行为风格、价值观匹配度、文化匹配度关注不足。"空降兵"入职后往往凭借以往的方法和经验行事，缺乏因地制宜的适应力，不适应公司的环境和文化，难以融入公司。"空降兵"在知识、技能上深度有余，但宽度不足——这也是"空降兵"失败的最根本原因。

5. 不少农业龙头企业选人用人存在错配情况

有些农业龙头企业选人只为解决阶段性困难，不做全面的人才盘点，岗位与人经常出现错配情况，难以做到知人善任，用人所长，适才适用。有的"小材大用"，用外行领导内行，用不专业的人做专业的事；有的"大材小用"，用人高配，企业虽然招进来"高手"，但平台太小，英雄难有用武之地，用牛刀去宰鸡，施展不开，造成人才浪费，更是难以留住人才；错配人才的后果是"小材大用"，低配选人用人看重"成本低"，当员工难以胜任时，就拔苗助长，其实三流人才难以做出一流业绩；"大材小用"也会产生让人啼笑皆非的效果。

（二）不少企业不愿育人、不会育人

育人是一个长期培养的过程，没有一蹴而就的解决方案。一个员工的成长变化最短也要半年的时间才能见效，所以育人的工作一定要有战略高度，提前布局。现实中很多中小型企业把生存放在第一位，发展放在第二位。企业资源有限，更多注重短期利益，缺乏对员工培养的长远眼光，不愿在员工成长方面去投资，也不知如何去投资。

1. 挖高人而不育人

有些农业龙头企业信奉外来的和尚会念经，导致企业内部的人因看不到晋升的希望而离职；对于企业领导具有挑战的是怎样驾驭好"高手"，匹配相应的资源和权责，逐步建立信任度和忠诚度。请高手进来，拿来主义只能解决眼前的问题，不能解决企业长期发展的用人问题。请高手的风险在于"高手"与企业的匹配度，是否志同道合，志趣相投，要看高手的"适应力"如何。能否尽快融入企业，与企业领导建立信任关系，一旦"高手"水土不服，缺乏匹配的"平台"，"高手"必然孤掌难鸣，最后以失败告终，企业和个人两败俱伤。

2. 没有机制和能力培育人

很多中小型农业龙头企业没有培养人的机制，一方面没有这样的能力，另一方面也不愿意带，缺乏培训资源和能力。领导者认为带人太费劲，牵扯精力太多，有精力不如多开发几个客户去，在这些领导人的意识里，只有利润才是公司的财富，人才不是公司的财富。在这样的企业里，员工缺乏规范的培训，也没有职业生涯规划，更没法成长。

3. 急功近利，拔苗助长，不知长远育人

市场环境瞬息万变，农食生态链与供应链将整个行业带入快速变革与发展期，很多传统食品企业在研究如何开展新零售业务；传统饲料养殖企业在研究如何通过互联网实现线上技术服务，观光农业、宠物经济等新的业务模式层出不穷，跨行业的人才需求以及创新人才的需求不断增加，传统的育人方式与旺盛的人才需求之间的矛盾凸显。有些农业龙头企业领导者缺乏育人的耐心和笃定心，认为育人远水解不了近渴，在人才培育方面急功近利，揠苗助长。

三 激励高管时忽视内心

我们走访了处在不同发展阶段的企业，其中有百年历史的跨国企业，也有成立不过三五年的新公司，发现这些企业的领导者在激励高管团队，使其持续的追求卓越方面都有一些困惑和问题。

（一）缺乏激励人心，驭人之道

人的动力可以分成内驱力和外驱力，加薪、奖金、职务晋升、股权绩效考核，都是外驱力。外驱力往往是以物质为主的，动力来自外在。而内驱力则源于人的内在意义感和使命感。许多企业领导关注"事"多，关注"人"少，重视利用外驱力，过度依赖金钱激励，忽视发挥精神因素（内驱力）激励人心；缺乏同理心，忽视团队成员的心理感受，下属得不到激励和认同。对高管的需求分析不足，无差别的激励对于存在不同需求的成员的作用小而且短暂。

（二）过分迷信股权激励、绩效考核

股权激励和绩效考核都是外在的，不能解决内在驱动力的问题。股权和绩效虽然能在一定时期内起到立竿见影的效果，但对于绩效一般的企业，股权激励作用效果很有限，人们更在乎当下的即时满足。绩效考核虽有其积极作用，能够促使短期业绩达成，但对于企业长远发展，诸如人才培养、研发投入等重视不够。一旦业务发生改变，相应的股权机制、绩效考核办法也要随之改变，管理者疲于奔命，如果绩效考核办法有漏洞，这种激励带来的副作用也是非常大的。

（三）罚多奖少，缺乏正向激励

有些最高领导者比较关注高管团队成员的缺点，对于优点却视而不见，吝啬表扬或者奖励他人；沟通以说教命令为主，习惯发号施令，不愿意倾听不同意见。有的领导习惯了批评指责，缺少鼓励肯定，不会激励。无论下属怎么做，领导都不满意，不懂得表示认可和肯定。员工的感受就是"反正怎么做领导都不满意，怎么做都是批评"，员工没有认同感和成就感。

（四）喜欢点评，不敢激励

有的领导者喜欢对别人的说法加以评论，把自己的标准强加于人。喜欢对下属评头论足，习惯于评判、说教、质疑高管团队成员。在甲面前点评乙，在丙面前点评甲，容易造成内部矛盾，影响团队和谐。有些领导者过分注重和谐，回避矛盾冲突，喜欢搞平均主义，不敢重奖重罚。对工作中的不同表现赏罚不明，该罚不罚，应奖不奖，和稀泥，搞"大锅饭"。时间长了，低绩效者冗余，高绩效者丧失积极性。各种职能间的责权难平衡，在市场行情好的时候，矛盾不突出，一旦行情不好，矛盾就会凸显出来。

四　领导者沟通协作的有效性有待提高

沟通协作的风格没有优劣，只有是否有效，但特别要注意，不要让团队成员不理解自己到底想表达什么，或是认为自己偏袒，不能公正对待周围的人。

（一）习惯于发号施令，不愿意倾听

沟通是双向的，不是单向的发号施令，领导的沟通应更多地告诉员工要怎么做，并且能够听对方说什么，调研发现，农业龙头企业领导者倾听的能力普遍偏弱。有的领导太过强势，太过于以自我为中心，自以为是，习惯了一言堂，居高临下，颐指气使，不喜欢听反对意见。这种做法造成沟通障碍，使下属缺乏信心，心理压力大，沟而不通。

（二）"我"超越了"我们"

最好的领导者并不在意自己是否站在聚光灯下，他们聚焦在"做出成果"，让"成果"说话。有些企业领导者常常把自己凌驾于团队之上，抢团队的功劳，这样会打击团队士气，让团队成员只愿意付出最基础的努力。分享功劳、认可出色的工作是很多农业龙头企业领导需要提升的方面。当他们与团队成员分享功劳的时候，他们自己也成了更加成功的领导者。

（三）沟通只"走脑"不"走心"，就事论事，缺乏深层沟通

有的企业领导人沟通太喜欢"走脑"而不"走心"，就事论事，太过理性思考，说教多、命令多，很难激励到团队成员的内心。与团队成员的沟通，真正重要的不单纯是谈了什么事，而是那份真诚，唯有真诚才能打动团队成员，同时对方也会回报自己的真诚。当上级和下级能够超越"事"上的你来我往，彼此就能大幅提升信任，形成一个心与心牢固连接在一起的团队，这个团队就无往不利。

（四）回避冲突，不愿沟通

有的企业领导者回避冲突，不愿意面对分歧，这样做并不能消除分歧、化解冲突，只能将分歧冲突掩盖起来，日积月累，会酝酿出更大的无法化解的冲突，与其现在做老好人，和稀泥，不如在分歧出现的早期把它消除。有些领导与团队之间缺乏信任，沟通质量不高。与团队成员之间信任度低，多疑猜忌，导致沟通效率低下。信任是沟通双方的润滑剂、黏合剂、催化剂；信任度低，缺乏安全感，沟通时更多的是防范心理，难以敞开心扉，开诚布公，真诚地沟通。

五 老板不愿授权、不会授权

授权对企业领导者来说是充满希望但同时又令人困惑的难题。农业龙头企业领导大部分都了解授权的种种好处，但是，他们有的不愿授权，有的不会授权。

（一）不愿意授权

有的农业龙头企业领导掌控欲、权力欲重，自认为自己能干，认为下属能力不足或经验不够，不足以担当更大的责任，不愿授予下属权力。他们有的缺乏安全感，不敢授权，担心失控被架空，导致大权旁落，怕授权太多，威胁到自己在组织中的地位。他们认为管理越多，权

力越大，表明自己越行，在被人请示时有种虚荣式的成就感，甚至认为有些工作有其重要性与紧迫性，带有机密性，必须亲自处理。有的领导模棱两可，又授又不授。在授权时放心不下，总对下属有疑虑，经常干预被授权者，阻碍权力的正常行使，结果搞得下属非常被动，导致授权无效。有的领导缺乏信任，参与微观管理，或者是对控制的极度渴求，享受"事无巨细、事必躬亲"带来的存在感。

（二）不会授权

大部分企业的领导者都能认识到授权的重要性，很多规范的企业在制度上对授权做了明确的规定，为科学有效的授权提供了制度保障。比如"财务报偿核决权限""销售定价核决权限""人事任免核决权限""印鉴核决权限"等，这些制度提高了工作效率，锻炼了中层管理者，是领导者管理企业的有力武器。

然而，在制度运用过程中，也会出现随意授权的情况，而且在企业中经常发生。有一个真实案例，总经理将销售部的差旅费审核授权给部门经理，不到三个月的时间又将审批权收回，使销售部经理认为企业对他不信任，甚至有受辱的感觉，在审批权回收的第三天就离开了公司。当然，这个例子并不是说授权后不能将权力回收，而是要告诫领导者，在授权之前就应考虑清楚可能带来的风险及制定相应的控制措施，这或许会比授权后再回收权力更为有效。

六 高管团队信任基础薄弱

信任是团队协作创造生产力必不可少的关键因素，可以为企业发展提供一种安全感。那些多疑善变的领导者，都难以建立团队信任关系，现实中因为信任危机导致的核心团队分崩离析的惨痛教训数不胜数。

（一）缺乏信任的基础

领导不信任团队成员，会严重削弱下属的工作责任心，影响公司的执行力。领导不信任下属，会让下属感到很失落、很沮丧，对工作丧失信心、丧失热情，工作的责任心和使命感就会严重受挫。领导不信任下属，对下属缺乏感情培养，在下属心目中的分量自然就会减轻，也会导致领导形象削弱，威信降低，领导影响力降低。有些领导风格强势霸道，孤傲冷漠，拒人于千里之外，难以赢得信任。有些领导爱虚荣，好面子，不愿向人示弱，不愿承认自身的不足或错误，而是设法隐藏自己的弱点和错误，这是建立信任的主要障碍之一。

（二）缺乏契约精神

契约精神对企业的良性运转有着积极的作用。一些农业龙头企业领导缺乏契约精神，不遵守游戏规则，他们言而无信，轻易承诺，又经常食言。领导者兴之所至，爱口头许诺，却难兑现，甚至不承认，做不到的事情也承诺，导致无法兑现承诺。比如，在高管入职时承诺、年终奖兑现、股权激励兑现时容易打折扣或者食言不兑现，领导的这种"食言"就是单方面撕毁了契约。

（三）推过揽功，乱找"替罪羊"

有些领导喜欢把自己的过错推到他人头上，出了问题就随便找个"替罪羊"，难以赢得员工信任。有些领导好面子，不愿承认错误。团队成员之间缺乏信任，根源是成员大多害怕成为别人攻击的对象，因此不愿意相互敞开心扉，承认自己的缺点和弱项，从而导致无法建立相互信任的基础。

第三节　农业龙头企业提升高管团队领导力的途径

提升高管团队领导力的关键是改变领导者的意识，提高他们团队领导的六项核心能力，这个过程是一个自我修炼的过程，每个领导者成长的路径都是不同的，但同样都要迎接挑战。

一　应用科学方法，共启企业愿景

领导者只有通过构建企业愿景，才能激励大家追随。共启愿景是领导能力的核心要素之一。

（一）明确愿景的作用，将愿景落到实处

愿景是成功领导的核心要素，没有替代品，如果一个人没有愿景，在人群中就不会有影响力，作为农业龙头企业领导者，除非自己清楚地知道3—5年内公司希望达成的目标，否则没有任何事情能激励人们追随。愿景是成功领导者必备的关键能力。领导者构建愿景，而管理者执行愿景。

愿景是一幅清晰的、鼓舞人心的、实用而且有吸引力的企业未来的蓝图，没有愿景的领导者，实际上选择的是维持现状，一个称职的管理者就能做得很好。如果领导人觉得现状不可接受，想让自己的努力更加专注聚焦，让团队得到更多的激励，业务规模不断扩大，那就必须是一名愿景驱动型的领导者。

愿景和使命不同，也不等同于战略，愿景是能预判未来的，决策是一种鼓舞人心的、清晰的、可践行的和极具吸引力的方式，阐述这种潜在的可能性，我们将其称为愿景脚本。

构建愿景至关重要。有的领导觉得自己不适应，就会淡化需要愿景的理由；有的领导出于自我保护，觉得自己没有能力创造和描绘一幅令人信服的蓝图。

愿景不是使命宣言。使命和愿景都是企业成功的关键，两者虽然相互关联，但愿景和使命是服务于不同目的的不同概念。使命和愿景均以各自的方式影响到战略，使命为日常工作提供清晰性，如果没有明确的使命，企业很容易偏离目标，导致要么选择的方向太多，要么方向错误。使命说明企业的业务是什么，愿景描述的是业务将向哪儿发展。使命是当下，愿景是未来。没有愿景也就没有策略可以拯救企业领导人。战略可以服务于愿景，但只有可应用于现实的愿景才能为战略服务。愿景代表的是企业要去哪里，战略是企业正在规划的如何到达的路径。愿景在前，明确应该往哪走，但没有路径光有愿景也无法前行。愿景就是方向，没有方向就会迷失。

（二）采用有效方法，制定企业愿景

优秀的愿景符合下列五个标准：一是愿景制定前必须清楚公司擅长的领域。二是愿景制定前必须清楚公司是如何向客户传达价值的，而这种传达方式又与竞争者有什么不同。三是愿景必须能够被评估，人们需要知道公司是否正在实现其愿景的路上。四是愿景必须能够被转换成清晰、吸引人的信息，不管是口头上的还是书面上的。如果愿景在交流过程中不方便传达，不能在接受者的头脑中创建一幅清晰的图画，这就意味着可能还需要在愿景上做出更多的努力。五是愿景必须是可以被实现的——它可以被转换成为一份行动计划。按照这样的标准，请专业人员深入研究，精心制定。

二 选好人、育好人

选人育人是企业健康发展的重要因素。农业龙头企业要发展，就必须快速选好人、育好人。一些企业经常运用"三子登科"做法，即"房子""尺子""法子"，这种做法值得农业龙头企业借鉴。

（一）搭建"房子"模型，构建成熟的招聘体系

对拥有成熟招聘体系的企业进行研究，就会发现招聘体系成功的驱动要素和原则有以下几点：一要统一思想，坚信好的招聘至关重要，企业高管一定要拿出大量的精力参与到人才招聘中来。二要知道寻找什么样的人，那些认同公司目标、文化，能力及潜力与公司匹配的人才，往往和企业内部绩优者或竞争高手很相似。三要知道到哪里去找到合适的候选人，因此拥有一份所在领域的人才地图非常有意义。四要确保招聘活动和决策在高绩效的一线经理的带领之下进行，因为优秀的人更喜欢和优秀的人在一起。五要成功地让人了解企业的价值定位，每一次招聘都是一次雇主品牌的展示，一旦招聘不当，会损坏企业在行业人才心目中的形象，这个无形的损失是非常巨大的。

上述五点构成了招聘体系的"房子"模型。

（二）用统一"尺子"衡量人

选人育人时，企业领导必须用统一的"尺子"来衡量人，用企业设定的衡量人才标准判断其"价值观""潜力""绩效""经验"的匹配度。顺序依次为："价值观""潜力""绩效""经验"。在衡量人的能力时，要坚持一些基本原则，比如，经验不一定带来高绩效，也有可能会让人安于现状；高绩效人才 ≠ 高潜力人才，也不一定适合公司长远发展，而高潜力人才大概率是高绩效人才；潜力与岗位要匹配，高潜力人才必定要匹配合适的岗位；在价值观的匹配度方面更要寸步不让。

（三）引人识人育人要有"法子"

引进人才要有路径和识别方法，不同类别的人才，对应着不同的招聘渠道，常用渠道的包括网站、校园、内推、猎头。同一企业文化下，人才识别的方法也可能完全不同，无论是哪一种，能准确甄别出人才的方法就是好方法，企业从上到下都用这个方法来鉴别，鉴别新人也最好用统一的标准和手段。

掌握"三子登科"的招聘方法有很多，比较常见的有胜任力模型。胜任力是构建人力资源体系的基础，不仅是选人的标准，也是激励人，淘汰现有员工的标准。

对胜任力的要求，依据不同的行业、企业阶段、职能类别、级别而千变万化。很多"家文化"特色农业龙头企业，比较适用这样的能力模型。

人的能力素质包括通用素质和专业职能素质。企业用人，重点要考虑通用素质。所谓通用素质，就是不考虑岗位专业的特殊性，所有员工分不同层级要具备的素质。通用素质分为"管理自己""管理任务""管理他人"三个维度，对全员、中层、基层三个不同层级有不同的要求，这些要求具有向下兼容性。

有效的育人方法有：基于新业务的训练营，通过在线上学习交流，安排新项目实践的任务，学以致用，并在实践中检验。实战输出+在岗实践+教练型导师跟踪辅导，达到绩效育人双丰收。在组织内建立学习型组织，领导者身先士卒，在团队中鼓励学习，提供资源，养成学习习惯。

三 内外结合，激励人心

优秀的团队，保持团队高昂士气的秘诀是具有一套科学的激励体系。这套激励体系以维系团队为目标而不断地投入和具有积极进取的心态。达到鼓舞士气的目标，还需要领导者善于利用多种方法激励人心，将激发团队成员内驱力和外驱力有机结合起来。

（一）物质激励法

不管是在企业中工作的企业家，还是在政府、教育机构、社会公益组织工作的其他人员，人们工作的目的，就是要得到基本的物质资源。离开了物质资源，只是用精神来激励团队成员，无疑是唯心的。企业存在的天职就是要形成可持续的发展动力，产生源源不断的现金流，使企业员工得到可预期的收入水平。企业中，常见的激发团队的外驱力手段包括股权激励机制、绩效考核机制、晋升淘汰机制、特别奖罚及重奖重罚。

1. 股权激励机制

这是企业为了激励和留住核心人才而推行的一种长期激励机制。这种机制不仅能够使高管获得一定的股权，享受股权带来的经济效益与权利，而且还能够以股东的身份参与企业决策、分享利润、承担风险，从而激励其勤勉尽责地为企业长期发展服务。不同的农业龙头企业可以根据自身实际情况，找出适合自身的股权激励方式。推行股权激励制度，可以解决部分农业龙头企业招人难、用人难、留人难的问题，有利于企业聚焦、约束并管理优秀人才，完善企业治理结构，促进企业长久稳定发展。

2. 绩效考核机制

这是激励高层管理者的一种手段，核心是通过对考核结果的分析，发现其工作中的不足，促使其提升个人绩效，进而达成企业绩效提升的目的。对高层管理者进行绩效考核既有利于更好地实现企业的战略目标，也有利于高管人员自身素质和职业生涯提升。但因为绩效考核在目标制定及达成结果的评价上难度比较大，有时也很难把握，操作不当容易变成吃"大锅饭"。所以说，绩效考核是一把"双刃剑"。用得好能最大限度地激发热情，挖掘潜力；反之，则会挫伤积极性，给企业发展带来消极影响。

3. 晋升淘汰机制

这是一种比较常见并且能够有效挖掘和培养内部人才、完善优秀人员的晋升途径，淘汰落后人员进入合适岗位的管理措施。对优秀的管理者晋级加薪，把对高管人员的肯定直接表现在稳步增长的经济收入——工资当中，非常直观实在。这种量化了的金钱可以直接让高管人员感觉到自己已经实现了的价值。晋级加薪可以产生积极的导向作用，培养积极向上的精神。同时，对于绩效欠佳或及格边缘的团队成员也要果断处理，使其获得与担当能力相适应的职级和资格，促使他们的成长。

4. 特别奖罚及重奖重罚

对为企业建设和发展做出巨大贡献者给予特别奖励，对达不到工作要求、给企业发展造成严重损害者给予惩罚，均有利于调动工作积极性，提高工作效率和经济效益。特别奖罚与绩效紧密相关，关键是目标和评价的可行性和公平性。这种奖罚和晋升淘汰一般都是短期激励，缺乏长期的激励效果。

（二）精神激励法

精神激励是领导者用思想教育的手段倡导企业精神，调动团队成员积极性、主动性和创造性的有效方式。企业领导者经常遇到这样的难题，一些和自己出生入死的"老员工"，躺在"功劳簿"上不思进取，甚至阻碍公司新生力量的成长，这时，"末位淘汰""股权激励"等手段不仅难以解决问题，甚至可能让领导背负"卸磨杀驴"的骂名，明智的领导者会研究如何通过满足员工最高层次需求来激发团队成员内心，从而使团队成员保持良好的工作状态，达成激励的目的。

> **专栏 4-1　　某公司精神激励案例**
>
> 　　韩国某大型公司的一名清洁工，本来是一个最被人忽视、最被人看不起的角色，但就是这样一个人，却在一天晚上公司保险箱被窃时，与小偷进行了殊死搏斗。事后，有人为他请功并问他的动机时，答案却出人意料。他说，公司的总经理从他身旁经过时，总会不时地赞美他"你扫的地真干净"。这么一句简简单单的话，就使这个员工受到了极大的精神激励。这也正合了中国的一句老话"士为知己者死"。

忠诚而勇敢的清洁工案例说明，只有物质激励是远远不够的。榜样激励、认可肯定激励、授权激励和赛马激励都是常见的激发内驱力的办法。

1. 榜样激励

榜样的力量是无穷的，有榜样就会有努力的方向和赶超的目标，从榜样成功的事业中得到激励。领导要以身作则，表率为先，自律敢担当；要树立坦诚正直的榜样，说到做到；要树立良好的榜样激励团队成员，有困难任务时，要一马当先；在一线的高管，当企业遇到困难时，老板要多接触，倾听他们的呼声。

2. 认可肯定激励

认可肯定可以使团队成员获得新的物质或心理上的满足，有利于激发团队成员的积极性和创造性。其中包括意义重大的认可。在团队成员的同事面前认可他，当团队成员作出重大贡献时，要给予奖励。为工作成绩突出的员工颁发荣誉称号，与公司员工分享英雄的故事；要多赞美，少批评。在维护他们的工作动机时，要注意批评与赞美的比例，通常批评1次要赞美5次才能补救回来。赞美绝对不嫌快，即时褒奖最重要，因为时间拖得越久，激励的效果越差；要认可、奖赏表现优异者。

3. 授权激励

如果领导者放手不放心，委任不授权，下属将会处于一种两难状态：或是事无巨细样样请示，以致贻误战机；或是因权责不到位产生逆反心理，消极怠工，甚至推卸责任。放手让团队成员去做决定，授权与信任是激励员工的好方法。

4. 赛马激励

心理科学实验表明，竞争可以增加一个人50%或更多的创造力。没有竞争就没有压力，人无压力轻飘飘。管理专家认为，没有竞争的后果，一是自己决定唯一的标准。二是没有理由追求更高的目标。三是没有失败和被他人淘汰的顾虑。进行各种竞赛，如销售竞赛、服务竞赛。进行各种职位竞选；还有一些"隐形"的竞争，如定期公布员工工作成绩，定期评选先进分子等。竞争就是创造比、学、赶、帮、超的氛围。设立各个阶段的目标并进行奖惩；领导要时常引导良性的竞争，而不是让员工攀比的竞争。竞争要公正，领导者要给下属创造一个公正公平的环境，让他们有一种安全感，感到跟着这样的领导不吃亏。

（三）借助外部教练，激励团队潜能

借助外部咨询力量，特别是采用教练方式，是企业高管团队建设常见的方法。教练可以给予一对一的指导。在指导过程中，教练认真地倾听；称赞团队成员取得的成绩；并帮助分析其各自的不足。教练让企业高管学会信任，学会互相帮助，并提供一些具体的指导。外部教练可以大大提升高管团队的士气，激励团队成员发挥最大潜能，提升管理效能。

四 提升有效沟通，加强团队协作

有效的沟通在团队管理中有极为重要的作用，可以快速地解决问题，提高决策水平，沟通能够增进团队成员相互了解，增强团队凝聚力，保障团队目标实现。

（一）管控高管团队冲突，扮演沟通角色

高效的团队不是没有冲突，团队中存在唱反调的成员是常见的事，这需要领导人的沟通能力和治理能力。真正的协作在很大程度上是进行有效的冲突管理，对高管团队来说尤为重要，管控高管团队冲突可通过

三个层次的积极的高管团队活动来实现。

第一个层次，最低目标是团队必须努力进行有效的冲突管理。在这个层次，团队成员的意愿很重要。冲突会导致团队内部分化，并有可能进一步升级引起其他严重问题，因此需要老板快速地处理问题，化解冲突。

第二个层次，要营造一种内部团结合作的氛围。在这个层次，团队成员愿意在需要的时候相互支持和帮助，相互分享资源、时间和信息，以实现团队的共同目标。

第三个层次，有些高管团队能够从简单的合作前进到全面实现协作。在这个层次，团队成员不断主动寻找可以给其他成员以帮助和支持的机会，而不是其他成员要求。

高管团队的领导者承担着支持协作的责任。作为团队领导者，有责任营造相互信任、相互协作的工作环境。把自己当成整个团队唯一仲裁者和和事佬的团队领导，可能会把团队带入灾难的境地。扮演这样的角色，会消耗大量有限的时间和精力，而且扮演家长的角色，会纵容团队成员放弃自己原本应该承担的，防止和解决同事之间冲突的责任。此外，独自揽下所有成员需要解决各种问题的责任后，实际上同时也取消了他们培养自己技巧的机会，而这些技巧在今后解决各类冲突中是非常有用的。

（二）理解有效沟通，提升工作效率

企业所有的决策都需要在有效的沟通后才能施行。领导沟通是指领导发出的根植于企业的价值观念和文化之中，并对主要的利益相关者如员工、顾客、战略伙伴、股东和媒体具有重大意义的信息。这些信息反映了企业的愿景、使命和变革。领导发出信息的主要目的是有助于与他（或她）的支持者之间建立信任。

沟通是组织的命脉。经营的方方面面依赖于有效的信息交换。领导者作为有效沟通者的重要性不言而喻。企业领导带领他人的唯一办法是和他们沟通。应用沟通技能也能帮助领导建立和自己的主管、同僚、客户、供应商以及股东的关系。领导沟通能力的高低直接影响到作为领导者是否能成功实施领导力。

（三）实践"有效沟通"，促进信息交换

《非暴力沟通》的作者马歇尔认为，有效沟通是想帮助实现既表达自己，又关心他人的交流方式。每一个人，都需要有效地控制自己的情感，驾驭自己的情绪，做生活的主人。当领导者从情感的奴隶变为生活的主人，领导者就会乐于帮助他人，培育团队。助人是一种爱的体现，而不是出于恐惧、内疚和惭愧，那是自由而快乐的行为。

作为高管团队领导者，需要成为愿意与同事及时地、诚实地分享信息的人。有意愿地、直接地、开放地互动，这将建立相互信任和相互信赖的关系。发现自己的团队和同事需要知道什么和他们想要知道的原因，会帮助你优先排序各种信息。与他人沟通，尤其是一对一沟通时，要给予百分之百的关注。他们会非常仔细地观察你是否真的在倾听。不要"杀掉信使"，要强化他们的正直和坦率，这将保证日后你不会处于不知情的状态。

要学会分析沟通中的障碍点为什么会出现，甄别潜在的沟通障碍并设法避免。让他人参与到分析的过程中，他们本身就是解决方案的一部分。甄别组织中你需要全面告知或部分告知信息的关键人，总是及时地告诉他们。确保你的会议不是单向的数据灌输。鼓励开放的意见交换，提高沟通的质量，聆听每个会议议程的各个方面。当某一个人控制了整个讨论，这有可能是其他人害怕不同意见，有所疑惑，或者在一开始就认为没有讨论的必要。

五 要敢于授权，要正确授权

敢于授权，善于授权，是决定一个领导者领导力高低的标志。现代科学技术发现，企业组织扁平化、民主化是发展的大趋势。企业老板要对权力的运转规律有深刻的洞察，要愿意放权、敢于授权、正确授权。授权是允许其他个人或团队完成一个项目或任务，并因其完成而受到激励和奖励。它也为领导者提供了培育企业核心高管人才的机会，培养和发展能够忠诚于企业，对企业持续做出高水平的贡献者。

（一）评估自身授权水平

企业最高领导者授权的目的是让自己无为，高管团队有为。实践证明高管无为，中层有为，基层无所不为，企业才能大有作为。领导在讨论授权行为时，要先从评估自己的授权水平开始。授权不代表弃权，只

是将把本来属于自己的一部分权力委授给下属,放手让下属做一些力所能及的事,自己处理更重要的事。在授权关系中,授权者对被授权者仍有指挥、监督权。

(二) 确定权责,适度授权

领导授权一定要确定权责,适度授权。授权者所承担的只是工作责任,而不是最终责任。授权者只是协助角色,在失误面前,授权者有责,作为授权者承担的是最终责任。因此,授权首先要明确责任。

首先,授权要适度。要分清哪些权力可以下授,哪些权力应该保留。如果把应予保留的权力也统统下放,那就是过度授权,等于放弃职守,使管理失控。其次,要逐级授权,只能对自己的直接下属授权,绝对不可以越级授权。再次,授权时要权责确定,必须向被授权者明确工作目标、责任和权力等,不能模棱两可。否则,被授权者将无所适从,搞不好还会争功诿过。最后,授权以后,就应该信任下属,不干预下属在职权范围内独立处理问题的权力,更不能不和下属商量,随意另行决定和下达指令。权力下放后,出了问题,下属虽负责,但领导者要兜底。只有这样,才能使下属大胆工作,不怕失败,充分行使自己的职责。

(三) 授权留责,适当控制

领导向下属授什么权,授多大权,视下属能力而定。能力强,不妨让其多负一点责任,多取得一点权力;能力弱,就要缩小授权程度,或逐步增加授权。被授权者只是代理权,而不是所有权。为此,授权者对被授权者拥有监控权,有权对被授权者的工作进行情况和权力使用情况进行监督检查,并根据检查结果,调整所授权力或收回权力。要确认自己应有的监督权,相互信赖,适当控制。

授权以后,也要有适度的监督,但要防止两种偏向:一种是把授权变成了放任自流;另一种是对被授权者不放心,不断地检查工作,使下属缩手缩脚。授权以后,工作搞得好的人,应不断地委以新的职权。相反,对于不敢负责、效率平平者,就要逐步收回授予的职权,做到张弛有度。

领导有效授权能够让团队成员更有目标、更负责任地工作,从而产生"四两拨千斤"的巨大力量和"九牛爬坡,个个出力"的协作精神,为企业带来高效率的团队和优异的业绩。

六 建立信任，打造一支相互合作的高管团队

信任是合作的开始，也是优秀团队管理的基石。研究发现，高管团队成员之间只有信任才能合作无间，才敢于在队友面前冒险，承担风险，领导必须担当起让团队成员信任的责任，通过多种方式营造团队信任文化氛围。

（一）高管团队只能在信任的基础上建立

信任是连接团队的最强黏合剂，人们不会跟随他们不信任的领导者。一旦人们将领导者看作是可信赖的人，就能够信任他们的领导力。

团队领导和成员常常把太多的精力都放在日常工作任务上，放在实现目标和其他工作小组进行解决的技术性问题上，而团队内部的关系建设常常被他们抛到脑后。

研究表明，有四种行为有助于建立高度信任关系。一是要可信。考虑一下作为领导者的用词可能带来的人们对你的看法。例如，"每天结束前向我汇报进展情况"表明信任度较低，而"我很期待看到项目完结，在此过程中有任何问题或困难需要我的帮助，请随时提出"，则表明信任度较高。二是要可靠。确保能将计划付诸行动，领导人行为的"确定性"为人们提供了做好工作的基本保障。三是要开放。通过倾听并在回应中表现出同理心来鼓励人们分享机密信息。四是要以他人为中心，而非以自我为中心。你的合作伙伴越能感受到你对帮助他们探索能力的诚意，信任就会建立得越好。

（二）以身作则，营造团队信任文化氛围

领导者在组织和人际关系里建设信任的文化是建立高管团队信任的一种有效方法。领导要说实话，杜绝任何形式的欺骗。要信任他人，如果你信任他人，对方也可能会投桃报李。

优秀的领导者要注意做到言出必行，言行一致，表里如一。在领导者工作中，要注意严格要求自己，要求别人做到的，首先自己必须做到。坚持以身作则，以上率下，从而赢得下属的信任。

要倾听和欣赏他人的观点，尽量避免反驳和训斥，要发现并鼓励和表彰积极言行。企业的每个领导要表现出同理心，真正理解他人，让团队成员以诚实、有意义的方式相互交流。

作为企业领导，要保持谦卑心，不要拒人于千里之外，孤傲冷漠。要乐观，在大多数情况下，人们更愿意相信那些积极向上的人，而不是消极负面的人，因为人们想要看到未来，看到希望。要展现出自信，如果领导不自信，别人又如何能信任你。每一次行动，要说明采取行动和做出决定的原因，团队成员之间始终坦诚相待。

（三）有诺必践，创建高管团队互信环境

信任需要两块基石：一块是做事，另一块是做人。

领导者要信任团队。信任是双向的，如果您希望员工信任您，则需要证明自己信任他们。当员工被赋予机会来利用自己的优势和专业知识时会有强烈的满足感和信任感。领导层的这种信任感可以培养员工的忠诚度和使命感，从而提高员工的满意率。

领导要做到诚实守信，有诺必践。优秀的领导在工作中，一定要坚持诚实守信，要把自己的真实想法、真实理念、真实目标以及真实任务，实实在在地交给下属，让下属工作起来心里有底，感到踏实，干劲十足。同时，在领导工作中所做出的任何承诺都要及时兑现，这样才能赢得下属的信任。

领导要愿意示弱，敢于承认自己的错误和不足，这不但不会削弱领导的威信，反而更能赢得员工的信任。一位出色的领导者能够直面失败，而不是将责任归咎于员工。确认问题并与团队一起找到解决方案并在整个过程中学习，这是确保错误不再重复发生的最佳方法。

领导者要有同理心，要能够感同身受，同呼吸共命运。优秀的领导要注意做到换位思考，在领导工作中注意下属的感受，注意征求下属的意见。在工作目标和利益上，做到与下属同呼吸共命运。要经常表扬激励下属，做到欣赏下属。优秀的领导要经常关心下属的工作表现，及时表扬和肯定下属的工作成绩。

第五章

农业龙头企业营销领导力

营销理论大致经历了从 4P 到 4C 的发展过程,良好的营销领导力是企业可持续成长与发展的关键,是企业立于不败之地,持续获得成功的保障。用营销领导力五维模型对农业龙头企业营销领导力进行扫描发现,农业龙头企业产品用户思维薄弱,重产品不重品牌等问题突出。农业龙头企业需要从造产品、做推广、建品牌、拓渠道和育团队五个环节全面提升营销领导力。

第一节 农业龙头企业营销领导力概述

在企业里,营销一般指的是市场营销,即 Marketing,广义上,很多企业的营销部门会把品牌、市场推广、销售都纳入营销范畴。

一 营销与营销领导力

（一）营销

营销无处不在,高明的营销永无止境。市场营销对于企业来说,是实现产品或服务价值的最终环节。对于消费者来说,是了解企业产品价值,满足消费需求,提高消费效能的重要渠道。

美国市场营销学会定义市场营销为:"市场营销是创造、传播、传递和交换对顾客、客户、合作者和整个社会有价值的市场供应物的一种活动、制度和过程。"

世界著名市场营销专家菲利普·科特勒（Philip Kotler）这样定义市场营销:"市场营销是个人和集体通过创造产品和价值,并同别人自由交换产品和价值，来获得其所需所欲之物的一种社会和管理过程。市场营销的最终目标是满足需求和欲望。"

从上述论述可以看出，市场营销注重是否满足了消费者的需求，即是否为消费者带来了价值。消费者和企业通过市场共同创造价值。价值创造和分享是市场营销思想发展的时代主题。

市场营销包含以下四个方面的含义。

（1）市场营销是企业有目的、有意识地开展活动与行为。企业通过特定的活动与行为，完成产品、服务或解决方案等交换过程，以此满足客户需求。

（2）市场营销的出发点和核心是满足、引导甚至创造消费者需求。以消费者为中心，关注消费者需求，面对不断变化和发展的行业、社会环境，洞察消费者不断变化的需求，并做出反应与调整。如果不能挖掘甚至真正搞清楚消费者需求，任何市场营销都不能完成交换过程的最后环节。

（3）市场营销是一个细分并选择目标市场，确定和开发出适合消费者需求的产品，并制定相应的推广组合策略的过程。

（4）企业营销活动以实现企业预期目标为目的。不同企业所面临的经营环境、发展时期、产品生命周期等方面都有所不同，企业利润、产值、产量、市场份额、销售量以及社会责任等企业目标也不同。但无论哪种目标，都需要通过有效的市场营销活动来实现。

（二）4P 到 4C 营销理念的转变

1. 4P 营销理论

营销史上不乏经典的理论、方法论与工具，其中 4P 营销理论很长时间都占据主导地位。该理论提出了市场营销需要通过四个方向的有效组合，实现营销的价值与意义。

（1）产品（Product）。注重开发功能，要求产品有独特的卖点，把产品的功能诉求放在第一位。

（2）价格（Price）。根据不同的市场定位，制定不同的价格策略，产品定价的依据是企业的品牌战略，注重品牌的含金量。

（3）渠道（Place）。企业并不直接面对消费者，因此要注重经销商的培育和销售网络的建立，企业与消费者的联系主要通过分销商来实现。

（4）促销（Promotion）。企业注重用销售行为的改变来刺激消费者，以短期行为（如让利、买一送一等）促进消费增长，或吸引其他品牌的消费者，或促使提前消费，达到促进销售增长的目的。

4P 理论是很多企业做组织结构、战略与策略的实用工具。以 4P 出发来规划企业的营销组合，从满足企业的经营目标、目标市场需求和市场环境与特点出发，结合自身资源优势，整合各项营销要素形成统一的、配套的战略，发挥整体效应，从而实现市场营销的效果和目标。

2. 4C 阶段

随着消费者个性化日益突出，营销也随之发展到了 4C 阶段。从本质上讲，4P 思考的出发点是以企业为中心，是企业经营者要生产什么产品、期望获得怎样的利润而制定相应的价格、要将产品的卖点怎样传播和促销并以怎样的路径选择来销售。4P 思维忽略了顾客作为购买者的利益特征，忽略了顾客是整个营销服务的真正对象，随之，以客户为中心的新型营销思想，以顾客为导向的 4C 学说应运而生。

4C 的核心是顾客战略。4C 的基本原则是以顾客为中心进行企业营销规划和设计等活动。

（1）顾客（Customer）。主要指顾客的需要（Customer's Needs）。企业必须首先了解和研究顾客，根据顾客的需要提供产品。同时，企业提供的不仅仅是产品和服务，更重要的是由此产生的客户价值（Customer Value）。

（2）成本（Cost）。不单是企业的生产成本，还包括顾客的购买成本，同时意味着产品定价的理想情况，应该是既低于顾客的心理价格，也能够让企业有所盈利。顾客购买成本不仅包括其货币支出，还包括其为此耗费的时间、体力和精力以及购买风险。

（3）便利（Convenience）。即为顾客提供最大的购物和使用便利。4C 营销理论强调企业在制定分销或渠道策略时，要更多地考虑顾客的方便，要通过良好的售前、售中和售后服务让顾客在购物的同时享受到便利。便利是客户价值不可或缺的一部分。

（4）沟通（Communication）。企业应通过与顾客进行积极有效的双向沟通，建立基于共同利益的新型企业/顾客关系。这不再是企业单向的促销和劝导顾客，而是在双方的沟通中找到能同时实现各自目标的通途。

（三）营销领导力

营销领导力，顾名思义，是"营销+领导力"，是企业领导者领导力在市场营销场景中的应用。美国管理学者哈罗德·孔茨（Harold Koontz）指出：领导力是一种影响力，领导即是一种影响过程。营销是满足消费者需求，为消费者带来价值增加的过程，因此，所有如何更系统有效地促使消费者在消费过程中的价值优化和被满足需求最大化，就是营销领导力的根本目的。

我们认为，营销领导力就是指企业领导者高效利用企业既有资源，以顾客为中心，在产品、价格、渠道与促销等营销各个环节发挥影响，为顾客创造、传递和传播价值的能力。

营销包含产品、价格、渠道与促销等维度，企业营销领导力的关键点在于如何最大可能地在这几个方面创造价值和发挥影响，这是营销领导力建设需要面对的重要课题。

二 营销领导力提升五维模型

不论是4P还是4C，其作为营销的本质并没有变化，即创造需求与价值，从这点出发来思考与评估营销建设的价值及在这个过程中如何将价值影响最大化。营销影响力是企业能否可持续成长与发展的关键。只有在营销中建立企业、产品与品牌在市场与行业中的强大竞争力，才能让企业在商业环境中立于不败之地，持续获得成功。基于4P或4C的全方位思考与对标，我们认为，提升营销领导力需要从5个维度展开，基于此，我们提出了企业营销领导力（PMBCT）五维模型。（见图5-1）。

（一）产品打造（Products）

产品的设计与打造需要考虑实现消费者价值满足的形式。产品诞生的主要价值在于解决某个或者多个相关场景的客户问题（客户需求）。客户需求的迫切性和需求的量级规模，决定了产品所能覆盖的用户的范围。产品打造是否成功，可以用产品综合性价比指标来引导和反映，产品具备的功能属性与价格之间的关系，决定了产品是否满足人们实际需求的有形商品或无形服务，也决定了产品的终极市场竞争力。

（二）营销推广（Marketing）

"酒香不怕巷子深"的营销理念已经不能适应多变的市场，好酒也需要得到市场认可。

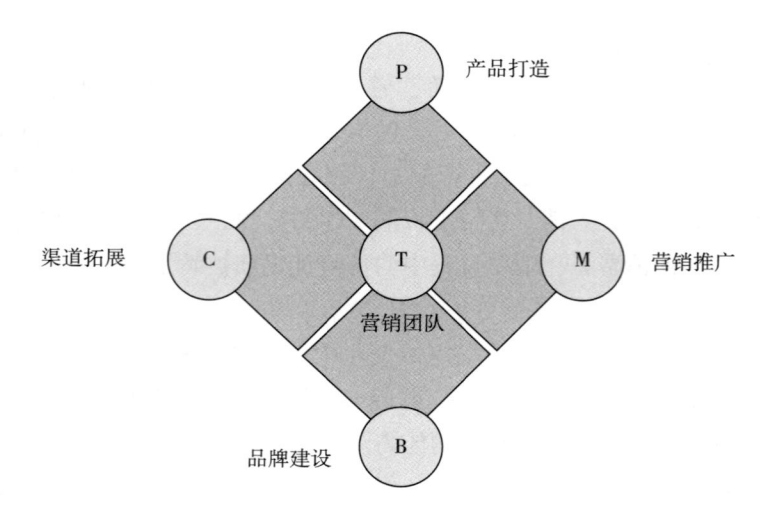

图 5-1 营销领导力（PMBCT）五维模型

有高性价比的产品，也需要有系统的营销推广体系。营销推广包括企业在各个层级的战略格局与策划能力、营销与推广的整合传播能力、媒体资源能力以及企业的危机公关管理能力。营销推广是采用多种多样方式的立体组合，以助于产品与典型客群相匹配，找到产品与市场的契合点，这需要收集市场对产品以及服务的反馈，进而整合各种各样的有效营销手段，把产品高效地推给目标客户群体。

（三）品牌建设（Brands）

品牌建设是非常核心的原动力。品牌所具有的知名度、美誉度等品牌资产的影响力、文化的认同度都是能驱动消费者购买的综合能力。品牌建设重要的一环是品牌理念，它解决"企业承诺为它的消费者解决什么问题？""我们为什么存在？"

构建消费者心目中强烈、独特、美好的品牌知识（消费者对品牌认知的总和，包括产品知识、视觉形象、购买体验、品牌联想等），进而使消费者对品牌发起的营销动作产生积极响应，从而达成持续销售、兑现品牌溢价、实现品牌可持续发展，是开展品牌管理的核心动机和终极目的。

（四）渠道拓展（Customers）

渠道拓展体现企业怎样向客户传递业务和价值，包括渠道倍增、渠道集中/压缩等，是企业创造价值、传递价值、让消费者更易于获取价值并得到需求满足的方式和桥梁。

信息技术和网络技术的高速发展，给消费者在信息收集、比较、下订单、付款、取货接货、使用咨询和售后评论等环节提供了可选择的渠道，渠道营销正在向全渠道营销转变（李飞，2014）。

企业可以在全部渠道范围内实施渠道选择的决策，根据细分市场进行差异化营销定位，以此实施匹配的产品、价格、渠道和信息等营销要素的组合策略。

（五）营销团队（Team）

任何组织与业务的成功都离不开人，体现营销领导力的一项要素就是建造高效能的营销团队。企业要在营销中为市场与客户创造需求与价值，必须有专业而高绩效的营销团队，从专业力与赋能绩效两个维度实现营销团队真正的营销领导力。专业力指营销人才对营销的专业知识、技能的掌握与熟练程度，对于营销四个维度及其整合运用有深入的洞见与思考，能围绕行业与市场发展与趋势变化做出相应的调整。赋能绩效指企业营销管理人员对于营销人才链从新员工—高绩效员工—高潜能员工—团队领导者的全方位闭环培养路径，目的是打造高绩效营销团队。

三　培育营销领导力的意义

（一）营销领导力应对 VUCA 时代

VUCA 时代必然会给政策、经济、社会或技术带来诸多变化与未知。当前，国家双循环政策的推动，产业链深度融合的发展，都需要企业彻底摒弃传统思维，积极探索并寻求新模式、新资源、新机会。

1. 培育营销领导力是满足市场不确定性的迫切要求

在市场不确定情况下，客户不再满足解决当下需求，这不仅需要企业规避风险，立足于客户长远利益，也需要客户直接参与到产品创意至销售的全过程中。生产者与消费者共建共享，需要企业有全新的解决方案，这有利于企业抓住市场机会，永续发展。顾客需要企业视野开阔，拥有更多的资源并且具有创新的意识与能力。

2. 培育营销领导力有利于适应数字化、电子商务、品牌跨界带来的新变革

数字化、电子商务、品牌跨界等带来的各种创新与技术变革不断对

企业提出更高的要求，整合、创新、变革已经成为企业对内、对外发展的关键词，顺势而为，应势而上，在大浪淘沙中求变、敢变才能真正成为时代发展中的成功者。

3. 培育营销领导力有利于解决企业营销团队组织架构设置与人才培养问题

品牌与营销趋势和技术手段的发展，不断颠覆企业营销团队的组织架构设置与人才培养模式。从满足市场需求到追求顾客满意，从建立顾客忠诚到建立顾客互动，乃至目标受众的全生命周期管理；在渠道与技术趋势方面，从传统的线下营销到 ATL/BTL[①] 的整合营销，再到如今电商发展，数字化营销、MarTech[②]、需求创造与转化、公域私域引流等都已成为企业营销环节不可或缺的重要武器。企业必须与时俱进，加强营销人员在专业知识、技术与实践方面的锤炼与技能提升。营销有其特殊性，不同行业、不同企业的营销工作千差万别，外来的和尚不一定会念经，这就使营销专业人才的培养需要一个漫长的过程。尤其在新时代下，业务更趋专业化，要求企业重视营销团队的自建与赋能。

（二）营销领导力促进营销价值维度协同

营销是企业业务的心脏，企业能否可持续发展壮大，取决于企业的业务与绩效目标达成情况。面对种种变化，企业的营销更需要顺势而变。产品、营销、品牌、渠道与团队，环环相扣，形成企业营销工作的闭环。营销团队是业务与绩效的实现者，营销团队的价值维度评估是企业业务与绩效目标实现的重要评估方向。

提升营销领导力，能够促使企业在产品打造、营销推广、品牌建设、渠道拓展、营销团队建设中最大限度地发挥其效能，并有效协同。

（三）营销领导力决定企业价值实现

企业产品设计、生产、运营最终要体现到市场销售中。企业有销售才会有利润，才能持续产生现金流，保障企业的平稳运行。成功的营销为产品和服务建立需求，为企业规模扩大创造条件。市场销售推动企业

---

① ATL（Above the Line）是指线上外部可见的宣传方式，比如户外广告、灯箱、平面广告、网络广告、电视广告等。BTL（Blow the Line）是指线下零售终端宣传用品，比如宣传单页、立牌、活动海报、店内灯箱等。

② MarTech，是 Scott Brinker 提出的智慧营销概念。

利润增长，才能让企业承担更多的社会责任。

营销领导力是企业领导人全面领导企业实现资源转换和价值实现的终极体现，企业领导人必须要有高度的自觉性，有意识地学习、培养和提升营销领导力。

作为企业领导人，要时刻洞察市场变化，根据市场需求调整企业战略，调度企业资源，助力企业完成"盈利"的惊人一跳。

第二节　农业龙头企业营销领导力存在的突出问题

农业龙头企业涵盖农业及相关产业各领域，既有年营收上100亿元的大型企业集团，也有年营收几千万元的小型企业。总体上，大型农业龙头企业市场营销领导力强，小型农业龙头企业营销领导力弱，它们在营销领导力方面存在一些突出问题。

一　产品打造有思路，但用户思维薄弱

改革开放以来，乡镇企业异军突起，在短缺经济的时代大背景下，乡镇企业凭借机制灵活的优势得以快速发展。很多农业龙头企业就起源于乡镇企业。短缺经济环境下，企业只要能生产出好的产品，就不愁销路。不少农业龙头企业创始人或管理团队产品思维大多偏技术型，研究产品经常在自己的思路下进行，往往是企业想生产什么就生产什么，而没有充分论证消费者需求什么。

（一）缺少对客户需求的深入分析

在消费者越来越挑剔的今天，没有用户思维的产品很难在市场上获得成功。

市场上无论是靠精准定位用户需求大获成功的健达奇趣蛋，还是不断以鲜明个性品牌广告拥有市场占有率的可口可乐，在其产品设计中都能够从用户思维出发，深度洞察用户需求，这是其立于不败之地的根本。

相反，有些企业只关注客户或市场上显性的东西，如什么产品畅销，哪类产品利润高等，不考虑产品真正给客户创造的价值，缺乏对客户隐形需求的挖掘，导致企业打造的产品很难真正获得客户的青睐，难以形成真正适合市场需求的产品。

（二）缺乏清晰的产品定位

产品的创造其实是了解人性的过程。产品的优劣及价值，唯一的检验和判断者只有用户。

用户思维就是尽可能地了解用户的真实感受和诉求，不断尝试新事物、新技术，将用户价值最大化。只有具备用户思维，知道怎样挖掘用户痛点，并与自身产品的特点、优势、技术与研发实力结合，才能打造出符合客户需求的独一无二的产品。

有些企业认为产品推得越多越能占领市场，在更多新的品牌进入市场，且行业发生巨变的时候，导致企业在竞争中日渐乏力。缺少研发实力和创新能力，低水平模仿式的产品打造，导致了市场的同质化现象非常严重，这种情况在饲料、农药和兽药领域非常明显。

（三）过分以产品为重

很多农业龙头企业在产品设计与打造时，都是"我以为"。自认为对市场很了解，做过爆款产品，再做一个一定能在市场上获得成功。种种"我以为"的背后，是对用户需求的毫无洞察，是对市场现状与行业发展分析的缺失，是对自己实力的盲目自信，这样只能让企业陷入原地开车的状态。

有的企业过分以产品为重，不思考营销推广与商业模式，企业就这样一直陷在关起门来造一款爆款产品的怪圈里。

还有一些企业闭门造车，很少考虑产品与受众的真正需求。当企业之前推出的产品在市场上比较成功时，管理者通常会认为过去成功的产品，现在也一样能成功。他们不会也没有意识到新环境下，简单复制一款与过去相似的产品，已经无法适应时代与市场的变化。

二 营销推广有体系，整合推广策略缺乏

营销推广是企业营销工作中一个重要的环节。营销推广千企千面，每个企业都需要结合自己的产品、客户、竞争对手整合出适合自己的品牌营销推广规划，让营销推广真正助力销售目标的达成。随着农产品资源以及农产品出产能力的快速提升，农产品产销矛盾越发突出。

（一）农产品营销主体发育尚不健全

面对竞争激烈、千变万化的市场，分散、弱小的农业企业难以克服自身的弱点以及进入市场、参与市场竞争方面的巨大缺陷。他们以农产

品收购、批发市场、集贸市场为主导的营销渠道体系，虽然在农产品营销中发挥了重要作用，却不能有效地解决产销环节中存在的小出产与大市场的矛盾，目前，能够代表农产品市场行业特色，代表产业利益的营销主体发育还不成熟。

（二）营销观念淡薄，营销组织化程度偏低

企业做好营销推广工作，需要领导者依据行业特点和自身所处品类特点，做好整合营销推广策略的规划和落地管控。建立农食大市场，需要资金、技术、信息等条件，这是很多农业龙头企业所缺乏的。目前大部分农业龙头企业的营销仍局限在以个人主观判别导向的低水平营销运作上，农产品营销还不够规范，很多企业既没有完善的营销推广策略、模式，也缺少规划，想学习别人的先进经验，却只浮于表面，满足于依葫芦画瓢，难取其精髓，营销推广工作乱无头绪。

（三）互联网运营、电商模式带来更多挑战

在互联网营销等新模式给传统企业带来巨大冲击的今天，无论是2B行业还是2C行业，都需要结合自身特点，整合线上线下资源，从点到线制定企业自己体系化的营销推广策略。互联网的营销模式与传统的营销推广有很大区别，以前的推式营销、线下推广等传统模式很难达到互联网营销下用户全生命周期管理的引流、获客、互动、转化等全触点管理的高效性。农业龙头企业营销新模式是什么？切入点在哪里？私域、公域从哪里开始做？私域、公域的转化怎么做？什么样的互联网营销运营方式才适合农业龙头企业？这些都是亟待领导深度思考并解决的问题。

三　品牌建设重注册，品牌定位意识缺失

品牌建设是一项大工程，需要长期投入，持续耕耘。当前，农业产业化形势迫使一些已有一定规模、市场发展相对完善的企业有了品牌建设的理念与规划，但仍有一些企业缺乏品牌意识，在品牌建设中存在这样或那样的问题。

（一）不理解品牌定位

品牌体系有个重要的逻辑是品牌一定要实现我说、你说、他说、传说的过程。当企业的品牌得到了用户的认可和传播裂变时，品牌才会成功，注入用户心智的品牌才是真正的品牌。

要做到这一点，最根本的就是要有品牌定位意识。一切触点皆品牌，企业的产品包装、广告、宣传语、海报、推广活动，一切与消费者和目标客户的触达点，从五感即视、听、嗅、触觉上都是品牌信息与价值定位的传递。如果不能从这一点上厘清品牌定位的核心传递规划，就很难让消费者了解企业，了解品牌。

目前，部分农业龙头企业依然觉得品牌建设没有必要，不少企业以为注册了商标，注册了知识产权就有了品牌，真正的品牌是要让渠道、服务商、用户都认可的品牌。

（二）用短期销售目标要求品牌

品牌是一项长期工程，要从基于用户心智的品牌定位出发，有效管理品牌资产，持续传递品牌故事与品牌主张，以实现企业自身的品牌溢价，实现比营销推广更大的价值。现实中有的企业被眼前小利所吸引，不遵守品牌规范与原则，甚至用短期销售目标要求品牌，一味地强调短期销量，在短期内看不到回报就放弃品牌化经营思维。品牌建设需要长期投入，需要企业抛弃短视思想，放弃短期利益，坚持将企业在市场的影响力一点点积累，从量变到质变，带来品牌的聚合效应。

四　营销模式程式化，应变性不够

企业营销的基点是顾客和竞争，选择营销模式必须遵循两个原则：要么为客户提供更多、更新的价值，要么比竞争对手更有效率。农业龙头企业在其长期的发展中，形成了自己固有的营销模式，然而，在产业竞争激烈的当下，这些程式化的营销模式显现出一些突出的问题。

（一）以包代管难适应新时代

农业龙头企业在多年的发展中形成了传统的以包代管的营销模式，随着农业产业化的发展和行业的变革，这种模式已经明显不能适应时代发展。但一些企业依然采用这种单一模式，沉溺于会销+促销这种单一的程式化模式，对于营销推广力与模式力的故步自封，已经严重影响了农业龙头企业的发展和市场竞争力，也引发出一些亟须解决的问题。如饲料行业，以前传统散户多，大型规模化企业多，营销渠道多为经销商模式。近几年饲料行业已经从单一的经销商渠道更多转向企业直销，营销模式的变化带来营销队伍、客户群体规模的快速发展，企业领导对于刚刚壮大的团队不知道如何管理，应对乏力。有效应对营销模式和渠道的变化，是企业领导面临的重大问题。

（二）渠道创新经验不足

当前已经进入了新消费时代、新零售时代。互联网、电商、O2O、用户全生命周期管理一系列新名词在营销领域出现。企业只有在营销渠道上不断推陈出新，适应新趋势、新模式，才能更好地帮助企业实现绩效目标。

农业产业是受国家政策影响较大的行业，在企业运营与营销模式的创新上，没有互联网企业或其他行业那样激进，面对新形势，企业或故步自封，或止步不前。借鉴其他企业、行业的创新经验，摸索符合企业自身的渠道创新模式，也是农业龙头企业在营销建设中必须重视的一环。

农业产业区域化差别很大，无论是南猪北养、散户运营，还是规模化管理，每个区域都有自己的市场特点，有差异化的需求痛点，在渠道创新方面既需要适应行业变化，也必须结合所在区域市场特点，进行渠道创新的规划与建设。

五　营销团队建设遭遇"瓶颈"

人才培养与营销团队打造是个系统工程，目前，大部分农业龙头企业销售团队既没有很好的人才梯队，也缺少搭建解决绩效问题的人才能力模型与培养体系，营销团队建设遭遇"瓶颈"。

（一）营销专业人才引进难

农业产业化对于行业人才的素质与专业能力提出了更高的要求。行业的快速发展，专业人才的缺乏，让农业龙头企业面临招人难，尤其是招到农业营销专业人才更难。行业的垂直化、独特性和对专业背景的要求，都是农业龙头企业招人的大难题。"90后""00后"一批职场新人对农业行业的理解与过去有很大差异，很多年轻人不愿意从事这个行业，招人"瓶颈"是农业龙头企业领导者遇到的共同问题。

（二）营销专业人才培养难

培养具备专业品牌思维的营销团队是企业领导者必须破解的难题之一，农业龙头企业营销团队的打造，既要借鉴先进的方法，更要结合双循环体系下企业自身特点和营销团队的特殊性进行探索，农业龙头企业的发展需要打造出一支适合自身业务需求的专业营销团队。很多中小型农业龙头企业，自己培养懂业务、懂产品、懂营销、懂品牌又懂模式的营销团队非常困难。

（三）营销专业人才留用难

农业龙头企业要在激烈的竞争中脱颖而出，营销团队毋庸置疑地承担着攻城拔寨的重担，而熟悉企业产品特点、销售渠道的工作人员（特别是高管），由于绩效考核或是价值取向等多种原因，掌握着企业销售渠道的人员比较容易"跳槽"，常常会因一个销售高管出走，直接影响到企业经营大局，使企业陷入困境。

第三节　农业龙头企业营销领导力提升路径

我国进入中等收入国家行列，新时代乡村振兴战略的实施，对农业龙头企业市场营销领导力提出了全新的要求。针对营销领导力中的突出问题，全面提升农业龙头企业营销领导力，需要从五维模型开始。

一　把握用户需求：造产品

农业产业具有垂直性的特点，农业龙头企业在产品打造上需要考虑的范围更多也更广。农业龙头企业的核心竞争力是服务用户的能力，建立用户思维，是所有企业领导者最重要的命题。打造产品时，可以从以下三个维度把握。

（一）用户视角：从利己到利他赋能

从营销领导力提升的五维模型看，产品力是否具备竞争力是企业能否在市场上具有独特竞争优势的关键环节。企业的产品是否有价值，是否能在市场上得到认可并为企业创造价值，取决于产品是否真的符合客户与消费者的需求，所以，用户思维就成了产品力的关键点。

企业产品要获得成功，就要有先为用户创造价值，再为自己创造利润的用户思维，需要在价值链与生态链的各个环节都要"以用户为中心"，需要放弃"关起门"做产品的老路，多看看行业发展与趋势，看看政策与环境，看看目标客户与消费者的需求，真正把握客户想要的、需要的，打造能够给客户带来价值的产品。比如人们去肯德基并不一定买汉堡，可以在这里寻求与家不一样、比办公室更放松的社交空间，这恐怕是更多人的真实需求，汉堡、薯条不过是一个载体。

新农时代，用户已经不仅仅满足于产品的功能或服务，这需要企业换位思考，将自己切换到用户或客户角度，去领会他们的深层需求。用户视角要求企业做的并不是简单地跟随和观察用户，而是要学会与用户建立各式各样的连接。

（二）用户共创：让用户主导产品创造

真正的用户思维是让用户变得厉害，并且让他们看到自己的变化。客户是消费者，更是创造者。只要提供一个可以创造的场景，他们的创造性就可以被激发出来。用户共创的实现路径包括用户需求共创、用户产品共创、用户评测共创、用户传播共创和用户营销共创。让用户参与到产品的传播中来，才是产品推广与营销最正确的打开方式。

（三）用户服务：直抵用户内心的服务

用户视角下，企业的经营范围已经从有形实体扩展到无形的操作与服务层面，因此产品的打造也要延伸至整个产业链，从产品到服务，从包装到商业策略。打动用户的不单单是产品，而是直抵内心的服务，服务即口碑，服务的口碑源于用户的反馈。在激烈的市场竞争中，农业龙头企业要想脱颖而出，需要依靠产品和服务，在产品同质化越来越严重的情况下，差异化服务才能创造更多附加值，这也是企业品牌和产品的最佳选择。

二　驱动策略整合：做推广

营销推广需要运用战略、战役、战术相结合的立体思维，对市场环境、细分市场与消费者需求以及企业的核心优势进行分析，并从内容策略、渠道策略、传播矩阵到消费者需求创造层面进行整合规划并实施。农业龙头企业做策略整合和营销推广，需要遵循以下流程与步骤。

（一）目标市场策略

农业龙头企业营销推广的重中之重是对目标市场的分析与定位。在市场细分环节方面，农业龙头企业要以顾客需求差异类型将市场上的某产品/服务进行细分，再依据市场细分的结果，确认企业产品/服务希望进入的一个或多个细分市场，最后根据产品/服务的关键特征及卖点进行包装，以保证自己的产品/服务在该细分市场上的竞争地位。在了解内外部环境及优劣势的情况下，通过细分市场、找到目标市场、确定推广定位的流程，有助于农业龙头企业有针对性做出细化业务市场的精准决策。

（二）找到品牌利益主张

企业在确定目标市场后，要更好地为产品与服务找到独特的品牌利益主张，以确定自己的竞争优势。农业龙头企业可以依据下面一段话来进行优势点输出：

对于目标消费者而言，某品牌是在产品品类中具有独特卖点。比如，对于"关心蛀牙问题的人"而言，佳洁士是"牙膏品类"中，抵抗蛀牙最有效的品牌之一。

目标消费者是指对产品的基本功能有需求并产生情感关联的特定消费者。

产品品类是满足特定市场需求的产品集。

产品独特卖点，指从消费者逻辑而非产品逻辑出发，产品为目标消费者提供了独特的利益点和价值实现。

（三）整合推广规划

整合恰当的传播工具、平台和渠道，形成矩阵式规划并有节奏地与消费者沟通，让目标群体对品牌形成特定的认知，是农业龙头企业整合推广规划工作中的重点。这一过程有以下三方面的特征。

第一，双向互动。这样的沟通关系不是品牌向消费者单向传递信息，而是品牌与消费者之间双向的互动交流。

第二，连续性。这种矩阵式的沟通是一个持续的甚至重复的过程，可以通过不同的渠道和平台重复宣传同一主题或统一的形象信息，以达到吸引消费者对品牌的注意力和加深记忆度的目的。

第三，协同性。媒体平台与渠道的有效结合，形成资源的协同。

（四）用户生命周期管理

从客户开始有了解企业或企业欲开发某客户开始，直到企业与客户的业务关系完成且与之相关的服务事宜完全终止，这段时间称为客户生命周期（陈明亮，2002）。在客户全生命周期的各个阶段发挥联动，才能更好地吸引用户注意，发起行动购买，并进入新的循环。

人人直播的时代，私域、公域、用户生命周期管理几乎是每个营销人关注的重点。其核心是企业如何通过线上与线下结合的全触点，进行引流获客和客户的转化，并能将存量变为增量。这个过程就是三位一体的整合,即内容—渠道—运营。

不会做内容营销的营销人不是合格的营销人。内容在营销中的重要性毋庸置疑。对于业务繁杂、产品线多元的企业,做内容营销需要结合业务优势和重心、行业趋势、客户消费者痛点,从需要中找到重要线索。比如,客户最希望被满足的需求是什么?他们需要的产品必须具备什么条件?他们的哪些需要是与企业产品、服务、方案相契合的?这样精准定位能帮助企业构建内容营销漏斗[①],实现引流与获客。

有了内容,企业就要选择平台。客户在哪里,哪里就有渠道与阵地。要了解客户喜欢在哪里搜索信息;企业是要做公域还是私域;做哪个公域;客户所在公域平台的属性是什么样子的;内容和故事的风格如何。据此调整内容风格,在客户最爱去的平台给他们讲他们最关注的内容,吸引其关注并将他吸引到自己的池子里来。

吸引到客户后,还需要不断保持与他们的互动、不断吸引客户的关注,让他们真正了解、认识企业的产品,最终成为忠实客户和服务购买者。这个过程的运营,更需要企业不断生产可持续的高价值内容与故事,以实现与客户的联动与黏性。并在客户购买后,让他们成为企业与品牌的忠实拥护者,成为企业产品的KOC[②],帮企业宣传,从而带来更多的客户。

三 精准心智定位:建品牌

农业龙头企业的品牌建设,需要从系统的视角将之纳入企业营销领导力层级,形成系统与流程,要精准心智定位。建立品牌就是要实现品牌对某个品类的主导,成为某个品类的强势品牌,成为具有制定标准、左右市场价格、主导某个品类的品牌。

(一)政策支持区域品牌与企业品牌相结合

农产品的区域特性,要求政府支持区域品牌与企业品牌相结合。以粮油农业龙头企业品牌建设为例,要突出"公用品牌+企业品牌"的双

[①] 营销漏斗的概念是指,当企业的潜在客户群,朝着与企业的交易迈进时,每前进一步,数量都会变少。在漏斗的顶端,很多人仅仅对品牌有所了解(通常被视为销售转化过程的第一步)。漏斗的中间部分会变小,因为真正考虑为企业的产品或服务付钱的人会变少,而漏斗的底部则更小,因为很多考虑付款的人,可能最终因为种种原因,决定放弃。作为一名营销人员,任务就是使漏斗尽可能不那么陡峭(如果是圆柱形最好),引导潜在客户最终实现订单转化。

[②] KOC,英文全称为"Key Opinion Consumer",指关键意见消费者。

品牌发展模式,以"中国好粮油"遴选为导向,引导企业运用"互联网+优质菜籽油"等现代经营模式,共同打造高品质菜籽油品牌。支持建设地区油料交易中心,发展"互联网+门店"粮油电商等新型零售业态,建设菜籽油电商物流现代化仓储基地,搭建油菜产业链产销协作平台。支持油菜籽和菜粕期货市场交易,规避国内外市场风险。挖掘油菜文化,推进农文旅教融合发展。实施食用油营养与健康知识科普行动,大力宣传油脂营养与健康知识,提倡全民"吃好油、节约用油"的科学用油意识和消费习惯,助力油菜品牌建设和市场销售。

(二)掌握心智定位品牌的基本方法

艾·里斯(AI Ries)、杰克·特劳特(Jack Trout)在《品牌的起源》中指出:品牌定位不是围绕产品进行,而是围绕潜在客户的心智进行,就是要让企业在潜在客户的心智中与众不同。

第一步,分析外部环境,确定"竞争对手是谁,竞争对手的价值是什么"。企业首先要对行业环境进行分析,从对自身业务产品相关行业的洞察中,找出有哪些竞争对手?他们都做了什么?他们给行业和客户带来的价值在哪里?分析外部环境,知己知彼,对于更好地确定自己的优势与品牌定位是非常关键的一步。

第二步,确立品牌的优势位置,即定位。避开竞争对手在顾客心智中的强势,或是利用其强势中蕴含的弱点,确立自身品牌的优势位置。了解并认知竞争对手后,有利于避其锋芒,寻找自己的核心优势。可以在对外部环境分析的基础上,寻找出自己与竞争对手的差异点,该差异点需要突出企业自身的核心竞争力,这个竞争力与优势是能真正为客户带来的价值点。

第三步,信任,为定位寻求一个可靠的证明。企业要对自己的核心竞争力做更为深入的梳理,寻找出核心价值点以及可以提供支持和支撑的产品、服务或者解决方案有哪些?确定这些支撑点是否能真正让客户信任。

第四步,将定位植入顾客心智。将定位整合到企业内部运营的各方面,特别是在传播上要有足够多的资源,以将定位植入顾客的心智。在植入顾客心智阶段,企业要做的是将已经找到的价值点和支撑点真正传递给客户,让客户看到这个价值是他们需要的。在这个过程中,可以通过以下战略性问题,思考并设定品牌地图来厘清思路(见图5-2)。

品牌最终要在消费者心中占领什么位置？

品牌理念，对关键词做头脑风暴。

企业能为消费者创造的差异化（独特的）价值是什么？

消费者的痛点、甜点。

差异化价值可以考虑是好一点，便宜点，还是不一样？

消费者会得到的功能利益。

消费者会得到的情感利益。

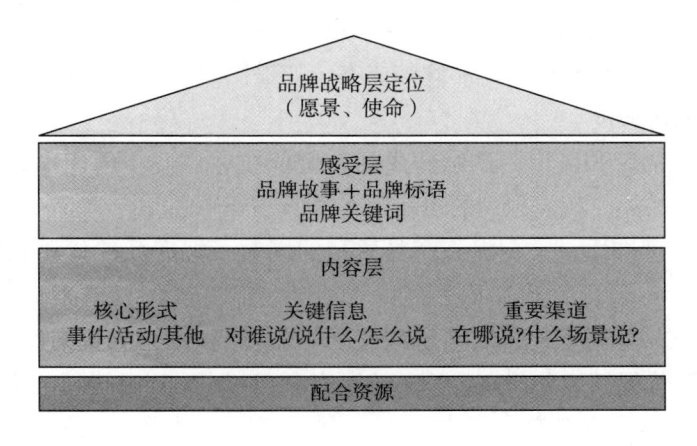

```
                品牌战略层定位
                 （愿景、使命）

                     感受层
              品牌故事＋品牌标语
                   品牌关键词

                     内容层
   核心形式         关键信息          重要渠道
  事件/活动/其他   对谁说/说什么/怎么说  在哪说？什么场景说？

                     配合资源
```

图 5-2　企业品牌定位地图

（三）强化品牌层级管理和品牌资产管理

在品牌传播中，品牌建设很重要的一步是对品牌层级和品牌资产的管理。品牌层级是从品牌点到品牌面、品牌定位到品牌资产管理的层次（见表 5-1）。

表 5-1　　　　　　　　　　　三个层面的品牌

品牌类型	目标受众	品牌塑造的核心	管理要点和时机
集团品牌	员工、股东、渠道合作伙伴、投资者、政府	向利益相关者营销公司愿景、使命、价值观	公司在业务重大转型、IPO、兼并收购、明晰核心业务时通常会启动集团品牌打造
事业单元品牌	目标消费者	差异化、独特的定位、感情诉求	营销的核心工作，以塑造品牌资产、提升生意规模和营利性为目标
产品品牌	目标客户	可实证的经济价值、理性诉求、感性价值	产品上市、多品牌推出

关注不同层级的品牌塑造核心，确定不同层架的品牌推广策略与管理，只有从产品、事业单元，甚至到企业/集团层面的不同规划和信息传播，才能从不同视角与维度丰富企业的品牌影响力和在客户中的认知。

品牌资产是与品牌相联系的，是可以为公司、顾客增加或削弱产品或服务价值的资产和负债。企业的品牌建设要关注品牌资产管理5个方面的内容。

（1）品牌忠诚度，正确对待客户、亲近客户，衡量并管理客户满意度，制造客户转向其他品牌的成本，如提供额外服务以保留客户对自身品牌的忠诚度。

（2）品牌知名度，持续传递品牌价值在客户心中的印象，使其每想到某个品类，就先想到的是品牌本身。

（3）感知质量，在提高产品质量的同时，把产品的优质感传递给顾客。

（4）品牌联想，识别并管理好顾客进行判断的信号和指标，开展有效的降价促销、公共宣传，并让顾客参与其中，以及进行危机管理。

（5）其他品牌专属资产（如专利、商标、渠道关系等），扩展品牌、复兴品牌也可以增加或保持品牌资产。

品牌建设是一个长期持续的过程，强大的品牌形象和影响力，必须持续投入，只要坚持，企业必将能看到真正的品牌带来的价值回报。

四　引领营销创新：拓渠道

（一）用好传统营销渠道

农产品从生产、加工到销售，主要有直销、批发、商超、电子商务等销售途径。对于一些从事生鲜农产品的农业龙头企业来说，直销、批发和商超等传统营销仍占很大比例。比如，从事休闲农业的企业，通过旅客观光、休闲、采摘、体验等活动，通过现场直销的方式，消费者可以去看、摸、试，甚至还可以体验整个购买的过程，可以大大提升农产品品牌知名度，缩短生鲜农产品供应链，提高鲜活农产品品质。很多农产品加工企业，比如茶叶，直销员在固定营业场所或者门店之外的地方直接向最终用户推销，还有不少农业龙头企业通过"直营连锁"方式营销。企业充分利用门店的运营，有效掌控公司品牌管理权，可以使企业文化和品牌文化直接向市场灌输和传扬。通过农产品批发市场或其他中间商的渠道进入商超，对于很多农业龙头企业来说，都是非常重要的（夏雨和卫艺炜，2022）。

（二）开辟互联网等新渠道

新农时代，农业龙头企业在确定营销渠道时，必须彻底摒弃传统思维，积极探索新模式，挖掘新资源，发现新机会。2021年中国农业品牌政策研讨会议提出了打造卓越品牌需要政府、企业等各方面持续加力，需要拓展渠道，数字赋能，要实施好"互联网+"农产品出村进城工程，推动农业品牌营销创新，让更多"大而美""小而特"的农业品牌火遍全国、走向世界。

不少企业已经开始了这方面的探索实践，如山东寿光打造的"中国蔬菜之乡"、农业智慧监管平台，以智能管控为抓手，强化寿光蔬菜品牌的质量保障；"安吉白茶"的世界知名度在不断提升，其中有不少"科技含量"；成渝地区双城经济圈农业科技创新联盟等。其共同特点是很好地借助品牌+品牌的合力，形成了区域性、垂直领域等的圈层效应，更好地为目标消费者和市场提供服务。

（三）建设营销全渠道

互联网等新技术的兴起，极大地影响着人们的生活、生产和消费习惯。传统销售渠道正向线上线下相结合的多渠道、跨渠道到全渠道变化。由于新冠疫情的影响，人们获得商品信息的渠道正在多样化，做出消费决策的影响因素更加多元化，这就要求企业要充分考虑消费者行为变化，定位目标市场，进行全渠道销售管理。

全渠道营销指的是企业为了实现目标，在商品所有权转移、信息、产品设计生产、支付、物流、客流等范围内进行渠道选择，然后根据不同目标顾客的渠道类型偏好，匹配产品、价格等营销要素组合策略，进行科学的营销定位。当前，顾客已经参与到企业活动的每一个环节，他们不仅从购买、设计、生产、收货、消费等销售环节全渠道参与，还在全渠道评价、反馈、传播，企业必须要主动变革，应对市场变化（李飞，2015）。

当然，全渠道营销不是指每一家企业，或者每一类产品都采取全部渠道类型，而是指要有全部渠道思维和方案，根据市场和企业产品情况选出适合的渠道进行组合或者整合。在农业龙头企业实践中，全渠道营销模式大多数涉及线上、线下渠道组合，需要从企业信息提供、商品展示体验、接受订单、收款、送货、售后服务、反馈处理等营销基本环节进行充分调研，合理安排，有效决策。

（四）河南豫道案例分析

在引领销售创新、拓宽销售渠道方面，河南豫道农业科技发展有限公司（以下简称河南豫道）为大家提供了典型的例证。

专栏5-1 河南豫道拓宽销售渠道引领销售创新案例

河南豫道成立于2015年，是一家集红薯育苗、种植、储存、精深加工及销售于一体的全产业链企业，公司位于河南省息县产业聚集区，占地80亩，注册资金4000万元。公司布局于以红薯为原料的方便速食产品、休闲产品、大健康产品三大板块，以打造"绿色红薯产品"为使命，以"健康"和"美食"为主题，以"生态、务实、诚信、创新"为价值观，全力进军红薯产业。公司生产的非油炸方便面、非油炸方便粉丝、非油炸方便面皮等产品，充分挖掘"中华传统名小吃"的理念，凭借公司先进的工艺技术做到了工业化产品实现餐饮化的口感、风味、特色。公司利用淮河流域肥沃的沙土地育苗、种植的红薯，按照传统工艺加工的薯条、薯片、薯干，充分体现了产品原汁、原味、原生态。

1. 用好传统营销渠道

基于夯实品牌基础，做好品牌形象展示，抢占品牌宣传的窗口工作，开设有示范体验店、信阳东站红薯全产业链形象店、郑州机场VIP候机厅专柜形象展示等；线下有市县级经销商1000多家，全国市级城市全覆盖，全面启动全国KA卖场渠道、地方连锁为辅覆盖全省的"豫道"绿色产品店中店，系列产品包含绿色鲜红薯系列、绿色田园时蔬、绿色红薯粉条系列、休闲薯条、薯片系列、速食酸辣粉系列，打造豫道红薯产业链上的"红薯王国"。

2. 开辟互联网等新渠道

线上在抖音、天猫、京东等各大电商平台均开有旗舰店,豫道重庆小面创造了单日突破 8 万单的业绩,公司"黑金版酸辣粉"在抖音平台速食类目中排名第一。大数据显示,购买豫道酸辣粉和重庆小面的消费者当中,有 40%—43% 是复购的消费者,全国有两亿多人吃过豫道的酸辣粉,收获了良好的市场口碑,被授予优先推送、品牌保证的品牌库"黑标"。

3. 红薯全产业链引领市场全渠道品牌打造

豫道作为一家集红薯育苗、种植、储存、精深加工及销售于一体的全产业链企业,牵头成立了息县红薯协会和息县豫道红薯产业联合体,创办了信阳市红薯现代农业园,带动数万人加入红薯产业,实现了"小红薯,大产业"的华丽转变。小小的红薯,摇身一变成 40 多种食品,日加工红薯淀粉 90 吨、生产酸辣粉 140 万盒,在豫道产品展示厅内,酸辣粉、花甲粉、重庆小面、烩面、热干面等各类速食食品,薯条、薯片、薯干等各类休闲食品,琳琅满目,薯香扑鼻。豫道品牌发展结合产业链科技创新与市场全渠道对接,打造出具有长久创新力、生命力的品牌成长基础。

五 打造销售领导力:育团队

营销不仅需要具备专业知识、技能与实战经验,更需要对所处行业有深度的洞察和业务敏锐度。农业产业的垂直特性决定了农业龙头企业的营销团队不光要懂行业、懂业务,更要懂营销、懂品牌。农业龙头企业在营销专业人才培养上,需要提升营销人员对行业发展的洞察能力,真正把营销技能、理论模型和各种成功实践与业务、行业结合,拓展出符合自身现状的营销实战和规划。

(一)总结经验,以老带新

面对营销团队出现断层的现状,农业龙头企业可以让营销团队中有经验的老员工,梳理营销实践工作中的关键任务,通过萃取完成任务过程中的流程、步骤、技能,形成培育营销新员工的辅导手册,采用以老带新、以用促学的方法，让新员工在岗训练和师傅带领，快速掌握工作技能，成长为营销专才，达成绩效。

（二）提供培训实践，提升综合素质

农业龙头企业要为营销部门员工提供轮岗实践的机会，以提升他们的综合素质与能力，培养企业优秀的营销管理者。另外，营销工作从调研分析、产品与服务定位、市场营销推广、新媒体传播、品牌建设、互联网营销与电商运营等各方面都要有相对独立且职能化的定位，要为企业的品牌与营销人员提供不同职能的跨界培养，不断提升员工的专业能力，实现团队绩效，并让他们成为应对市场变化的优秀营销人才，助力企业业务发展。

（三）制定准则，打造销售领导力

领导力专家詹姆斯·M. 库泽斯和巴里·Z. 波斯纳（2018）提出，如果销售人员能够用卓越领导者的五项行为代替传统的销售行为，他们的销售将会变得成功。销售（或营销），就像领导力一样，是基于人际关系的。销售人员的一个显著特征是信誉，客户与销售人员的第一次沟通，是从销售人员是否具有信誉，值得信任开始的，销售人员必须用自己的真诚打动客户。农业龙头企业在营销人员培养上，要以卓越领导者的五项行为为基准，制定并实施营销人员必须具备的基本准则，打造营销领导力。

（四）设计胜任力模型，培养高效能营销团队

人才链的培养离不开新员工—高绩效员工—高潜能员工—团队领导者的培养路径，营销团队更是如此。

农业龙头企业在人才链的培养上要设计适合自身特点和员工发展路径的营销团队胜任力模型，培养并建立专业高效的专业团队，使营销团队的每一位成员都能看到自己在营销团队中的职业化发展路径，为团队成员提供清晰可实现的专业化发展道路，为人员的发展实施有效滋养，为团队赋能提供有力支撑。

营销涉及多个模块与领域，设计的各个模块既要独立又具有高关联度和协同性，以保证营销团队各个模块的矩阵式运营。要增强各个模块小团队之间的专业性和独立性，并能在矩阵式管理中实现高效的工作协同与资源互补，有利于形成高效团队。

第六章

农业龙头企业创新领导力

创新包括思维创新、产品创新、技术创新、管理创新等多种类型，领导力与创新关系紧密，创新领导力要求企业领导者应具备创新的基本素质、创新思维方式和创新基本技能。总体上，农业龙头企业具备一定的创新发展基础和难得的良好政策环境，但由于历史原因，提升创新领导力的挑战和机遇并存。北京和利美生物科技有限公司等优秀龙头企业创新发展的生动实践证明，培养领导者三大思维和实施五项技能策略是提升农业龙头企业创新领导力的有效措施。

第一节 农业龙头企业创新领导力概论

一 创新的概念和分类

（一）创新的定义

创新作为汉语词汇，意思是创造新的。创新的英文是 Inovation，是指引入新的观点、方法和事物。中共中央、国务院 1999 年颁发的《关于加强技术创新，发展高科技，实现产业化的决定》中把技术创新定义为："企业应用创新的知识和新技术、新工艺，采用新的生产方式和经营管理模式，提高产品质量。开发新的产品，提供新的服务，占据市场并实现市场价值。"

系统提出创新理论的人是约瑟夫·熊彼特（Joseph Schumpeter），在 1912 年德文版《经济发展理论》一书中，他从技术和经济相结合的角度定义了创新概念。他认为，创新就是要建立"一种新的生产函数"，即把一种从来没有的关于生产要素和生产条件的"新组合"引入生产体系。创新包括五种情况：一是采用一种新的产品及产品的新属性。二是采用一种新的生产方法。三是开辟一个新的市场。四是获得原材料或半制成品的一种新的供应来源。五是实行一种新的产业组织方式。

到了20世纪50年代，"现代管理之父"彼得·德鲁克将创新概念引入管理领域。在《创新与企业家精神》一书中提出，"创新就是通过改变产品和服务，为客户提供价值和满意度"。德鲁克对创新的定义增加了客户视角，因为企业存在的目的就是为了创造客户，创新是实现企业战略的手段，因此创新成果的衡量标准在于是否能够为客户提供价值和满意度。企业应用创新知识和新技术、新工艺，采用新的生产方式和经营管理模式，提高产品质量，开发新产品，提供新服务，占据市场并实现市场价值，有利于获得更好的生存和发展机会。此外，还有很多学者从多角度对创新给出了不同的定义：美国学者曼斯菲尔德认为，一项发明当它被首次应用时，可以称为技术创新。英国科技政策研究专家克里斯托夫·弗里曼认为，创新是指在第一次引进某项新的产品、工艺过程中，所包含的技术、设计、生产、财务、管理和市场活动的诸多步骤。美国学者切萨布鲁夫认为，创新意味着进行发明创造，然后将其市场化。

（二）创新的类型

明确创新的类型有助于我们清晰创新的外延，明确我们可以从哪些方面进行创新以及创新的程度，为创新实践提供理论支撑。

1. 按照创新的对象划分

按照创新的对象来分，创新分为五种基本类型，包括产品创新、过程创新、业务流程创新、服务创新、商业模式创新（陈劲、郑刚，2016）。

（1）产品创新。指提供一种能够更好满足顾客需要或解决顾客问题的新产品。产品创新一般要在特性、功能、性能、外观、质量、安全性等方面不断改进以满足顾客的需求，从而争取更多的顾客基础，实现企业的市场竞争优势。产品创新包括元器件创新、架构创新和复杂产品系统。比如，在酸奶中添加浓缩金丝小枣汁，形成红枣味的风味酸牛奶。

（2）过程创新。指对产品生产或服务提供过程的改进。过程创新包括采用新工艺、新方式、整合新的制造方法和技术以获得成本、质量、周期、开发时间、配送速度方面的优势，或者提高大规模定制产品和服务的能力。过程创新能够增加企业利润、降低成本、提高生产力并提高员工的工作满意度，从而使产品和服务的价值传递变得更为稳定可靠，使顾客获益。比如，牛奶加工生产过程中采用全机械化的生产方式。

（3）业务流程创新。指企业在业务流程方面的改进。通过业务流程改进优化内部流程（比如优化供应链管理）和外部流程，让客户更容易与企业做生意。比如，许多超市现在都开通了网上购物的业务。

（4）服务创新。指企业为了提高服务质量和创造新的市场价值而发生的服务要素变化，对服务系统进行有目的、有组织的改变的动态过程。随着市场竞争的演进，企业发现仅仅提供创新产品已很难赢得竞争优势，从提供产品到提供相关服务成为一种新的制造业服务化趋势。服务创新通常体现为产品创新逐渐融入了包括解决方案、售后服务、体验等创新内容。在互联网、数字化技术的推动下，越来越多的农机制造商开始围绕产品向顾客提供农机管家服务。

（5）商业模式创新。指企业价值创造提供基本逻辑的变化，即把新的商业模式引入社会的生产体系，并为客户和自身创造价值。通俗地说，商业模式创新就是指以新的有效方式赚钱（彼得·德鲁克，2009）。互联网、数字化、人工智能等新技术的出现，改变了基本的商业竞争环境和经济规则，使大量新商业实践成为可能，基于此，一批新型企业应运而生。商业模式创新意味着新型企业的赚钱方式明显有别于传统企业。比如，共享农业"我的鸡笼"项目就是一个认养模式+共享模式的典型案例，与传统养殖企业的模式有着明显差别。

2. 按照创新的程度划分

按照创新的程度，创新性由低到高划分为渐进性创新、突破性创新和激进性创新（Keith Goffin，2010）。

（1）渐进性创新。指对现有产品、服务或流程的改进。渐进性创新产生的新产品或者新服务的目标市场是已有的核心客户或市场。通过渐进性创新可能会带来市场份额的增长。成功的技术型企业都需要渐进性创新来满足当前客户不断变化的需求，由此实现企业的持续成长。

（2）突破性创新。是指有实质性变化（比如采用新技术或者解决以前未满足的顾客需求）的产品和服务。突破性创新具有给顾客带来实际利益的特性。突破性创新一般会通过开发新的、相邻的市场从而带来较大程度的增长。与渐进性创新相比，研发突破性的产品或服务将会面临更大的挑战。

（3）激进性创新。意味着游戏规则的改变，企业要开发市场上前所未有的产品或服务。激进性创新会引发市场转型，并生成新的商业模式。激进性创新还会颠覆竞争环境，因此相比前两种创新来说是最少的，也是最难的。

二 领导力与创新

（一）领导力与创新关系研究背景

谈到创新与领导力的关系就离不开创新管理，这要追溯到 1961 年，伯恩斯和斯托克出版的那本对管理和创新有很大影响力的著作——《创新管理》。此后，有大量关于创新与领导力关系的研究，这些研究发现领导者是促进组织创新的基本要素。

2012 年，瑞典哥特堡大学的两位学者 Leif Denti 和 Sven Hemlin，在《组织中的领导力与创新：系统综述影响它们关系的调节变量和中介变量》一文中，从 1980—2010 年发表的高水平文章中抽取了 30 篇文章，将领导力作为自变量，创新作为因变量，对创新与领导力的关系进行因果分析，揭示了在个体、团队和组织层面情境下，什么时候领导力对创新管理有效，以及领导力又是如何影响创新成果的，即领导力影响创新的各种过程及影响机制。

Leif Denti 和 Sven Hemlin 相信领导力是创新组织绩效不可或缺的部分，主要有两个原因：一是领导者构建有利于创造力和最终实现创新的环境。二是在自上而下的管控过程中，领导者管理着他们组织的战略创新目标和活动。因此，领导者在组织创新中实际上承担着两个角色，协调着两个过程：一是作为领导者，在团队和个人将创造性努力转化为创新成果时，为他们提供支持。二是作为管理者，管理着组织旨在创新的目标和活动。

（二）领导力与创新关系的影响因素

Leif Denti 和 Sven Hemlin 从个体、团队和组织三个层面，综述了领导力与创新关系的 11 个影响因素，如表 6-1 所示。

表 6-1　　　　　　　　　领导力影响创新的因素

因素分类	个体	团队	组织
影响领导力对创新管理是否有效的因素	组织自豪感 自我呈现	团队多样性 任务特点 团体发展阶段	组织结构 组织文化
与领导力怎么创新有关的影响因素	创造性的自我效能感 外部工作联系 个人主动性	团队反思	

由此可见，创新型领导应该关注以下影响因素。

1. 个人主动性

个人主动性指的是个人会采取积极主动、长期、目标导向行为的程度，而且这种程度超出了正式工作合同的条款约定。当团队成员被赋予更多责任和处于更大的信任地位时，员工就会更加积极主动地进行创新活动。

2. 团队多样性

在团队成员拥有不同技能、知识和认知以及解决问题风格的异质团队中，有更多的发散思维机会。在一个具有多样性的团队，领导者应该向团队成员征求新想法，并且邀请他们参与制定决策过程。

3. 团队反思

团队反思是指团队成员集体思考团队的目标、策略和过程的一种沟通方式。创新的过程充满失败的风险，领导者应该定期带领团队反思并且从创新活动中吸取经验教训，如此才能提高创新成功的概率。

4. 组织文化

组织中的行为规范形成了个人和团队所处的环境。风险承担、实验、开放、信任和自主是组织支持的一部分，它为创新奠定了基础。当员工感受到组织支持创新的文化时，员工就会有更高意愿进行创新。

（三）领导力与创新的研究对创新管理实践的启发

Leif Denti 和 Sven Hemlin 的研究表明，领导者在推动创新时应关注以下六个成功因素。

1. 制定创新制度

领导者应该制定能够在整个组织内推广的创新制度，并且定期与员工沟通，对创新行为进行奖赏。当员工清晰地知道公司的创新制度以及公司鼓励他展现的行为时，员工会更具有积极性进行创新活动。

2. 关注团队异质性

在组建团队时，具有不同经验背景的异质性对促进创新非常重要。但是，如果团队过于异质化，也可能会出现紧张局面，彼此难以相互沟通与协作；异质性过低时，需要更多指导型领导来促进团队反思，例如鼓励讨论和提出不同意见；异质性过高时，要多进行团队建设与统一共同的工作语言、增进彼此的理解。

3. 促进团队氛围

领导者应该促进安全、尊重、愉悦的情感支持和共同决策的团队氛围，员工在支持创新的团队氛围中彼此相互影响，将会激发员工更积极投入创新活动中。

4. 拥有自主权和空间

个人和团队应拥有创意产生和创造性地解决问题的自主权和空间；拥有自主权能让个人和团队面对创新所带来的客户需求、产品可行性、竞争、构建商业模式等不确定性时，能够快速地进行迭代调整。

5. 设定时间限制

企业往往没有针对创新设置退出条件，这样会产生大量的沉没成本，使企业深陷在不断投入的泥沼中，因此在创新实施阶段，应对创意产生和提出解决方案设定时间限制。

6. 参与创新活动评估

拥有专业知识的团队领导者应密切参与创新活动的评估，即时对创新的方向进行纠偏。

三　创新领导力

（一）创新领导力的定义

对于创新领导力，不同的学者有着不同的理解和定义。

琳娜·M. 艾切维妮亚（2017）在《创新领导力：解决创造力，加速创新，带来变革性变革》中将创新领导力定义为推动创新的技能，包括领导团队成员使之共鸣，让团队成员充满激情，营造创新的文化氛围，进行个性化管理等。

丁雪峰等（2018）在《创新领导力》一书中提出创新领导力属于调适型领导理论的一个新分支，其定义与调适型领导有一定的相似之处。他们将创新领导力定义为能够通过新的方式影响下属、重塑下属的价值观和自我意识，激发员工深层潜力，同时不断提升自己和团队的契合度和绩效，营造程序透明、沟通有效的组织氛围，使组织充满活力，拥有柔性和弹性，使全体成员不断向更高水平的愿景迸发的能力。

梁家广（2018）在《创新领导力》一书中引用柯维的《事务性领导力和创新领导力的对比》表，展示了创新领导力的重要特征，并提出创新领导者具有理想化带领、高能激励、个性化培养、启迪智慧的四个特质。

综合不同学者对创新领导力的理解和定义，创新领导力可定义为企业领导者应具备创新基本素质、创新思维方式和创新基本技能，如表6-2所示。

表 6-2　　　　　　　　　　创新领导力的特征

概念	特征
创新型领导者的基本素质	指引性愿景、激情、好奇心、勇气
创新型领导者的思维方式	积极追求挑战现况、提升承担风险的意愿、营造包容失败的氛围
创新型领导者的基本技能	观察、发问、社交、实验、联想思考

（二）创新型领导者的基本素质

本尼斯（2016）曾经对美国各行各业的 90 多位领导者做过一次著名的领导力研究，他发现尽管领导者长相各异、性情多样——高矮胖瘦，整洁邋遢，年轻年迈，男性女性，但他们大多具备指引性愿景、激情、正直、信任、好奇心、勇气中的某些或全部要素。我们认为这六种要素中指引性愿景、激情、好奇心和勇气对于创新型领导者尤其重要。

1. 指引性愿景（Guiding Vision）

愿景是指希望看到的情境。对于一个组织来说，愿景是指引和激励组织成员前进的未来情境。本尼斯（2016）指出领导者非常清楚自己在职业和个人生活方面想做什么，以及在遇到挫折甚至是挫败时坚持下去的优势是什么。创新意味着企业在产品、过程、业务流程、服务、商业模式等方面的改变，创新过程也会面临不少模糊、不确定的因素的影响，指引性愿景可以有效地激励员工克服困难、砥砺前行。

2. 激情（Passion）

激情是指一种强烈而激动的情感。著名作家路遥曾有一句名言：只有初恋般的热情和宗教般的意志，人才有可能成就某种事业。这句话揭示了激情与成就事业之间的关系。本尼斯（2016）认为激情包括对人生希望的内在激情，加上对职业、专业、行为方式非同寻常的激情。创新型领导者只有热爱自己的事业，喜欢为提升竞争力而投身到创新之中，才能在员工心目中树立起引领创新的榜样。

3. 好奇心（Curious）

心理学认为好奇心是个体遇到新奇事物或处在新的外界条件下所产生的注意、操作、提问的心理倾向。好奇心是个体学习的内在动机之一、个体寻求知识的动力，是创造性人才的重要特征。本尼斯（2016）认为领导者对一切都感到好奇，想尽可能学习更多的知识。这种习性有利于觉察和发现新事物、新现象、新方法，使创新创造有了可能。

4. 勇气（Courage）

勇气是指敢作敢为，毫不畏惧的气概。心理学认为勇气是在具有危险性、冒险性群体行动中具有积极主动性的动机。本尼斯（2016）认为领导者乐于冒险，尝试新事物。他们知道冒险的过程中机遇与风险并存，他们不怕挫败和犯错误，因为他们知道自己将从挫败和错误中学习。

（三）创新型领导者的思维方式

约翰·阿代尔（John Adair，2009）在《创新型领导艺术：激发团队创造力》中提出，创新型领导者应具备积极、有战略意义的思维，具体体现为：长远目光（long-term perspective）、响应变化（esponsiveness to change）、接受风险（acceptance of risks）。本书认为积极追求挑战现况、提升承担风险的意愿与营造包容失败的氛围这三个思维对于创新型领导者尤为重要。

1. 积极追求挑战现况

创新会带来改变，但态度和行动上的持续僵化最终使发起的任何改变都要付出极大的代价。灵活性是真正具有创新性组织必备的关键品格。灵活的人、团队或组织能拥抱或适应变化着的新形势。灵活开放的领导者对每件事情都有极强的好奇心，并且积极追求挑战行业、公司与团队现有的做法，激发公司与团队很快适应新的发展和变化。

2. 提升承担风险的意愿

要创新却不接受风险肯定是不可能的。创新需要计算风险，并把财务损失控制在能承受的范围之内。组织在创新过程中不可能没有风险，没有冒险就没有收获。创新的风险主要是犯错和挫败，在任何创新型企业里都可能出现这样的失败，但这种失败与犹豫不决和行动无力造成的失败是不同的。领导者应该接受这种失败，从失败中吸取经验教训并能勇敢地为失败买单，不要让可能的失败成为否定创造性思维和创新的理由。

3. 营造包容失败的氛围

创新的过程充满市场、技术、营利、竞争、规模化等不确定性，从创新点子到商业成功很容易失败，因此造成创新型的领导者与员工在从事创新活动中，担心创新失败所带来的后果，例如，被批评与嘲笑、财务损失、无法达成年度个人绩效、被惩罚，而不愿意投入创新活动中。领导者应该营造包容失败的氛围，让员工感受到心理安全，并鼓励员工勇于尝试创新探索。

（四）创新型领导者的基本项技能

杰夫·戴尔与"创新大师"克莱顿·克里斯坦森（2013）合作完成了一项历时八年的与创新型领导者有关的调查研究，他们采访和调查了研发出革命性新产品和服务的首创者，以及利用创新型商机建立起公司的创办者和CEO，例如eBay的创始人皮埃尔·奥米迪亚、亚马逊的缔造者杰夫·贝佐斯等。研究者深入创新者的思想，探索其思考方式，研究了这些创新者在什么时候、什么情况下想出这些研发新产品和创建新产业的点子；这些创新者职业生涯中最有价值和最具创新性的商业构想，以及这些想法是怎样产生的。在此基础上，总结出了这些创新型企业家共同的思维特点和行为方式，提出创新者应具备以下五大发现技能。

1. 观察（Observing）

"观察"指的是领导者有意识与频繁地观察周围的世界——比如客户、产品、服务和技术——并通过观察获得关于新方法的见解和想法。

2. 发问（Questioning）

领导者通过发问来帮助自己或激发团队发现新的事物之间的关联性、解决方案的可能性和发展的新方向。领导者会问"为什么""为什么不""如果……会怎么样"，借由提出正确的问题来挑战现况，激发团队开拓新机会，发现新业务的思路和方向。

3. 社交（Networking）

社交指的是积极拓展新的伙伴与人脉关系，建立一个背景和观点各不相同的人脉网络，并在这个网络中寻找和测试新想法。

4. 实验（Experimenting）

实验指的是带着实验心态去参观新地方，尝试新事物，寻求新信息，并通过实验过程学习新事物。拥有实验心态的领导者会不断地探索这个世界，不坚持自己过去的信念，同时测试各种事物背后的假设。

5. 联想思考（Associating）

联想思考指的是在看似不相关的问题、研究领域或想法之间建立联系的能力。善于联想思考的领导者一般会利用通过发问、观察、社交和实验获得的知识，将问题、想法和观察所获得的现象或洞察组合联系在一起，从而产生新的商业想法。

第二节 农业龙头企业创新领导力现状分析

一 农业龙头企业创新发展基础

近年来我国农业龙头企业科技创新能力在不断提升（张延龙等，2019）。2019 年和 2020 年全国农业龙头企业监测数据显示，我国农业龙头企业科技研发投入、省级以上研发机构、获得省级以上科技奖励或荣誉、专利数保持持续上升态势，科技创新体系建设不断优化，技术和装备创新成果显著，如表 6-3 所示。

表 6-3　　　　　　农业龙头企业科技创新监测数据对比

指标名称	2019 年	2020 年	增减变化（%）
农业龙头企业数量（家）	59384	54734	-7.83
研发投入（亿元）	795.7	1172.3	47.33
建有省级及以上研发机构（个）	6732	9052	34.46
获得省级以上科技奖励或荣誉（个）	25490	35083	37.63
累计专利数量（个）	107790	255929	137.43

资料来源：《中国农业产业化龙头企业发展报告》（2020—2021 年）。

以下从战略层面、组织层面和执行层面进一步分析农业龙头企业提升创新领导力的基础条件。

（一）从战略层面，创新发展有意识，创新程度低

与一般企业相比，大多数农业龙头企业都能有意识地追求创新发展。一项针对全国 24 个省份的 321 家农业龙头企业的调查发现（屠振华等，2020）：农业龙头企业 90%以上制订了创新发展规划；80%以上制定了知识产权管理制度和创新激励制度；70%有自建或合建研发机构；60%或在生产加工领域已经采取至少 1 项新技术装备，或形成了各类产品和服务新业态，或在节能减排领域采用了新技术装备。但从创新程度来看，农业龙头化企业的创新主要集中在渐进性创新，缺少突破性创新和激进性创新。比如，企业产品主要是通过引入新技术装备等，在质检指标、外形、包装等方面寻求创新，很少能做到基于客户利益，为消费者提供价值的角度而逆向开发的创新。比如说，发生在乳业的三聚氰胺事件就是行业内不考虑种源而仅为提升蛋白质含量指标进行"创新"，反而侵害到消费者食物安全的典型案例。

（二）从组织层面，自主创新能力弱，投入偏设备

农业龙头企业自主创新比例低，其中生产性加工技术和创新的自主研发比例不到四成；物流建设领域、信息化建设领域和节能减排领域的新技术装备自主研发比例不到两成，关键技术大多被国外垄断，面临着自主创新能力弱、成效低的窘境。从 2020 年对 54734 家农业龙头企业的监测数据中得知，新增设备资金额投入占研发投入的比重高达八成以上，农业龙头企业研发无形资产投入偏低，也就意味着对人力资本的投入不足，研发投入中主要用于设备引进，不利于有效激发科技人员自主研发的内生动力，不利于创新能力的真正提升。

（三）从执行层面，创新策略顺时势，创新文化缺失

随着政治、经济、技术、人口、环境等宏观环境的变化，部分农业龙头企业会产生技术诱导性变迁，比如，国内国际双循环使农业龙头企业的市场格局发生了变化，促生了品牌创新和营销创新；云计算、信息化和数字化等新技术，催生了新零售、智慧农业等新业态；人口老龄化、新生代进入职场等使农业企业面临巨大的劳动力缺口，机械化、自动化、智能化的生产方式逐渐取代人工；食品安全和环境保护立法，迫使许多企业建立健全质量检测机构和引入环境保护的新技术装备。威廉·奥布莱恩指出在 21 世纪企业应对变化至少需要具备四种能力：一是要学会有条不紊地分散权力，让自律代替他律。二是要理解系统的特征，能够运用系统及其相互关系的知识。三是要精通对话沟通——这是组织中唯一最重要的学习实践工具。四是未来的企业需要人们自愿跟随（圣吉等，2011）。发展这四种能力需要创新组织文化，对当下大多数中小型农业龙头企业来说，还面临系统性提升难题。

二　农业龙头企业创新领导力提升的机遇

（一）国家农业政策向好，为农业龙头企业创新发展创造了条件

国家推动农业农村现代化为以农食行业为主的农业龙头企业发展提供了巨大空间。2020 年新时代脱贫攻坚目标任务如期完成，农业农村发展进入一个新阶段，这也为党和国家战胜各种艰难险阻、稳定经济社会发展大局，发挥了"压舱石"作用，极大地提振了社会重农强农战略的信心。国家全面推进乡村振兴战略，明确提出要发挥农业龙头企业在农业全产业链发展中的"链主"作用，以农业产业集群发展，打造农业产业化联合体、农业强镇和现代农业园区等多种方式，支持农业龙头企业在城乡第一、第二、第三产业融合发展中的带动作用，为农业龙头企业广泛参与现代农业产业经营体系建设提供了巨大的发展空间（卢凤君等，2020）。

（二）农产品消费升级为农业龙头企业创新增值提供了空间

城乡居民消费结构快速升级加快了农业供给侧结构性改革，推动着

农业龙头企业提质增效。2016—2020年，我国城镇居民人均可支配收入和人均消费支出分别增长了30%和17%，我国农村居民人均可支配收入和人均消费支出分别增长了38%和35%。城乡居民消费结构的快速升级加大了对高品质农产品的需求。从深化供给侧结构性改革的角度出发，农业龙头企业需要由增量发展转向提质发展，这就需要整合全产业链的生产力要素，促进产业链环节之间的融合创新，在生产经营过程中建立起劳动价值、知识价值、信息价值、服务价值、资本价值和心理价值的认同机制，促进资源从生产力较低的领域转移到生产力和产出较高的领域，进而实现产业链整体效率的提升，促进产业链环节之间的减熵增值，实现降低成本和风险，在为消费者创造价值的同时，提升价值链和农业龙头企业的利润空间。

（三）创优求变的内在追求需要农业龙头企业创新领导力发挥更大作用

顺应时代变化的创新发展为农业龙头企业破局解困实现可持续发展带来了很多机会。一方面，宏观层面的深化改革为农业龙头企业创新发展破局解困创造了条件，习近平总书记指出创新是引领发展的第一动力。2021年中央一号文件明确提出要支持龙头企业创新发展、做大做强。这为农业龙头企业对接国家和地方的产业发展规划，谋划区域、全国乃至全球布局，掌握全产业链话语权，构建公平透明、相互依存、竞合生态的供应链治理秩序，通过创优创新为客户创造价值提供了路径。另一方面，农业龙头企业自身求高务远地追求绿色发展、高质量发展也为其创新发展提供了原动力。现代管理学之父德鲁克指出：有系统、有目的且管理良善的创业精神能够带来更多系统性创新，并能更好地满足人类需求，从而创造更多的新机会（德鲁克，2009）。

三 农业龙头企业创新领导力提升面临的挑战

（一）创新发展需破解历史矛盾，对农业龙头企业领导者的综合素质提出了挑战

纵观农业龙头企业发展概貌，目前仍存在产业结构单一、加工程度低、产业链条短、融资难融资贵、数量规模大但经济效益低、研发投入程度低、品牌认证少和经营管理滞后的矛盾与局限（廖永松等，2020）。不少农业龙头企业规模小，利用资金、技术、品牌和管理做大

做强的能力有限，导致其陷入激烈竞争的红海之中打价格战，依靠低价竞争，也压缩了上游生产环节的利润空间，弱化了带农增收致富的能力。要破解上述矛盾，需要农业龙头企业领导者通过创新发挥产业龙头带动作用，提升整合产业链各环节资源的能力，为客户创造更多价值并带动农民就业增收，这对农业龙头企业领导者综合素质提出了挑战。

（二）科技创新需要产学研用融合，对农业龙头企业领导者思维转化提出了挑战

与一般企业相比，农业龙头企业在产学研用深度融合发展方面具有优势。据有关学者调查，超八成的农业龙头企业开展了产学研合作项目；近八成以上农业龙头企业拥有1家以上长期合作的科研机构或高校，但在"用"的关键环节上缺位。产学研与产学研用虽然只有一字之别，但后者更强调应用和用户，突出了产学研必须以企业为主体，以市场为导向。产学研用的合作模式促进了教育链、产业链、科技链、人才链和创新链的融合发展，为科技成果更好地转化为生产力创造了条件。要做到产学研用深度融合，就需要农业龙头企业领导者创新体制机制和合作模式，依托设计策划、创新人才孵化/加速器、知识产权等智力服务业（服务链）为支持保障，最大限度地发挥人力资本乃至智力资本的价值，有效保障科技工作者的利益，形成产学研用合作创新体系的良性循环，这对农业龙头企业领导者的思维转化提出了挑战。

（三）持续创新需要修炼精耕细作，对农业龙头企业领导者的创新能力提出了挑战

不少农业及关联产业是当下众多个人和机构资本投资的热点。随着国家乡村振兴战略的实施以及各种政策红利的引导，阿里巴巴、网易、联想等互联网企业，恒大、万达等房地产企业以及众多金融机构纷纷投资农业。对于这些跨界投资企业来说，投资农业无疑是一种创新之举，但是农业与工业不同，生产的是动植物生命体，而生命体会受到生物规律和自然气候因素的制约，因此，经营农业存在众多意料之外的困难和风险，要求从事农业的企业家具备坚韧持久的人格品质，必须像农夫和园丁一样沉静下来，把注意力放到精耕细作上，而不能追逐短期利益，

从保障国人食品安全的远景出发，以品种、生产、加工等农业产业技术关键环节创新为主，而不只是停留在品味、包装、品牌的市场概念创新上，这对农业龙头企业领导者创新能力提出了新挑战。

第三节 农业龙头企业创新领导力提升方法与策略

农业龙头企业领导者可以借由学习三项创新思维与五项关键行为技能，将其应用于日常工作中，并能适时得到员工、同事、上级的积极反馈，逐步达到系统性提升创新领导力的目的。

一 领导者培养三大思维提升创新思维的方法

（一）积极追求挑战现况

企业外部环境，例如政治、经济、社会、技术、市场、客户等是不断变化的，这些变化往往会为企业带来新的机遇或者威胁，领导者可以借由以下三种方式培养积极支持变化的思维。

1. 养成前瞻性思考的习惯

所谓"前瞻性思考"，就是"预见问题的能力"，指的是对未来事态的发展以及对于自身的生活方式所具备的预判力、决断力以及付诸行动的能力，通俗一点就是人无远虑，必有近忧。培养前瞻性思考的能力，可以从练习挑战现况及追根究底的提问开始，在知识与信息收集的过程中，要勤于总结所知与所得，另外，也要对事态未来发展的方向，练习做出个人的判断与预测，这种反复的提问、信息收集、总结、预测的过程养成习惯后，必然有助于提升个人的前瞻性思考能力。

要将前瞻性思维用于组织的战略发展，可以采取的行动有以下几个方面。

（1）从所处产业的范围内，寻找足以在未来改变产业游戏规则的信息。

（2）从目前所经营事业的传统范围（边界）之外，主动搜寻有用的信息或机会。

（3）经常探索外部环境，主动监看组织周围所发生的事务。

> **专栏 6-1　　伊利集团运用前瞻性思维坚持创新案例**
>
> 在乳业行业中，内蒙古伊利实业集团股份有限公司（以下简称"伊利"）的全球战略布局就体现了前瞻性思维，打造了汇聚全球能量、坚持创新，整合全球优质资源更好地服务消费者的增长引擎。
>
> 伊利在党委书记、董事长潘刚的带领下，通过实施"全球织网"的国际化战略，引领了中国乳业转型升级和深化与全球乳业的合作，有效提升了中国乳业在全球业界的话语权和影响力。伊利携手荷兰瓦赫宁根大学，建设伊利欧洲创新中心；在美洲，伊利与美国顶尖大学、科研机构合作，主导实施"中美食品智慧谷"；在大洋洲，伊利与新西兰林肯大学签署战略合作协议，建设大洋洲创新中心，形成了覆盖全球五大洲的全球创新体系。
>
> 另外，伊利在建立印度尼西亚乳业生产基地，为当地消费者提供更多元化、优质的冰激凌产品选择。潘刚倡导"无创新，不未来"，因此，伊利将创新视作引领发展的第一动力，紧紧围绕国际乳业研发的重点领域，整合海内外研发资源，从全球视角开展全产业链创新合作。全球专利申请总数、发明申请总量在 2020 年世界乳业十强中排名第 3 位。
>
> 资料来源：《伊利以潘刚全球化思维为指引开展全产业链创新合作》，百度网，https://baijiahao.baidu.com/s?id=1728148891038774699&wfr=spider&for=pc.

2. 关注意料之外的事件

德鲁克（2009）在《创新与企业家精神》一书中提到意料之外的事件是创新与创新机会的重要来源。人们有一种倾向，认为岁月长河中持续存在的任何事情一定是正常的，而且将会永远存在。因此，任何与大家所认定的自然法则相互矛盾的事情，常会被视为不合理、不健康，而且是反常的事情。因此，领导者在日常管理中，要特别关注意料之外的事件，讨论发生这些事件背后的根本原因，以及对自己的业务意味着什么，借由不断地扫描这些意外，拥抱可能的变化。雀巢公司就曾遭遇过意外的危机。

> **专栏 6-2　　　　雀巢公司创新案例**
>
> 雀巢公司危机来源于雀巢老化的产品线难以满足喜新厌旧的中国消费者，使以往的"雀巢模式"增长陷入困境。具体表现在两个方面：一是新品推出少。2017 年，雀巢中国区新上了 48 个产品，平均每个品类推出的新品不到 3 个；二是业绩不尽如人意。根据欧睿国际数据，2017 年雀巢速溶咖啡在中国咖啡市场占比下滑，并且受现磨咖啡和即饮咖啡的冲击，比重连年下降。面对危机，雀巢在新任 CEO 马克·施耐德的领导下，经过三年的业务转型，从组织上进行改革，通过创新取得了可喜成绩。
>
> 资料来源：Lena Chan，Anna HU：《雀巢施了什么创新"魔法"，两年内转危为机重获增长？| 专访 CMO 江妮妮》，知乎网，https：//zhuanlan.zhihu.com/p/75399253。

3. 利用发问激发团队打破惯性思维

在日常工作中，领导者利用提问为何？为何不？若是……会怎么样？等问题挑战团队对现有解决方案的做法，激发团队打破惯性思维，勇于创新。

（二）提升承担风险的意愿

面对未来的不确定性，领导者往往会恐惧失败，并且担心失败带来的代价（如名声、职位、金钱与时间成本），领导者可以通过以下方式提高接受风险的意愿。

1. 建立创新孵化机制

领导者应该明智地承担风险，而不是盲目地冒险，因此可以学习风险投资基金的做法，利用创新项目的投资组合来管理不同风险等级的项目以管理整体的风险。并针对成长业务与新兴机会中的项目，依照项目的里程碑与阶段性成果，逐步投入资源，避免一次投入大笔资金造成失败后的大量损失，并且依照可承担风险的原则，设定万一失败的止损点，如投资金额、退出条件等，避免不断的投入最后拖垮了公司。

2. 低成本、快试错，从试错中快速学习

在探索创新过程中，要避免在市场早期阶段过度投入开发大而全的产品、最后造成浪费，领导者可以对客户需求、产品功能、商业模式、创造竞争壁垒、如何规模化发展等进行关键假设，只开发客户愿意付费的最小功能集产品去验证关键假设，并且借由市场的反馈，再逐步优化与提升。

专栏6-3　　网易公司未央猪案例

网易公司未央猪的成功就在于创始人兼CEO丁磊具有面对困难不放弃的创新型人格品质。丁磊于2009年年初在广东省两会上高调宣布网易公司要养猪。一开始，丁磊计划第一批的饲养规模是10000头，但是直到2012年，网易的猪还没有任何消息，2013年有11家媒体曝光网易生猪存栏仅有400头，三位负责人有两位已经离开，一时间，丁磊受到外界的嘲笑，但他没有放弃，继续养猪。

丁磊养猪的方式和一般养猪户的养猪方式不一样，他是"用养人的方法养猪"，利用最先进的黑科技解决传统养猪脏乱差的问题，让猪每天睡在公寓里，上厕所用的是马桶，没有喂任何激素，吃的是独家的饲料，猪场里还放着各种音乐，用黑科技监控着猪的一举一动。丁磊还给这些猪取了一个好听的名字，叫"未央猪"。

2015年12月，借世界互联网大会的契机，丁磊拿出"丁家猪"在乌镇"宴请"马化腾、张磊、张朝阳等科技大佬。2019年，

第六章　农业龙头企业创新领导力

网易宣布与绍兴市政府举办合作签约仪式，网易的第三家养猪场准备落户于此，在此之前，网易在浙江安吉和江西高安的两家养猪场已经投入使用。如今，丁磊养猪一发不可收拾，规模已经越来越大。

资料来源：松果财经：《让"猪场"名副其实的网易味央，是如何玩转"互联网+养猪"？》，百度新闻网，https：//baijiahao.baidu.com/s? id = 1705968988863935438&wfr = spider&for = pc.

（三）营造包容失败的氛围

面对创新带来的不确定性，员工往往也会恐惧失败，并且担心失败带来的代价（如名声、职位、金钱与时间成本），领导者可以通过以下方式营造包容失败的氛围，创造安全的创新试验舞台。

1. 营造一种有心理安全感的环境

埃德加·沙因（2011）在《组织文化与领导力》中建议，领导者可以通过八项活动为组织成员创建心理安全感：一是一个令人信服的、积极的愿景。二是正式培训。三是学习参与。四是相关"家族"群体和团队的非正式培训。五是演练场、训练和反馈。六是正面的行为榜样。七是鼓励团队交流和讨论学习中遇到的问题。八是与新的思维和工作方式一致的系统和结构。

专栏 6-4　杂交水稻团队坚持创新案例

已故的"杂交水稻之父"袁隆平院士无疑就是一个行为榜样。袁隆平曾坦言水稻研发失败多成功少。当成功与失败相伴而来时，袁隆平听到的不只是赞赏和肯定，还有反对甚至是偏见。对于这种情况，袁隆平从来不争辩，更不会利用自己在水稻研究领域的国际地位而诉诸权威，而是宽容面对，用科学事实和成就服人。曾经有反对袁隆平的人被事实征服后想加入他的研究团队，只要对方有实力，他就会欢迎并给予专项经费支持，让对方对他钦佩不已。正是有袁隆平这样的榜样，在国家杂交水稻工程技术中心这样一个宽容的环境里，研发团队迸发出强大的创造力，最终创造出举世瞩目的成绩。

资料来源：《袁隆平的凡人世界》，腾讯新闻网，https://view.inews.qq.com/k/20210604A00OIH00?，web_channel=wap&openApp=false&f=newdc。

2. 创造安全的创新试验舞台

在日常的经营预算中，保留部分资金与资源，有意识地借由创业创新大赛、创新创业训练营、组建独立的创新项目团队等方式让员工可以尝试应用新思维与新技能进行创新探索，并且不用担心因为失败而带来的损失。当有了良好结果后，再逐步扩大探索的规模，投入更多资源，成立专门部门去推动业务增长。伊利2018年在青岛大学举办的"伊利畅轻"创新杯营销大赛，通过与学校合作的方式，既建立起营销大赛这种特销渠道，又为企业培养了复合型营销人才，同时还为企业带来了更多的销售方法，实现了一石三鸟的多赢效果。

二　领导者培养五大技能提升创新能力的策略

（一）善于"观察"内外部环境变化

当内部或外部环境发生变化对组织可能会带来新机遇或者威胁时，领导者应该多关注这些变化，并且随时调整公司的战略与行动去拥抱这些变化。领导者可以通过以下手段培养观察内外部环境变化的能力。

1. 观察并评估宏观趋势变化对企业业务的影响

领导者要观察宏观趋势变化，并且定期评估这些变化对于企业业务的影响，常见的宏观趋势要素包括以下几个方面。

（1）政治要素，指对企业经营活动具有一定制约作用的相关政治、法律与规定，如国际政治、国家发展规划、税务相关优惠、劳工相关法律、环保相关法律等。

（2）经济要素，指影响企业生存和发展的社会经济状况和经济政策，如工资政策、失业率、经济成长率、利率、汇率、能源供应状况与成本、通货膨胀率等。

（3）社会文化要素，指企业所处国家或地区的人口结构、社会风俗与习惯、信仰与价值观、行为规范、生活方式，如劳动人口成长率、年龄分布、出生率、生活方式的改变、家庭形成的速度等。

（4）技术要素，指企业所在国家或地区的技术水平、技术体制、技术政策或技术发展趋势，技术会带来运营效率的提升或者带来新的客户体验。例如，出现新兴科学与技术带来新的产品或商业模式，相关政策鼓励新的技术发展方向，新的技术应用场景或者改变人类的生产与生活方式等。

2. 从访谈、观察、分析客户中找到创新的机会

领导者可以亲自访谈与观察客户，从客户的言行中发现未被满足的需求或者目前使用产品与服务的痛点，从中找到创新的机会。

（1）离开办公室、离开抽象的报告数据，走进客户的工作环境中访谈客户，了解他们有哪些需求没有得到满足，在使用产品与服务的过程中有没有痛点，观察客户使用产品与服务过程中的行为有哪些让自己感到意外，客户行为和想象的有什么不同，为什么有这些不同等。

（2）在真实的环境中观察客户，尤其是不熟悉的客户群体。试着了解他们喜欢什么，讨厌什么，尝试挖掘那些让他们的生活更容易或更困难的事情，并思考可能的解决方案。

3. 跨行业寻找新的启发

跨行业寻找新的启发，拜访另外几家企业，检视它们的战略、商业模式、运营模式、产品、流程与服务，学习它们的新做法。在参访过程中问自己：它们的哪些做法适合我们企业或业务，有没有什么做法可以直接转移或经过一些调整后应用在本企业或行业里。在跨行业寻找启发的时候，所选行业与自身企业的跨度越大越好，越容易激发自己跳脱原本的惯性思维，找到全新的做法。

专栏 6-5　　　塔塔集团寻找新启发案例

1995 年，印度塔塔集团决定进入汽车行业，主打高端汽车，但最初几年成绩不佳。后来，塔塔集团董事长拉丹·塔塔的一次

用户观察改变了塔塔集团汽车业务的战略。2003年的一天，拉丹·塔塔在街头看到一个男子骑着一辆女式摩托车，冒着大雨，带着妻子和两个孩子在车流中穿梭，非常危险。拉丹·塔塔从这个观察中想到，能不能设计一款价廉的"老百姓汽车"。他于是组织了一些工程师，请他们设计一款低成本的四轮汽车。经过几年努力，塔塔集团成功推出了纳努（Nano）汽车。车内没有空调系统，没有助力转向，没有收音机和副驾一侧的反光镜，没有防侧撞保护横梁、保险杠，轮胎中没有内胎，有一个雨刮器，配备了一个油度表、车速表和加油灯。但纳努汽车有一个优点，就是全球最低价，基本款卖2500美元，只相当于QQ汽车的一半价钱。这个把产品低价做到极致的策略，正是拉丹·塔塔在雨中观察得到的。

资料来源：［美］杰夫·戴尔等著：《创新者的基因》，曾佳宁译，中信出版社2013年版。

（二）利用"发问"激发团队思考

发问是教练型领导者的重要技能，利用发问激发团队对现有问题与解决方案进行打破常规的思考，用团队的力量去获得不同的观点与方案，往往会比只有领导一个人寻找更加高效。领导者可以利用表6-4中的四个步骤更好地进行发问。

表6-4　　　　领导者发问激发团队思考的步骤和问题清单

步骤	发问举例
1. 澄清事实	发问方向：面对创新课题，多问"谁、什么、何时、何处、为什么、如何"等开放式问题，以获得更多信息。 问题清单： 1. 这个课题的背景是什么？ 2. 有哪些人与课题相关？他们的观点是什么？ 3. 发生什么事情？能给一个具体的例子吗？ 4. 这个课题影响到哪些人？他们是如何受到影响的？ 5. 要达成的目标是什么？达到目标遇到了什么障碍？

续表

步骤	发问举例
2. 挑战现况	发问方向：遇到问题至少询问"五次为什么"，去挖掘问题表面之下的本质或根本原因，并找出创新解决方案。 问题清单： 1. 这件事情为什么会发生？ 2. 为什么这个目标很重要？ 3. 障碍发生的背后原因是什么？ 发问方向：提出"为什么不"，挖掘达成目标可能的障碍。 问题清单： 1. 为什么不尝试另一种方案？ 2. 这些选项中，为什么不这样选择？ 3. 不这么做，考虑的原因是什么？
3. 激发思考	发问方向：针对公司的产品、服务、流程或者商业模式，借由"如果……会怎么样"提问激发所有人进行突破框架的思考。 问题清单： 1. 如果产品进入毛利率低的低端市场会怎么样？如果不用人来传递亲切的服务会怎么样？ 2. 如果改变了现在的流程步骤会怎么样？ 3. 如果不采取现有的营利模式会怎么样？ 发问方向：在提问中刻意加入限制条件，迫使人们在限制的束缚下思考，从而激发意想不到的点子。 问题清单： 1. 若法律限制销售现有产品给现有客户，那明年如何赚钱？ 2. 若营销预算只有目前的30%，产品、服务或营销方式必须做出什么样的改变？ 3. 若经由一般规模的零售店来销售少量、只有自己公司品牌的产品会怎么样？
4. 促进行动	发问方向：在谈话结束前，一定要借由发问"如何做"来推动行动落地。 问题清单： 1. 将采取什么行动呢？ 2. 会如何做？ 3. 还有别的可能性吗？ 4. 什么时候采取行动？ 5. 需要什么资源与支持？

宝丽来（Polaroid）的创始人之一埃德温·兰德（Edwin Land）的经历就是一个很好的例子。

> **专栏 6-6　　宝丽来利用发问创新案例**
>
> 在一次和家人度假的时候，兰德给 3 岁的女儿拍了一张照片。小女儿很想知道，为什么不能马上就看到自己的照片。像大多数那个年纪的孩子一样，她问了好几次。为什么她不能马上就看到照片呢？这个简单的问题让照相乳胶专家兰德开始深入思考有没有可能发明一种"即时"成像技术？要实现即时成像，需要什么？仅仅几个小时后，这位科学家就有了几个基本的想法。这些想法随之催生了拍立得照片。这一产品给他的公司带来了翻天覆地的变化，打破了行业的陈规。他女儿天真的想法挑战了行业的成见，刷新了兰德的技术知识，最终形成了一款革命性的产品——宝丽来照相机。这一改变行业的照相机在 1946—1986 年风行一时，最终卖出了 1.5 亿台。
>
> 资料来源：［美］杰夫·戴尔等著：《创新者的基因》，曾佳宁译，中信出版社 2013 年版。

（三）广泛"社交"拓展认知范围

领导者借由向企业外寻找认识背景和观点不同的人，目的是学习新的知识，获得新观点，或者检验正在构思中的点子。

1. 与不同领域的专家交流

与来自不同行业或地理区域的从事不同职业的专家进行交叉培训，或旁听他们的培训课程和会议，体验他们的工作和世界。每年选择一个与自己专业领域主题相关的会议，以及一个主题与自己的专业领域没有明显直接联系的会议。与不同背景的人交谈，利用这个机会结识新朋友，了解他们所面临的问题，询问他们对自己所面临问题的看法。

2. 参与创意导向的活动

在不同的创意导向活动中，快速获得跨领域的新知识、新观点，从中获得新启发，比如参加 TED 科技、娱乐与设计相关的分享，甲子光年、一刻 Talks、一席等。在这些活动中常常能遇到与自己不同背景的人，他们拥有自己领域的独特思想与见解，也许在不经意之中，自己就能从中获得以前没有想过的新观点。

3. 建立自己的智囊团

有意识地建立一个由 8—10 人组成的"新想法"收集和测试网络，抛出新点子，并且获得他们的反馈；加入自己所在地区的创意社群（如艺术家、作家、音乐家等），从那里收集新的见解和想法；或者利用企业家私董会、商学院校友会等外脑，来帮助自己识别思维的盲点，并对自己面临的创新挑战出谋划策。

（四）借由"实验"验证新想法

新点子的背后往往充满着未被验证的假设，因此领导者需要借由科学实验的方法，系统性地去验证关键假设。以下是几种常见的培养实验能力的方法。

1. 拆解市场上已有产品、服务、流程或商业模式

将自己感兴趣的产品、服务流程或者工艺过程进行拆解，然后将其重新组装，同时尝试设想一种重新配置产品、流程或过程的新方法，以便在某些方面改进它。如果可能的话，建立一个新产品、流程或过程的雏形，并"试验"它以获得外界的反馈。例如，雀巢通过内部创新，推出新的创新流程 I&P，把过去 6—8 个月的创新产品流程浓缩到 4 天。也就是第一天地毯式背景搜索、头脑风暴，第二天大家齐心协力想方案，产生上百个概念，第三天 R&D 将概念产品实体化，第四天消费者试反馈。最终结果是，雀巢实现创新加速度，2018 年在中国推出 68 个新品，比 2017 年翻了一番。

2. 尝试新体验

找出世界上两个自己认为和现在居住地最不同的地方，选择其中一个，在当地住上一段时间，准备好从完全不同的角度去体验和看待事物，寻求新的体验，探索当地人的历史、"真实故事"、社会交往模式、产品技术、建筑细节、景观、出行方式等。通过阅读识别新趋势的书籍、文章、杂志、网络、社交媒体等，积极寻找识别新趋势的方法，想想这些趋势会怎样导致一个新产品或服务。每到一个新国家，通过参加新的活动来探索这个国家，比如漂流、滑雪、骑马等娱乐活动，加入俱

乐部或专业协会等社交或专业活动，或观看电影、戏剧或参观博物馆等文化活动。当尝试这些新事物时，至少问自己 10 个开放式的问题，例如，这是什么？为什么会发生这些事情？什么让自己感到有趣？帮助自己从经历中获得新的发现。

3. 对于新的想法进行实验

爱迪生说过"我并未失败，只是发现了一万种行不通的做法"。商业领域的创新者跟爱迪生一样，积极通过打造原型、实验与试点等多种方式来尝试新点子，在大规模资源投入之前，进行大胆假设、小心求证，快速验证假设，避免因为错误的假设而造成创新的失败。

（五）培养"联想思考"获取新点子

利用联想思考方法将通过观察、发问、社交与实验所获得的各种经验联结起来，最终得到跟以往不同的新点子。领导者可以通过以下策略培养联想思考的能力。

1. 创造奇特的组合

创新者常尝试把看似不相干的点子凑合起来，得出意外的成功组合。他们经常在想"如果把这个跟那个结合起来会如何呢"或是"如果将 A、B、C 和 D 结合起来又会如何"。日本软银董事长孙正义在美国伯克利大学和许多同学一样也要勤工俭学，但他不想靠刷盘子挣钱，而是靠"发明"挣取生活费用。孙正义搞"发明"有他奇特的一面：从字典里随意找三个名词，然后想办法把这三样东西组合成一个新东西。每天他给自己五分钟来做这件事情，做不出来就拉倒。一年下来，竟然有 250 多项"发明"。在这些"发明"里，最重要的是"可以发声的多国语言翻译机"。它是从字典、声音合成器和计算机这三个单词组合而来的，这让他做出了一台翻译机。而这台机器让夏普看到了未来，给了孙正义 1 亿日元。[①]

2. 近察与远观

创新者经常展现同时做两件事的能力。他们深入了解特定客户的特征、需求与痛点，同时又站在行业、企业或场景的高度去远观

---

① 《用一台翻译机挑战世界的日本首富——软银集团董事长孙正义》，https://www.sohu.com/a/210925897_638049.

这些细节如何融入更大的整体中。美国苹果公司创始人史蒂夫·乔布斯在设计麦金塔电脑Apple Ⅱ时，他的团队苦思合适的外壳造型，乔布斯到百货公司，贴近观察各种家电的外壳造型与细节，终于从美膳雅食物料理机获得造型的灵感，并应用在麦金塔电脑的设计中。乔布斯也擅长远观，看出令人意想不到的跨界交集，领导皮克斯动画工作室十多年的时间，让他能够透视整个媒体产业。当他重回苹果公司后，他过去的经验帮助他为线上音乐下载渠道找到了新的解决方案，而这是其他电脑公司和MP3播放器公司的领导者没能想出的解决方案。

3. 建立点子百宝箱

从世界各地收集各种奇特、有趣的东西，像模型飞机、机器人、高科技小机器、精巧玩具、旅行时的纪念品、不同民族的特色物品等，当碰到问题或机会时，可以从百宝箱中随机取出一些物品把玩，有助于激发联想和灵感。平常要注意从不同的人、生活环境、公司或行业等不同源头中收集新点子，并记录在笔记本中，当需要新点子的时候，翻阅笔记本，尝试以新的方式重新组合收集到的点子，以产生新的灵感。

伟大的创新型企业家华特·迪士尼（Walt Disney）曾经说，在自己创立的公司里，他的角色就是创新催化剂。这个比喻的意思是，虽然那些精彩的动画电影并不是出于他一人之手，迪士尼乐园雄伟的马特峰也不是他亲自建成的，但他确实是将想法汇聚到了一起，从而激发了公司员工的创新见解。

专栏6-7　　　　迪士尼乐园汇聚创新点子案例

一天，一个小男孩好奇地询问迪士尼的工作。迪士尼后来绘声绘色地回忆了他们的谈话："有一次一个小男孩问我，'你画米老鼠吗？'我被问住了，只能承认我现在已经不画画儿了。他又问我，'那些笑话和点子都是你想的吗？'我说，'不，不是我想的。'后来，他看着我说，'迪士尼先生，那你的工作到底是什么？'我说，'我觉得我就像一只小蜜蜂，在工作室里飞来飞去收集花粉，然后用之激发所有的人。'我想，这就是我的工作。"其实，迪士尼激发的不只是别人的想法。当他置身于他人经验的交错地带时，他实际上也在激发自己的想法。时间一长，他在联想思考中形成的见解逐渐改变了娱乐业的面貌。这些见解包括一系列的行业首创，如将动画拍成常规时长的电影，以及为游乐园赋予主题等。

资料来源：[美] 杰夫·戴尔等著：《创新者的基因》，曾佳宁译，中信出版社 2013 年版。

三　农业龙头企业创新领导力提升案例分析

（一）创新型领导匠心打造和利美产品

动物营养学博士尚秀国——北京和利美生物科技有限公司（以下简称和利美）的创始人，是国内外知名的实践型营养学专家，被誉为"中国十大最具创新力营养师"。尚秀国引领和利美团队研讨新技术、创造新产品的思想言行充分体现了创新型领导者的基本素质。

1. 愿景指引攻坚克难、促进健康发展

作为和利美领导团队的领头人，尚秀国对和利美的未来有明确的指引性愿景。他非常清楚自己事业上和生活中想要做什么。在事业上，他立志于用国际最先进的技术制造出适合中国特色的饲料。他率领技术团队以"桥式营养"为核心、"印迹技术"为依据，研发出国内首项"羊水味"饲料新技术。在生活中，他喜欢读书和听音乐，他通过读书学习提升自己，通过听古典音乐让自己放松下来，静静地思考问题。

他知道在遇到挫折甚至是挫败时坚持下去的优势是什么。做企业是一个不断突破"瓶颈"的过程，因此，他把修炼心胸当作克服困难的法宝。他认为在企业发展过程中会遇到各种各样的问题和困难，重要的是要处理好老员工的离职问题和企业技术的不断升级与创新问题。对于老员工的离职，他把人员的流动看作是企业发展过程中很正常的事情，能够做到耐心地处理老员工的离职安排，并且愿意让渡自己的利益，从而为企业带来了良好的口碑。面对技术升级和创新，他始终抱着一种开放的心态，不断引进和转化外来的先进技术和理念，从而使企业持续健康发展。

2. 激情感召献身行业、成就匠心产品

尚秀国对于农牧饲料行业有着特殊的情感，将其视为自己永远为之奋斗不息的事业。他不仅自己身体力行，而且还用自己的热情影响着进入饲料行业的年轻人。他指出："从事畜牧饲料行业的人确实比较苦、也比较累，对于广大从业者，特别是初涉此行业的年轻人，必须要做好吃苦受累的心理准备。中国人常说，干一行就要爱一行。当我们在某一个行业内投入越多的时候，就会发自内心地喜爱它，并且越来越感兴趣，而这种兴趣的培养与累积会支撑着我们越干越好。"

尚秀国对事业的激情还体现在他对于创新的务实态度。他提出真正的创新不是在创新本身，而是工匠精神。为保证做出高质量的教槽料，他带领和利美坚持选择优质原料、使用国际最先进的技术，在研发过程中他充分考虑到生猪养殖跌破成本线的现状，思考帮助猪场和养殖户降低成本的技术，成功研制出替代豆粕的薯蛋白技术，通过价值塑造保证了公司及下游利益相关方的良性发展。

3. 好奇促就全新标准、助力产业发展

为服务好饲料企业和规模化猪场，尚秀国坚持下市场，走终端，向有经验的人请教。为紧跟国际先进技术趋势，他注重对外交流，引进国外先进技术。他发现多数中小型饲料企业产品质量常出现这样或那样的问题，根源并不都是饲料配方出了问题，而是在原料控制、生产工艺等方面有缺陷。为此，他带领团队提出了饲料行业的一项全新品控标准——"九严品控"，这项行业技术标准助推了教槽料步入"创新化"时代。

他注重实践应用，强调结果落地。尚秀国及其团队于2011年创造性提出"系统营养，集成服务"理念，在猪营养与饲料配方设计、猪料产品创新、饲料品质控制、仔猪营养系统方案、顶层设计等方面独树一帜，为国内200多家饲料企业和规模化猪场提供技术支持，更好、更广泛地满足农牧业消费者的需要。

4. 勇气激发创业投资、立志世界第一

2008年，尚秀国离开上一家企业，在回学校当教师和创业之间，他没有选择回学校，而是牵头和好兄弟一起共同创业，这个选择的背后除了深厚的兄弟感情和相同的理念外，还有着一份不惧艰险的勇气。2012年，他发现单纯给中小企业做技术服务，不能把核心料的技术标准指导落实到位，于是他决定参与饲料生产。他认为教槽料肯定会有市场，即使在企业没有场地的情况下，也冒险租用厂房生产经营。经过不断摸索，终于在2018年生产出了高质量的教槽料，很快试销成功并形成了自己的商业模式。

经过十二年的持续发展，尚秀国带领着和利美人"立志打造世界第一教槽料品牌"，致力于通过国际最先进的饲料技术以及交叉学科领域技术的综合应用，研发出适合中国乃至世界的幼龄动物特色饲料，发挥遗传潜能，最大限度提高生长速率，不断创造饲料行业"塑造价值"的奇迹。

（二）创新思维引航峪口禽业跨越式发展

国家重点农业龙头企业北京市华都峪口禽业有限责任公司（以下简称峪口禽业）之所以能成为中国畜牧行业"自主育种"代言人，而且跃居世界三大家禽育种公司之列，主要是峪口禽业董事长孙皓始终站在行业前沿，运用创新思维，推行创新性行动，成功实现跨越式高质量发展。

1. 挑战现状推动三次跨越

峪口禽业的前身是峪口鸡场，于1979年建成投产，成立之初是为了解决北京市"吃蛋难"问题，属于北京市"菜篮子工程"项目之一。在40多年的发展过程中，峪口禽业经历了三次战略转型升级：第一次是由商品蛋鸡饲养向蛋种鸡企业转型；第二次是从国外引种向自主育种转型；第三次是由自主育种向以育种为核心的全产业链运营转型。峪口禽业每次战略转型升级成功，都得益于董事长孙皓前瞻思考行业问题，敢于挑战现状、推动大胆创新，最终实现行业引领。

峪口禽业前两次转型是为了冲破国内蛋鸡业育种渐渐步入"重引种、轻育种"的恶性循环这一不利局面。峪口禽业1998年实施"退一进三"战略（"退出蛋鸡，进军种鸡、饲料、食品"行业），开始向着高技术含量的产业链上游发展，并着手准备新品种培育工作。2008年年底，峪口禽业宣布与合作18年的美国海兰公司终止合作，2009年3月，峪口禽业便推出了自主培育的"京红1号""京粉1号"蛋鸡新品种，并出人意料地取得了首年推广1亿只的佳绩。第三次转型是为了打破中国养鸡行业"吃行情饭、赚行情钱"的行业铁律，为此峪口禽业2013年开始在北京平谷尝试开启流动蛋鸡超市建设，对蛋种鸡产业链下游蛋鸡养殖户的售前售后服务进行了重新定义，开始了以客户需求为导向，以流动蛋鸡超市为主体，以生产供应为保障的全新商业模式。

2. 勇担风险撬动发展杠杆

峪口禽业转型成功的背后反映着创新型领导者承担风险的勇气。20世纪90年代，在企业经营困难、面临倒闭的关头，新上任的领导班子做出了一个大胆而又艰难的"退一进三"产业结构调整战略。作为这一战略的主要决策者，峪口禽业董事长孙皓对公司这"惊心动魄的一跃"记忆犹新。他认为，那是建场以来最艰难的时候，最难时企业账面资金不足50万元。但凭借与峪口禽业共生共存的情感，领导班子带领广大干部职工团结协作，共渡难关。"8小时以内比干劲，8小时以外比贡献"，历经一年零三个月的艰苦奋战，终于完成了30多万只蛋鸡的转售、鸡舍的改造、设备的改装等工作，企业顺利转型"种鸡"。在实现"退一进三"战略实施的当年，企业盈利300多万元，不仅确保了600名在岗职工的家庭幸福，而且带领中国4万家（户）蛋鸡养殖户走上发家致富的康庄大道。而这"惊心动魄的一跃"的成功体验，又坚定了峪口禽业以后转型升级的勇气和信心，撬动了创新驱动的可持续发展。

3. 提供平台成就创新英才

董事长孙皓胸怀宽广，能容得下所有人，只要有能力、肯干，就给平台、给机会，让人才充分施展才华。峪口禽业研究院院长吴桂琴就是被峪口禽业成就的创新英才的代表。吴桂琴的本硕博都是在中国农业大学完成的，博士期间，她曾经在美国海兰公司实习过，毕业后她选择了到峪口禽业工作。那时，峪口禽业与海兰公司正因种鸡供应关系出现摩擦，有过海兰实习经历的吴桂琴加入峪口禽业让海兰公司大为恼怒，谈判失败，产品供应链断裂。峪口禽业由此决定加快自主培育的步骤，为吴桂琴提供了素材、团队和场地支持，使她和团队在较短的时间成功实现了自主育种。2012年峪口禽业成立了研究院，下设10个功能研究室和5个创新团队，形成包括博、研、本的二百多人的研发团队。峪口禽业还与科研院校合作，投资200万元建立了现代化育种实验室，引进先进仪器设备。

强大的科研队伍和研发实力成就了峪口禽业"自主育种"代言人的美誉。峪口禽业在家禽育种方面成绩斐然：2009年公布自主培育出"京红1号""京粉1号"白羽蛋鸡配套系，使峪口禽业突破了国外公司的"卡脖子"困境；2016年首度推出我国第一个拥有自主知识产权的白羽肉鸡品种"小优鸡WOD168"，填补了国内自主培育白羽肉鸡品种的空白；2019年中国"京红6号"蛋鸡品种获得国家认证，彰显了我国蛋鸡育种达到国际先进水平。

（三）创新能力成就螺霸王食品茁壮成长

广西螺霸王食品有限公司（以下简称"螺霸王"）是柳州市农业产业化重点龙头企业，是一家以研究、开发、生产及销售柳州预包装螺蛳粉、螺蛳鸭脚煲的全面型食品企业。短短七年，"螺霸王"年产值达7亿元，产品畅销海内外，堪称螺蛳粉界的老干妈，成为行业的佼佼者。"螺霸王"的茁壮成长就是一个企业家应用创新能力成功的典型案例。

1. 社交引动创业起步

"螺霸王"总经理姚炳阳在一次访谈中提到，企业是在"一拍即合"的情况下诞生的。"螺霸王"董事长姚汉霖，原本是做茶叶生意的，后转型做卤鸡爪，因为效益不好准备转手厂房，经人介绍认识了一位做螺蛳粉生意的朋友。在各自分享了经营理念和想法后，两人一拍即合，在2015年正式成立广西螺霸王食品有限公司。

2. 联想思考启发首创

丰富的生活经验引发姚汉霖突破壁垒的灵感。他从经营茶叶的经历中得到启发，率先应用茶叶称重机的原理来包装花生，经不断改进设备后投入生产。他首先提出以280克作为预包装螺蛳粉的重量标准，被行业作为标准袋装产量沿用至今。他跨行业首家引进汤料分装机，改变了行业手工分装模式，产能由5包/分钟升级到60包/分钟，提升了

11 倍。

3. 观察引领产品差异

柳州人吃粉爱加卤蛋，姚汉霖就在螺蛳粉里加入鹌鹑蛋，成为柳州首个加两颗卤鹌鹑蛋的预包装螺蛳粉品牌，而后被争先效仿，沿用至今。除此以外，他不断尝试将新的配料加进螺蛳粉产品中、研发冲泡型螺蛳粉等以满足变化中的消费者口味。螺霸王的几项拳头产品，从经典版螺蛳粉加鹌鹑蛋，到麻辣味螺蛳粉、番茄味螺蛳粉等，螺霸王创新不断，新品不断。

4. 实验造就核心能力

为实现螺蛳粉工业化生产，姚汉霖在试错中交了巨额学费。为了提升品质和产能，2017 年，他斥资 800 万元外购柳州第一台全自动化米粉生产线。开始时他非常乐观，但事与愿违，这条全自动生产线只有 78% 的成品率，生产效率不高，造成很大经济损失。直到 2018 年 5 月，姚汉霖在研发中不断摸索，终于完成对挤丝机、老化房、烘干房等设备改造升级，第一条全自动米粉生产线建设投产，米粉产能由原来的 3 吨/天提高到 12 吨/天，成品率达 90% 以上，而且品质远远超过原来用 800 万元买来的全自动生产线。

5. 发问成就海外市场

2015 年，在广州交易会上，姚汉霖率领"螺霸王"团队出征，发现了"螺霸王"螺蛳粉更广阔的市场。姚汉霖经常到国内外"征战"各种展会，立志把"螺霸王"螺蛳粉卖到海外去。这就需要"螺霸王"具备出口食品资质。然而，由于螺蛳粉涉及的配料多，程序复杂，申请出口备案很难。姚汉霖迎难而上，为拿到企业撬开国际市场的"金钥匙"，做了大量的准备工作。"螺霸王"成立产品研发部，与中国农业科学院开展长期技术合作，先后邀请中国检验集团广西公司等专业培训机构对员工进行培训指导，按照出口食品生产企业卫生规范要求开展生产，通过自主研发和对外合作相结合的方式完成一项项科研突破。经过半年的努力，2016 年 10 月 14 日，姚汉霖终于获得出口备案证书，成为广西首家获得出口资质的螺蛳粉企业。继打开美国、泰国、菲律宾等多个国家和地区市场后，2017 年 6 月，"螺霸王"又成功进军欧洲。

第七章

农业龙头企业逆境领导力

农业龙头企业是一个具有生命周期的有机组织,在经营过程中会经历各类逆境。认识、预防、抵御到战胜逆境,促使企业逆势成长是企业领导者的责任,也是新时代企业领导人必备的一种能力,总体上看,农业龙头企业领导者对逆境有积极的心理准备,也有很多突破逆境的办法,但不可忽视的事实是,很多农业龙头企业领导缺乏对企业逆境的系统思考和谋划,也没有科学的理论指导和有效的应对工具。面对充满挑战和不断变化的 VUCA 时代,需要培养企业领导者逆境思维能力,打造逆商高、韧性强的企业组织。

第一节 农业龙头企业逆境领导力概念与内涵

"没有伤痕累累,哪来皮糙肉厚,英雄自古多磨难。回头看,崎岖坎坷;向前看,永不言弃。"商业领袖华为的逆境宣言表明了一家优秀企业对待逆境的态度。逆境与顺境,都是企业持续一段时间的经营状态,二者相对存在、相互交替、不断轮换。逆境不稀有,顺境不常在。衡量一个企业成功的标志,不是看它们登到顶峰的高度,而是看它们跌到低谷的反弹力。

一 逆境和逆商

(一) 逆境的定义

20 世纪 90 年代,美国著名学者、曾是白宫商业顾问的保罗·史托兹(Paul G. Stoltz)关于逆境的定义最受关注。史托兹认为,逆境,也称为环境胁迫（Environmental Stress），是指人们预测的或是亲身经历的，对自己所在意的人或事产生负面影响的各种因素的总称。

无论是个人、团队还是企业、社会，在成长和发展过程中都可能遭受各种挫折、困难和危机，逆境和困难经常容易被混淆，但它们有着本质的不同。其差别在于，困难是阻止人们前进，是一种单纯的阻碍。而逆境不仅仅是阻碍人们前进，更有反向的推动。如果把一件事比作走路，困难是坎坷路上的石头，而逆境则是迎面的狂风。正所谓，"逆水行舟，不进则退"。

（二）逆境的表现

逆境对任何个人、企业或组织而言都是一种挑战。逆境时，成功的能力会受到前进道路上各种因素的影响，人们对成功的理解不再仅仅是达到、获得和胜利。在充满挑战和不断变化的 VUCA 时代，逆境的范围从轻微的难题、挫折、挑战扩大到重大挫折甚至是灾难。无论我们如何高效地应对这些挑战，逆境的强度、频率和规模依然会继续增加。在逆商理念的开创者史托兹看来，可以从社会、职场和个人三个逆境层次描绘人们在生活中所面临的各种挑战。逆境是生活的常态，主要表现在以下几个方面。

1. 社会逆境

新冠疫情，逆全球化，局部冲突，中美贸易摩擦……人们生产生活的外在环境正在发生急剧变化。经济不景气，失业人数增加，各种不确定性使很多人备感压力和焦虑，而绝大多数企业和组织都没有办法准确地判断各种危机事件的起因和影响度，人们都处在无可预知的社会逆境中。

2. 职场逆境

"职场唯一的不变就是一直在变"，科技进步，社会竞争加剧，人们所追求的稳定就业和收入的经济安全感正在弱化。每个人都感受到了职业内卷的威胁。一场突如其来的舆论就可以摧毁企业多年的苦心经营；流程改造、组织调整、业务变更，劳动者随时都要准备好自谋职业。

3. 个人逆境

个人逆境位于逆境底层，个人要承担三层压力的重负。每个人都会随时身处逆境，包括商业领袖、企业家、教师、专业人士、父母和青少年等，大多数人平均每天都要面临几十个不同的逆境，例如停车场爆满、航班延误、策划案被毙掉、待办事项增加、客户跑单、绩效完不成、孩子突然生病等。史托兹研究发现，在美国，六岁的孩子每天笑300次，而成年人平均每天只笑17次。成年人背负生活的重担，没有一天是容易的，很多人心感麻木，觉得生活没什么可开心的。

面对逆境，需要人们积极应对，提升逆商。

（三）逆商

1. 逆商的定义

与逆境相伴而生的概念是逆商（Adversity Quotients，AQ），是衡量在挫折面前解决麻烦、超越困难承受力的指标，反映了人们面对逆境和挫折时的心理状态和应变能力。

史托兹从掌控感（Control）、担当力（Ownership）、影响度（Reach）、持续性（Endurance）四个维度描述逆商（CORE），并且提出了使用LEAD工具来帮助人们提高逆商（L=Listen，倾听自己的逆境反应；E=Explore，探究自己对结果的担当；A=Analyze，分析证据；D=Do，做点事情）。

2. 逆商的四个维度

（1）控制感。指人们对周围环境的信念控制能力。面对逆境或不顺时，控制感不同的人有不同的人生观和世界观。控制感弱的人相信"命运"；控制感强的人则相信事在人为，会凭借自己的能力主动地改变所处的环境，即使身处绝境，始终相信有办法应对，而一切的希望和行动由此而生。

（2）担当力。指人们在多大程度上担起责任，改善现状，不管陷入逆境的起因是内在的还是外在的。低逆商者常把所处的逆境归于外在因素，不愿意担负责任，不愿意采取行动进行改变，而高逆商者能辩证地认识到自己陷入逆境的原因，善于总结经验教训，敢于承担责任，采取行动。

（3）影响度。指人们对逆境的负面影响涉及范围大小的看法。高逆商者一般能将在某一范围内陷入逆境所带来的负面影响仅限于逆境这一事件范围内，而不是扩大到生活中的其他领域，而低逆商者常把一件坏事情看得过于严重，将逆境事件的影响范围扩大化，小题大做，影响到应有的判断力和行动力。

（4）持续性。指逆境持续的时间以及产生逆境的原因要持续多久。高逆商者将逆境看成是短暂性的，并且把造成逆境的原因归于短暂性因素，而低逆商者常常把造成逆境的原因归于永久性或持久性因素。

（四）逆商与逆境

逆境如水，逆商如舟。在日常生活中，每个人都有意识或无意识地在应用"逆商"。逆商不仅是一个概念，而且是一种新的知识框架、测量方法和实践工具，得到了认知心理学、心理神经免疫学和神经生理学三大科学体系的支撑，正被广泛应用于改进和提升个人、组织和企业的抗逆力。

研究表明，逆商是个人和组织具有稳定性但可以习得提升的特质。面对逆境时，可以进行逆商测试，以此衡量个体和组织在面对逆境时的应变和适应能力，并根据具体情况提出相应的改进措施。作为衡量个体和组织忍受逆境、战胜逆境的特质标准，逆商的高低直接关系到个体和组织能否战胜逆境，取得一个又一个的成功。

对于企业而言，逆商能决定企业抵御逆境和攀越逆境的能力，并从各个方面支撑企业成功经营，在市场竞争中脱颖而出。优秀的企业越来越意识到，逆商是他们雇用、保留、晋升和发展员工的基础。世界上许多顶尖企业会对各个层面的员工进行逆商培训，以提升员工的留任率、工作效率和对企业的忠诚度，以此提升企业在面对逆境时的整体应对能力。比如，在世界四大会计师事务所之一的德勤公司，逆商是考量一个人晋升速度的重要因素之一；美国卫星电视巨头 Direct TV 公司，把提升企业逆商作为提升客户满意度、员工敬业度，减少人员流失的有效工具；在万豪集团、保诚集团、摩根大通等其他大型企业集团，逆商不仅起到了预测作用，甚至在一定程度上用于提升员工的实际销售业绩。在哈佛商学院，逆商的理论和方法应用是商学学生非常重要的一门必修课。

二 企业逆境

（一）企业逆境的定义

企业逆境，是指由于外部环境或内部条件的突变，造成企业经营活动陷入极为困难的境况。当企业陷入逆境时，企业主要经营活动的重要环节遭受严重或连续的挫折，发生经营亏损或出现亏损趋势，如果应对不当，可能导致企业破产。

从企业周期理论来看，企业一般都会经历诞生、成长、壮大、衰退直至死亡的生命过程。企业在初创期、成长期、成熟期、衰退期、蜕变期等发展过程中，总会遭遇到外部经济环境的变化和企业自身战略的调整。在初创期，常会缺少创业信心、创业资源；在成长期，各种利益纠纷，发展方向冲突；在成熟期，盲目投资，扩张过快，资源快速消耗；在衰退期，组织官僚化，失去创新动力导致企业破产失败。在企业的任何一个阶段，企业领导人都会面临各种逆境，需要科学认知，积极应对。

与企业逆境相伴的是企业困境，指企业经营活动受到内外部力量冲击而处于严重停滞的状态。处在逆境中的企业若不能采取有效措施遏制逆境的恶化，企业逆境将转化为企业困境，企业若仍不能采取有效手段制止形势恶化，企业困境最终转为危机而失败（余廉，1992）。

(二) 企业逆境的特点

1. 必然性

在现代市场竞争中，企业经营环境瞬息万变，科学技术不断进步，产品不断迭代升级，每个企业都有遭受逆境的可能。企业逆境的产生不以人的意志而转移，历史上没有一家企业能永处顺境。

2. 可预警性

尽管企业经营受很多不可控因素的影响，经营状况有偶然因素，但企业经营也有其自身规律，有可遵循的基本法则。当企业经营受挫时，会有很多因素可观察、可调整、可改变。企业领导要对那些可能影响企业经营的活动提前采取行动，防止企业逆境加深，对企业逆境提前预警，增强逆境领导力。

3. 突发性

企业经营过程，会受各种可预见的与不可预见的、经常发生的与偶尔发生的、短期的与长期的、表层的与深层的、正面的与负面的、轻微的与严重的事件的影响。一些逆境危机事件的突然性对企业构成严重威胁，比如自然灾害、流行性疾病、战争和恐怖袭击、金融危机、经济大衰退、交通事故、食物中毒等，逆境危机事件跨度短暂，在很短时间内对企业产生巨大冲击，企业经营发生瞬时性逆向质变。

4. 可转向性

企业逆境可转向顺境，危中有机。经济学家约瑟夫·熊彼特强调了经济衰退的正面影响：业绩不佳的企业被淘汰，优质企业更快发展；资本从衰败的行业撤出，新兴行业得到更多融资机会；高素质的熟练工人会向更有领导力和发展潜力的企业流动。危机往往是重大历史转折的开始，危机摧毁了旧的体系，也会加快催生新的体系，优秀的企业家总能在逆境中看到商机，借势把握机会突破逆境，为企业发展带来新机遇，转逆为顺。

(三) 企业逆境的主要表现

中国管理科学院企业逆境研究专家佘廉于1992年就已经提出企业逆境的表现：一是企业经营活动遭受严重的、连续的挫折与损失。二是出现经营亏损或亏损趋势。三是出现资不抵债的危机现象。

企业逆境可分为效益滑坡型、亏损趋势型、破产危机型。根据企业逆境发生的程度分为低度企业逆境、中度企业逆境、高度企业逆境三个阶段。

在不同的发展时期，企业逆境会有不同的特性，总体上都表现出企业人心不稳，关键技术管理岗位人员出走；企业绩效不佳甚至亏损；企业产品市场销售份额大幅降低，可能只是暂时还有利益可图；企业现金流、资产负债率等财务指标出现较大压力；企业法律纠纷增加等。如果企业领导人不果断采取措施，企业会从逆境陷入困境，直到企业经营活动全部停止，关门停业，甚至破产倒闭，企业老板负债累累，企业宣告彻底失败。

三 逆境领导力

(一) 逆境领导力概念

逆境领导力是指企业领导者在企业面临各类不可预知性、不确定性、暴烈性、无差别性等因素陷入逆境时，在系统分析企业所处的内外部环境条件、逆境表现和成因后，通过积极发挥个人领导力，增强每个员工应对逆境能力，持续地提升企业逆商，以最快的速度、最小的成本战胜逆境，带领企业持续健康发展的能力。

（二）逆境领导力提升的关键

1. 主动认知逆境：修炼场、镜中人

身处逆境，领导者首先应该对自身有一个正确的认知。知道自己能做什么，不能做什么，优势在哪里，劣势在哪里。只有认清自己的能力和优势，才能知道企业的发展方向在哪里。其次，企业领导人要在日常经营管理中有意识培养对逆境的嗅觉。注意到逆境，能让自己得以判定和强化自己的反应，在每次逆境袭来时都会在脑海里敲响警钟。

人生往往充满着逆境，创业者也可能会陷入逆境的危机之中。逆境是宝贵的修炼场，很多企业最有价值的经验都是在逆境中获得的。著名管理学家吉姆·柯林斯在《从优秀到卓越》中指出，少数走向卓越、实现基业长青的大公司领导者，都曾经饱受磨难，获得坚韧不拔的意志，通过逆境磨难带来反思成长，经历过深层次结构改变的折磨，不断总结、进步，让企业获得新生并长青。例如，20世纪60年代郭士纳砍掉硬件束缚，通过服务导向让IBM大象起舞；今天的任正非选择全产业链之路，力争让华为浴火重生；史玉柱作为一个从逆境中爬起来的"巨人"，从当年负债数亿元到如今坐拥数十亿元财富。

逆境也是让人清醒的镜子。它让人们更加清楚地看到自己，更加清楚地看到他人。逆境下有的人会一蹶不振，有的人则会固执己见；而有的人会反向思考、勇敢面对、绝地反击。优秀企业家正是在危机时刻完整地展现了他们的能力和资格，才能够带领企业或团队迈上一个新的台阶。

2. 客观面对逆境，关注逆境中的放弃者、扎营者、攀登者

史托兹以登山者为例，把面对逆境的人分为三类，即放弃者、扎营者和攀登者。

（1）放弃者。随遇而安、贪图安逸，喜欢逃避和放弃。

（2）扎营者。曾经努力，获得了一定的地位和成就后，在原地安营扎寨。

（3）攀登者。不光是为了暂时的成就或者地位，永不停止探索，追求卓越。

每个人都拥有不同数量成功的基本要素，也明白取得成功的必要条件有什么。然而，那些不能抵抗逆境的人，是无法发挥出潜能并取得成

功的。如果一个人知道自己为什么而活，他就可以忍受生活加诸他的一切苦难。优秀的企业家，一般都具备攀登者的品质，例如万科的王石。在他们眼里，企业在经营中面临的各类逆境就是一座座险峰，领导者只需要带领团队积极面对，勇敢攀登。

3. 用战略眼光预判和预防逆境

作为企业领导者，对企业发展要有长远眼光，要根据环境变化作出应对。在企业辉煌时不浮躁，在遭遇逆境时保持信心。没有经过酷暑寒冬考验的企业，不会是一个成熟的企业，正如一个人只有经历过大自然的各种考验，才有持续的生命力，才能够适应春夏秋冬四季更替健康地生活。能够把企业从优秀带向卓越的领导很多，但是能够在逆境中带领企业前行，成功走出困境的却很少。逆境有时就像黑夜一样，夺走了各种资源以及宝贵的信心。但成功从来不是一蹴而就的。积累人才，完善管理，塑造企业文化，改善市场环境，建立企业品牌，都需要时间的积淀。

中国有句话叫"患难见真情"，其实患难不仅见真情，患难更显大问题。在危急时刻，正好把退潮时发现的"裸泳"问题拿出来进行深刻的反思和批判，找出危机真正的根源。

如果进行最简单的归因，危机的根源往往在两个方面显现。

一是企业文化。人们也许会问，企业为什么在危难时刻不能拧成一股绳？难道在其他时候就能拧成一股绳吗？其实不是，只是没有明显暴露而已。这说明企业文化还不够强大，危机过后，是文化建设的大好时机。

二是领导力。危机时刻就能发现很多平时非常优秀的企业其领导力都不够强。笔者调查时发现，70%的企业领导者是做产品出身。他们最大的优势就是对市场和用户的洞察力很强，即业务系统能力很强，但组织管理系统能力比较弱，因为后者需要对人性的理解、需要阅历的支撑。

要预判和预防逆境，关键还是核心领导人的自我提升。普通培训的效果一般，可以尝试两个关键动作，请名教练指导与精读经典，据说这是任正非领导力提升的两大法宝。

（三）提升逆境领导力的五阶段

危机时刻，领导者应该快速做出决策。许多时候做决定是艰难的，因不能确定产生的结果是否符合预期。现实情况常常是没有充裕的时间来为不同的方案做出精准的研究和长时间思考得失，所需要的就是"采取行动"，然后持续观察审视局势作出调整。具有快速决策力和执行力的领导更容易带领组织渡过危机，克服逆境，并且获得下属的尊重和追随。很多成功的企业家都是出色的"救火队长"，他们具有把企业从逆境中带出来的本领。提升企业领导者在逆境中的领导力需要经历以下五个阶段。

1. 不能畏手畏脚

很多领导者在顺境时期，通过渐进式的计划领导企业。但在逆境时期，根本没有时间去做那些琐碎的路线微调。如果领导人想传递的是信心，行动就必须大胆，不要患得患失。

首先，适当采取进攻型行动，而不仅仅是大幅削减成本这样的防守型行动。

其次，及时引进稀缺型人才。行业遇到逆境，人才流动性会大大提高，那么企业就拥有了吸引最高级人才的机会。

再次，确保信息流通和激励员工。人们很少在第一次听到时就能记住和吸收上层传递的各种重要信息。需要多次重复，要确保每个人都收到并能真正理解。

最后，要有相应的工作和交流机制。领导者要专注，找到解决问题的办法，而不是强调问题多难克服。要倾听，做一名很好的倾听者。领导人学会倾听不仅有利于寻找信息，而且能评价说话人的心理状态，可以防止说话人变得意志消沉，或者精神垮掉。要坚定，企业的目标是为应付最坏打算做准备，并期待长期的成功。领导人必须以此目标来团结所有力量。要关注，对那些与客户、合作伙伴、供应商有联系的下属，要给予特别的关注。要让他们始终保持乐观向上的精神面貌，并向供应链上下游传递。

2. 前瞻性地做出调整

在采取行动时，一定要考虑好是不是会为企业再融资注入流动性形成潜在的障碍，或者会降低企业的信用评级。然后再决定现金收支平衡点是多少。领导人应该考虑合并哪些部门或职位,减少层级,并且撤除那些优柔寡断的管理者。

大多数企业在市场繁荣期积累了大量的过剩产能,衰退时也是对企业进行大扫除,并将企业瘦身到最好状态的绝佳时机。裁员是降低成本最快捷、最有效的方法,但这样做也必须理智而谨慎,心中要时刻牢记遣散费等成本支出。

3. 出奇制胜

在逆境中能够使局势发生逆转的方式恐怕只有不走寻常路,出奇制胜了。

当年雀巢公司的巧克力产品在印度市场表现一直不佳,主要原因是当地气候炎热,大多数销售巧克力的杂货店铺都把商品陈列在露天环境下,导致巧克力在40℃以上的高温暴晒下液化。融化后的雀巢巧克力和其他廉价巧克力几乎没法分辨品质,这种情况下,价格处于高端的雀巢巧克力自然失去了竞争优势。雀巢印度公司的执行官在糖果部业绩不断下滑的逆境面前想出了一个奇招,于是,雀巢液体巧克力诞生了。在炎热的印度,这一糖果产品为雀巢公司带来了70%的业绩增长。

4. 让逆境为己所用

美国高地苹果以味道甜美、口感脆爽闻名全美,但当地气候无常,经常下冰雹,把苹果打得面目全非,始初,样貌不佳的苹果销售价格便宜也很难销售。在一次雹灾过后,当地商人面对满目疮痍的果树,想出的营销策略:"正宗的高地苹果都带有冰雹打过的疤痕,没有的就不是正宗的高地苹果。"这样一来,有疤痕的高地苹果反而开始旺销,甚至有人为了冒充高地苹果而在苹果上刻意雕饰疤痕。这是一个典型的利用自然势能,化逆境为顺境的案例。

5. 向死而生

伟大的领导行为背后往往都有坚定的信念、信仰在驱动。华为之所以在任正非的领导下具有很强的转危为机、化险为夷的能力,有两个相互支撑的底层逻辑:华为明天就会死亡,烧不死的鸟是凤凰。他曾说过:"过去我们说,活下去是华为的最低纲领;现在变了,活下去是华为的最高纲领。"

正因如此,华为的核心员工都具有强烈的危机意识、忧患意识。当一个企业对死亡这个命题有了深刻理解，危机到来时感觉就不会那么痛苦了，反而会坦然而积极应对。

第二节 农业龙头企业逆境领导力现状分析

统计数据显示，目前全国有9万多家农业龙头企业，分布在农业及各关联产业，其中有经营规模很大的上市公司，也有经营规模只有20多人的小微企业。经营规模不同，发展阶段不同，企业逆境形态各异，领导者的逆境领导力有高有低，要求也不相同。2021年，笔者对全国17家农业龙头企业高管进行了深度访谈，以了解企业领导人如何面对逆境，如何应对逆境并带领企业走出逆境向更高层进发。

一 农业龙头企业逆境领导力调查情况

2021年，国际教练联盟（ICF）专业级教练PCC认证获得者姜波带领专业团队对全国17家农业龙头企业高管进行了深度访谈，参加本次调研访谈的农业龙头企业领导们从不同角度、不同侧面畅谈了他们应对逆境的一些方法和感悟。

（一）对逆境的认知

广州优百特科技有限公司董事长丁为国认为，逆境是成长的必修课，没有逆境就没有成长。人得学会拥抱逆境，因为个人也好，企业也好，面对风云变幻的外部世界，如果你不去拥抱逆境，你就不可能学会成长。

正大集团农牧食品企业京津冀区总裁李雄飞认为，在学习、工作和生活中遇到的困难和挫折都算是逆境。逆境领导力学习对于我来说意味着自己的反脆弱能力又一次得到了提升。除了在销售方面面临诸多逆境外，在内部治理方面也遭遇了逆境，比如人员老化，50岁以上老员工占50%以上，他们在企业工作了20—30年，不愿接受变革，不愿改变，不善于学习，内驱力不够，并且影响年轻人的心智模式和工作习惯。年轻人招不进来，留不住，影响企业发展。

内蒙古斯隆生物技术有限责任公司总经理贾银宝认为，在逆境中的人要寻求改变，人好多时候是逼出来的。当人没有退路的时候，只要坚定信心，努力奋斗，一定会找到出路，所以信心很重要。一定要相信自己，相信企业，相信自己的产品。我在逆境历练自己，人在逆境中不气馁，就能找到自己更好的出路。

苏州科牧生物技术有限公司总经理李永祥认为，逆商与逆境相连，提升逆商可以提升应对逆境的能力和水平。逆境是由外在的和内在的原因造成的，有些逆境是可以避免的，有些不能避免，但逆商可以通过学习不断地提升，以解决逆境中遇到的问题。逆境和逆商的关系，是相辅相成、相互促进的。尽量减少由于管理不善出现的逆境，同时在外来逆境出现的时候，让我们的逆商发挥水平。处于逆境时要思维清晰，应对的方法要具体可行，把逆境尽快克服掉，化危为机。

(二) 应对逆境的方法

北京和利美生物科技有限公司董事长尚秀国博士认为，一是要多多出来学习，不学习的话就没有思路和方法，遇到事情就会一筹莫展；二是做事思维要清晰。假如自己真正想做成一件事，就会觉得克服逆境更容易一些，假如说只是想赚点钱，就会更加急功近利。

正大集团农牧食品企业京津冀区总裁李雄飞认为，逆境来临的时候，首先是心里先接受它，不要急着决策，找到相关专家，听取他们的意见和建议，但不能盲从，要遵循自己内心的声音。通过自己认知的提升顺利地解决问题，实现与合作伙伴共赢。最遗憾的是由于信息不全、着急决策导致事情没有处理好。

苏州科牧生物技术有限公司总经理李永祥认为，逆境是由各种原因造成的。应对逆境，首先要分析产生逆境的原因是外部的还是内部的？源头在哪里？如果我们不能从源头上解决，就试试从微管理、微改善、微创新方面进行改善，看看能不能解决，问题如果解决不了那就得断臂疗伤，做重大调整。最大的逆境不但能激励我们成长，更能增强我们不忘初心的使命感。

广州优百特科技有限公司董事长丁为国认为，我应对逆境，是把逆境当成一次提升自己和抛开竞争对手的机会。逆境就如弯道超车，在弯道转弯时就看人的魄力以及怎么甩开竞争对手。第一要坚持别放弃，放弃就没机会了。二要适应环境，适应变化，之后做一些调整，但不是说就放弃不干。三要做好自己，练好内功。把猪养好，别人都赚你也赚；别人都亏时，你能少亏一点，这都需要把各项生产潜能做到极致。

北京小龙潜行科技有限公司CEO鞠铁柱认为，面对逆境，第一，要有一个乐观积极的心态。我已经从企业最困难时期走过来了，要不然早就得精神病了，早就崩溃了。我20多岁时曾经创业失败，负债60多万元，想想人在那时是什么状态？这次创业初期也是挑战太大了！面临产品、客户、资本的各种挑战！不管面对什么挑战，都要有一个积极乐观的心态，平静理智地面对问题，然后拿出解决问题的方案。我有时想，逆境就是老天爷对我的考验，给我机会让我成长。我就以这种心态对待逆境。这是我一路走过来的一个优势，也算是让我感到自豪的地方。最遗憾的是以前自己不成熟，没经历过，很多东西不懂，自己的认知边界原来很窄，有些机会没把握住。如果有机会放在今天，我就能把它搞得很好。第二，要有勇气直面不确定性。遇到问题，把大家召集在一起，想办法解决问题。第三，要有信心，把逆境归结于暂时的因素。企业遇到的问题，一定要重视，但这个问题只是问题而已，它不一定能够决定企业的生死和未来。增强大家信心的有力办法，就是要把企业发展的愿景描绘清楚，知道企业未来发展的方向和路径，知道企业现在都在往成功的方向走。第四，信任、平等和开放。企业是大家的企业，很多事情不是一个人能完成的，需要企业所有人共同的努力。只有信任、平等和开放，才能将员工拧成一股绳，共克时艰，战胜逆境。总而言之，领导要有三力，即定力、能力和执行力。

（三）战胜逆境的关键要素

扬翔股份两河事业部CEO付双喜博士认为，战胜逆境需要多方面的协同，需要老板的担当和坚持，需要团队的奉献。团队不给力，老板一人天天在上面单打独斗，下面唱反调，企业如何能正常运行？企业要做到上下一致，心往一处想，劲儿往一处使。要做到这点，老板一定要能够hold住，要把握好方向。

天津市现代天骄农业科技有限公司董事长孙超认为，应对逆境，一个人的思想信念最重要。态度决定一切，领导人必须学习积极的态度，改变一些消极态度，从不轻言放弃，始终保持积极乐观。

正大集团农牧食品企业京津冀区总裁李雄飞认为，应对逆境，一是情商很重要。保持一种平和、不急不躁的态度比解决问题本身更重要。二是换个纬度思考问题。在同一个纬度很难得到解决的问题，如果提升一个纬度可能就马上得到解决,或者问题本身已经不成其为问题了。三是"让子弹飞一会儿"。今天的大事儿到明天可能就变成小事儿了,到后天可能就不是事儿了。

内蒙古斯隆生物技术有限责任公司总经理贾银宝认为,第一要坚持;第二要有信心;第三要有领导力。领导力就是企业要有一个核心,不能是一盘散沙。我们还要有韧劲,要坚韧不拔,要不服输。

内蒙古金草原生态科技集团有限公司董事长刘奋泽认为,关键是坚持和应变力,还有能力问题。同样的问题解决方法不同,最后的效果也不同。要想尽各种办法,坚信这个难题可以解决。此外,一直要有乐观的心态,要坚信什么都能做得了,什么都能成,就是这种态度让我们应对逆境时积累了很多宝贵经验,这样就可以在今后不让自己处于早期那么被动的局面。战胜逆境的关键是信念。我的信念一直都很坚定,心中总像有一道光一直在远处照着自己。无论有什么样的困难,我就觉得眼前所经历的事情都是值得的。创业前更多的是为自己,现在办企业,我就是在为全部企业相关者打工。企业每位员工背后都有家庭,必须要把企业发展好,把想做的事情做成。这是我的信念,也是我的勇气。

(四)从战胜逆境的经历中获得最大收获和感悟

北京小龙潜行科技有限公司 CEO 鞠铁柱认为,每次碰到逆境的时候,其实我是乐观的,有机会成长一下,顺境大部分是没有成长的。每经历一次逆境之后,我就感觉认知升了一格。在逆境中最让人难忘的一次,就是工厂中发生了死人事件。事情过了很久,一提起心里都很痛。与其他逆境事件相比,这是事关人命的大事。那个死了的人是企业合伙人的一个亲戚。事故发生有多种原因,有他个人的原因,也有企业管理不善的原因。事故处理既有亲情在里面,也涉及法律责任和企业赔偿问题。从亲情的角度,事故当事人孩子一个还小,一个正准备参加高考,这就对企业领导人的情感形成巨大压力和挑战。人善为先,要从人性的角度,去解决赔偿和安置问题。以善为基础,好多事反而迎刃而解。如果开始不以善为基础,逃避责任,就想着怎么样能够少赔钱,反而无法处理问题。善是一个人的基本价值观。其实,当时企业没有钱,面临巨大的赔偿压力,企业也必须多方组织资源,妥善解决问题。

广州优百特科技有限公司董事长丁为国认为,我经历过真正最难的一次肯定是孩子得了重病那次。我认为那时比其他任何时候都难。那个时候我刚创业，企业发展刚起步，生活中又面临孩子得了重病这么大的事。一想到必须要在七八岁的孩子病危通知书上签字，内心几乎崩溃。但无论如何，需要全力以赴把所有想到的资源全部调动起来，用最好的心态、最好的方案救助孩子。遇到这样的事，不是每家都能顶过来，有钱也不一定行。那时，我先想到要借钱，找最好的医疗方式，要安慰老人，不能让身边的老人再出事等。幸好，在救助过程中，很多人给了我力量支持，一切都过去了。在之前我交了很多朋友，真心地对待过很多人，我有困难时，他们也全部真心对我。现在我更懂得感恩。在生活中，我为人人，人人为我，这是自己的感悟。经历这段心路历程后，自己内心更强大了，觉得生活中再没有什么大事能与此事相比，创业初期的挑战都没啥大不了。所以说逆境是人生必修课。适者生存，强者为王。英雄之旅，都是要经过这种逆境的锻炼。要说锻炼了什么品格和能力的话，就是增强了持久力和竞争能力。逆境可以提高和锻炼人的抗逆性。

正大集团农牧食品京津冀区总裁李雄飞认为，2018年年底发生非洲猪瘟，北京正大覆盖市场猪存栏减少了90%以上，猪料销量从几千吨下滑到几百吨，降了10倍左右，公司面临亏损。我们分析市场走势，迅速转移战略重点，把人、财、物重点投入肉牛肉羊饲料生产销售方面，通过几个月的调整，肉牛肉羊饲料从零起点提升到每个月几千吨销量，公司渡过了危机，实现了稳定盈利和发展。这样的经历，让我有了新的收获和感悟：一是危机中蕴含着机会。二是当创新变革的时候，多数人会投反对票，作为一把手要坚守自己的战略定力。三是危机来临的时候，要做足功课，不能拍脑袋，要理性地分析，用数据说话，要有区间思维，做最好和最坏的打算。

福建龙岩闽雄生物科技股份有限公司董事长陈敏认为，经历了逆境反而使我心胸更加开阔，我也更喜欢看书学习了。个人也好，企业也好，有一个发展目标，有一个发展的底线。一个人设定发展目标，那是自身欲望和期望的展现，但是，人要有胸怀，要有格局，要用自己的思想去实现目标。对于能做的事要努力去做，做不了的事，也不要强求，顺其自然。要把高管团队带好，视他们为兄弟姐妹。做事要形成自己的风格，要根据实际情况设定目标，理性地去实现。在奋斗过程中，要不急不躁，用平常心去做人做事。我喜欢这个行业，所以一步一个脚印地、脚踏实地去做。

二 农业龙头企业逆境领导力现状的基本判断

总体上，农业龙头企业领导人对企业逆境一般都有清醒的认识。从所调查的企业高管情况看，企业领导人在企业创业之初就有面对逆境的思想准备，所有的企业领导人都经历过各种类型的逆境。在逆境发生后，大多数人都有一个积极的心态，也会利用各种方式去化逆境为顺境，带领企业成长。逆境使企业领导人的多种能力得以锻炼或提升。

（一）逆境经历提升了领导者的认知

企业领导人在经历了各种逆境后，都有很多新的感悟，认为逆境能锻炼并提升领导者品格和能力。所调查企业领导普遍认为逆境会威胁着企业的生存和发展。逆境出现，将使企业面临一次严重挫折，同时也面临一次新的抉择。逆境是对企业竞争应变能力、市场承受能力和自我协调能力的一次重大考验。作为一把手要坚守自己的战略定力，在应对逆境中提升领导力。领导力要通过营造氛围来实现。企业逆商需要有效的规则作支撑，而不是靠个人的独裁。权力必须锁在制度的笼子里。

（二）逆境经历提高了领导者应对逆境的能力

访谈结果显示，农业龙头企业领导者能够在经历各种逆境中不断提高应对能力，总结形成了应对传统逆境和突发逆境的常规经验。

应对传统逆境，需要领导者未雨绸缪，居安思危，针对一定阶段后大概率发生的经营风险，通过提前制订计划、弹性压力测试、风险诱因拆分等方法，降低甚至消除逆境产生时对企业经营带来的影响。例如，养殖行业面临的替抗、销售企业面临的数字化转型等。

应对突发逆境，因为其具有不可预知性、不确定性、暴烈性、无差别性等因素，任何企业都没有办法超前去做准备。最好的应对方式就是持续地提升团队的逆商，增强每个员工的逆境应对能力。在逆境发生时，能以最快的速度、最小的成本战胜逆境。而且因为突发逆境产生时，所有企业都会面临同样的困难，哪一家企业恢复得快，哪一家企业将会获得非常好的发展机遇。

（三）部分领导者缺少应对逆境的系统性认知

调研发现，农业龙头企业部分领导人缺少应对逆境的系统性认知，对企业发展各阶段可能出现的逆境缺少提前预判，也没有有效的工具和手段，"边干边学"的心态在中小型农业龙头企业中普遍存在，造成一些企业领导人应对逆境的准备不足。

农业龙头企业在面对诸如疫情这种突发危机事件时，需要有真正的领导者，使命驱动、激励团队、明确方向、责任担当；需要有专业管理者与专家一起制订方案推动实施；需要员工快速行动，全力以赴。

当农业龙头企业处于逆境中时，企业领导者的作用十分重要，俗话说"兵熊熊一个，将熊熊一窝"，逆境中的企业能否凤凰涅槃，完全取决于企业决策人在面对错综复杂的环境时，是否可以通过自身能力升华，以更坚定的毅力、更宽广的格局、更深邃的智慧，带领企业所有员工杀出一条血路，让企业得到质的飞跃。越是逆境，领导者越要认清自己的能力和优势，并将其转化为逆境领导力。

第三节　农业龙头企业逆境领导力提升途径

逆境领导力是知识和智慧的综合体现，是一种综合实践活动，对于能力素质的要求比较高。逆境领导力可以被形容为一系列行为的组合，而这些行为将会激励人们跟随领导一直前行，不是简单的服从。企业生死存亡时，领导者居核心地位，甚至是决定性的因素。领导力是领导者解决问题时必备的能力。从战争领域来看，逆境中提升领导力的核心要坚持三条原则，即坚定信念，鼓舞士气；同甘共苦，生死与共；价值驱动，超越利害（宫玉振，2009）。

一　提升企业领导者逆商

（一）企业领导者要有必胜的信念和信心

1. 信念是鼓舞和恢复组织士气的法宝

逆境如警钟，可以叩醒迷茫者；逆境如试金石，可以淘汰弱者；逆境如老师，经一事，长一智，可以教会人们成长。志向高远的领导者面对逆境时，不应该沮丧与彷徨，而应该报以从容的微笑，用淡然的心点燃照亮黑夜的烛光。必胜的信念那道闪电，将指引着领导者和他的队伍。星光不问赶路人，岁月不负有心人。

巴顿将军曾讲过，一个好的指挥官，应该把80%的工作重心放到提高下属的精神状态上。带兵的关键在于鼓舞士气，要有高昂的斗志，士兵才会释放出能量。

在危机时刻，士气比黄金都要珍贵。士气是一切战略战术的基础。那些能将组织从崩溃边缘拉回来、能够力挽狂澜的领导者，核心要义是能恢复组织的士气。

2. 信心是逆境中最缺乏也是最珍贵的资源

自古商场如战场，企业领导者要有必胜之信心。信心能让逆境中的人们远离绝望，是人们准备放弃时最后的依托。逆境中树立信心的关键与源头就是领导者本身。领导者自己要先树立信心，而后以自己的自信去影响下属，这样才能够有效地使信心在组织中传递。

北非古国迦太基汉尼拔，被列为世界四大统帅之一。他战略成功的秘诀是，时刻不忘提升将士的士气。他经常发表演说，并把一些好消息第一时间亲自分享给官兵，同时为大家描绘胜利后所能获得的好处。因此，汉尼拔的军队自始至终充满高昂的斗志与忠诚，这对于一支身处艰难险境的军队来说是弥足珍贵的。

当一个组织充满信心时，即使处于逆境之中，虽不一定能够取胜，但也可立于不败之地。

(二) 企业领导者要建立信任和互信

信任几乎是每种组织有效领导的基础。当企业处于逆境中时，信任尤为关键。与互不信任的领导者和同事一起工作时，人们只会关注自己的安危而不是企业的成功。

1. 信任与互信

信任建立在每位领导者的胜任能力、品质和关怀等特质上。领导者必须投入时间和精力与团队成员构建积极的、授权的关系，这种关系的特征是透明的沟通、相互影响以及合作完成共同目标和任务。

同甘共苦，生死与共，上下同欲者胜。优秀的领导者一定要主动分担下属的苦难，与下属一起战斗。只有这样，他所带领的队伍才会有一往无前的战斗精神。越是在逆境中，领导者越不能期望下属去做自己都不愿意做的事情。事实上，企业领导者只有第一个迎接挑战，下属才会随之跟进。领导者必须时刻向下属展示，自己不仅仅乐于分享他们的成功，还乐于分担他们的困难。领导者用行动向下属表明，自己在和他们一起战斗，在支持他们、帮助他们、带领他们。只有这样，领导者才可能与下属建立牢固的关系，从而使企业度过最困难的时光。逆境同样是对企业合作伙伴关系的巨大考验。有远见的企业家即使在巨大的压力下，也会坚持与合作伙伴同甘共苦，不离不弃。

2. "力出一孔"与"利出一孔"

仅有"力出一孔"是不够的，还要"利出一孔"。据报道，2002年前后，很多员工想离开华为为自己做生意，甚至有员工拿着企业的资源在外面开公司。危机爆发之后半年，华为出台了一项重大举措，将核心管理层、核心专业层的股权激励加码，关键人才甚至翻了好几番。当时，华为甚至提出了上市计划，很多员工为此放弃了离开的打算。只有将"利出一孔"与"力出一孔"加在一起，才能实现真正的绑定，用利益共同体来支撑事业共同体。

（三）企业领导者要保持乐观和韧性

乐观和积极情感一样，拥有好几种特点，它可以强化人们的免疫系统，保护人们不生病。领导者要抱有乐观和务实的态度和精神，要尽自己的责任与本分，为社会出一份力。怀抱乐观和务实的态度是不容易的。乐观易于使人盲目，而面对困境的现实又使人容易沮丧，能够将乐观、坚韧和务实的态度结合起来是逆境领导力能够发挥作用的关键所在。

中国改革开放的总设计师邓小平正是兼具这些特质的杰出典范。虽然他一生曾三落三起，但却始终保持坚韧和乐观的精神，在人们眼中他是一位"永远打不倒的人"。他提出的"让一部分人先富起来""一国两制"等一系列切实的原则，让中国在经济、政治和外交上赢得了发展的机遇和空间。

在苦难的时候，企业领导人必须保持乐观，显现出强大的抗压力。可以从以下几个方面培养自己的乐观坚韧。

1. 保持积极正向的心理

研究表明，当一切可能出错的事情接续发生、面对极其复杂的情景时，具备积极正向心理的乐观主义者的承受能力可以增强两倍。

2. 努力做适当偏执的乐观者

领导人要开诚布公地应对可能发生的最坏情况，消除一切恐惧，要看到还有其他选择。只要有选择，我们就可以对那些自己期待发生的事情施加影响，这样会营造一种乐观精神。如果领导者真诚地流露出乐观的情绪，就能感染身边的每一个人。

3. 塑造使命感

使命价值观是企业发展的原动力，任何组织、个人都可以拥有。使命驱动，责任担当，自信主动。正是这样的"因"，自然带来成就伟大事业的"果"。当逆境出现时，把心态放平，群策群力，应对的方法自然就会产生。

（四）企业领导者要加强学习，不断提高逆境领导力

1. 疾风知劲草，逆境见高低

逆境是炼丹炉，逆境考验领导力。艰难困苦，玉汝于成，冷静自信，方成大器。战略学者宫玉振（2016）将企业领导者应具备的逆境领导力归纳为以舍为得、因势利导、灵活机变、坚定信念和价值驱动五个方面，值得借鉴。坚定信念和价值驱动，前面已多次提到，这里再强调前面三点。

2. 以舍为得

实际上，任何一项决策，都有机会成本和机会收益，都会选择更有利于企业存活和发展的行动计划。企业身处逆境，为了全局、长远利益，必须舍弃局部的、暂时的利益。作为领导者，面对不利局面，要有勇气放弃，有勇气做出战略性收缩。

3. 因势利导

历史长河，浩浩荡荡，顺之者昌，逆之者亡。科技进步日新月异，没有人和组织能与历史大势相抗。电的发现，动力革命就会产生；数码技术的产生，传统的照相产业就会消亡；有了互联网，信息产业就会发生颠覆式变化。企业逆境如果是由于行业大势发生了变化，企业领导者就必须果断调整资源布局，审时度势，在逆势中转型升级。

4. 灵活机变

市场千变万化，顺和逆的相互转化频率加快，企业必须要保持灵活机动，保持战略柔性、组织弹性和决策的灵活与机变。有机会就集中力

量，集团作战，打歼灭战，迅速取得决定性胜利。面对困难，身处逆境，就要分兵作战，寻找突破口，在逆境中突围。

二 提升团队抗逆境能力

（一）精准识别团队中的放弃者、扎营者和攀登者

史托兹在谈到团队逆商时认为：团队中有放弃者、扎营者和攀登者三种类型的人。在逆境中，放弃者选择退缩、扎营者选择观望、攀登者勇于开拓。作为领导者，要把团队中的攀登者解放出来，进而激发扎营者，扭转放弃者。

1. 攀登者

无论背景如何，是否占有优势或处于相对劣势，走好运还是厄运，都始终在攀登，坚持向前走的人。攀登者认为一切皆有可能，要尽各种努力最大地去实现目标，年龄、性别、种族都不是停止前行的借口，敢于挑战，敢于胜利是他们的信念。攀登者是团队里最省心的人，他们是团队取得突破的"领头羊"。

2. 扎营者

曾经努力，获得一定成绩和成就后选择躺平的人。他们努力过，但感觉力不从心，已达到前进路上的终点，只想维持现状。扎营者因为其变革能力有限，面对逆境的能力不足，尤其不愿做大的改变，只在某一些时刻会赞成改革。但长此以往，他们极有可能会抵抗更大的转变，以此来维持目前工作的舒适度。

3. 放弃者

随遇而安、贪图安逸，喜欢逃避和放弃的人。面对事情，有些人会选择逃避或退却，他们不愿意勇敢前行，积极迎接挑战。他们得过且过，做一天和尚撞一天钟。企业身处逆境时，很快选择退出，不愿意坚持。放弃者在企业中处于随时准备走人的状态，还有可能影响到一些没什么主见的扎营者。

（二）团结和发展攀登者

攀登者是团队的骨干，是领导人最得力的助手，是完成团队任务的中坚力量。日久见人心，越是在逆境中，越是能体现攀登者的英雄本色。作为团队领导人，要将攀登者紧密地团结在自己周围，为他们提供资源，提供各种机会，为攀登者实现登峰目标创造条件。要团结攀登

者，就需要培养攀登者，发展攀登者，以此打造一支高逆商团队。

首先，要让攀登者认清并培养自己的强项。高逆商团队，需要攀登者之间相互支持，相互配合，相互补充。每一位攀登者都有自己的长处，也有自己的短处，领导人要了解攀登者的强项，并壮大其强项，尽可能地补其短板、弱项。

其次，建立民主集中机制，要让大家积极参与和投入。攀登者在民主参与团队的决策过程中，了解更多信息，就能增强他们的掌控感，应对逆境才会坚持得更久、更有创造力、更能保持健康。

再次，培养主人翁精神。攀登者与领导人在团队中只是任务角色不同，没有尊卑贵贱之分。团队是大家的团队，每个人都是团队的主人，共同建设和维护，共同面对各种挑战。每个成员都是团队的一员，都是团队不可或缺的重要部分。

最后，要鼓励攀登者大胆去创，大胆去试。逆境来临，意味着过去的运营模式不能适应新的发展需求，需要团队探索出新的路径。这时，团队中的攀登者自会奋勇争先，勇于创新，勇挑重担。领导人要支持攀登者的新尝试，只要风险在可接受之内，不管成功与失败，都要坦然应对。

（三）激发团队中的放弃者和扎营者

一个团队最大的危险，是队伍中大部分人选择了扎营，选择了"躺平"。在外部环境日益复杂的情况下，扎营者失去创新的动力，"温水煮青蛙"，扎营者慢慢变成了习得性无助者。当逆境的狂风吹来时，团队会因再无战斗力而败下阵来。

研究表明，大多数组织不管实施什么性质的变革，往往是有20%的人积极参与，60%的人觉得舒适区被打破，感到不安和恐惧而采取"观望"态度，另有20%会立刻拒绝反对变革，选择放弃。公司开会对领导宣布一项新任务，扎营者会口头上赞成或答应，但会议结束后不主动执行，有时会联合利益相关者提出反对意见，让新措施难以实施，新任务难以完成。

德鲁克说，管理的本质，就是激发一个人的善意和潜能。人本向善，即使是在艰难的境地，人都有向善和积极发展的本能。"天生我才必有用"，每个人生来就具有向上攀登的内驱力，只是因某种原因在某一阶段磨灭了。放弃者不是天生的,想放弃的人是可以被改变的,关键是把他们从无助的感觉中拽出来,让他们看到希望,相信梦想能变成现实。领导者需要相应的工具,把放弃者心中的勇气激发、释放出来,让其变为扎营者甚至是攀登者。

对于很多扎营者,生活抹去了原初的雄心壮志,看不到奋斗的目标,失去了再次战斗的勇气。但当逆境来临,他们原有的按部就班的工作方式受到了威胁,只要方向对,领导者给扎营者适时的鞭策,帮他们重新找到新希望,不少扎营者就会变成攀登者,开始新征程。

三 循序渐进打造高逆商农业龙头企业

庄子说:"朝菌不知晦朔,蟪蛄不知春秋。"一个企业要想走得远,飞得高,必然要有远大的志向,要有应对外在不确定性的勇气和能力。"鲲鹏之高远,蜩鸠岂能笑而学之?"农业龙头企业作为一个为市场和社会创造持久性价值的组织,需要从领导者、团队到企业整体出发,自上而下、自下而上地提升逆商。正所谓,怒而飞,其翼若垂天之云。

(一)应用工具,盘点逆商

基于大量心理抗逆力的研究,史托兹提出了逆商概念,并发展出了测量个人、团队和组织逆商的相关工具,并在理论研究和实践中得到了广泛应用。逆商理论和方法得到认知心理学、心理神经免疫学和神经生理学等学科知识的支撑。农业龙头企业领导人要知道、理解和应用逆商测定的相关工具,对企业逆商现状进行盘点,了解企业逆商发展现状及主要问题。

史托兹应用了一些简要方法测定个人、团队和组织的逆境强度,发现结果呈现出基本处于低、中和高三个层级的正态分布特征。对于企业来说,低强度逆境最不常见。如果一个企业处于低强度逆境,表明企业员工没有很好地发挥各自潜能。如果一个企业处于中强度逆境,表明企业经常遭遇大量的挑战、难题、压力和逆境。处于中强度逆境的企业,员工、团队和领导者如何应对逆境,决定了企业业绩和竞争力的提升空间。而对于高强度逆境企业来说,应对逆境成功与否决定着企业生死存亡,更需要利用工具学习有效应对逆境的方法,助力企业化险为夷,转危为机。

了解和掌握了企业逆境强度,可以进一步利用逆商测评工具。目前国内外有关逆境商数的研究，基本利用和参照了史托兹1997年编制的"逆境反应量表"（Adversity Response Profile，ARP），ARP测量问卷设计包含前面提到的逆商CORE的四维度。在心理学研究中，还有大量的关于心理抗逆量表的设计。逆商的测定，可以让企业了解员工、团队和领导人应对逆境的能力，进而可以根据企业战略实施、高管团队建设、人员的选用育留、组织变革、绩效考核等决策进行提前预警和干预。

（二）针对问题，提升逆商

利用逆商测评工具，对企业的员工、团队、领导人进行360°全方面扫描后，掌握了企业逆商现状，就可以通过学习、培训、聘请咨询顾问等多种方式开展企业逆商提升项目。逆商提升项目要与企业经营现状紧密结合，根据企业正在实施的各项决策，从既有人员的现状出发，打造各式各样的互动式、体验式学习课程，把提升员工逆商融合到企业项目中。

企业任何项目的实施，都要有一个明确的目标。在项目实施过程中，必然会遇到各种冲突、挫折、困境，逆商学习和训练，要把项目实施中可能遇到的问题，以及如何应对都提前告知员工，并结合逆商工具，激发员工为实现目标而始终保持一种乐观向上的态度。企业要充分了解员工的个人目标和梦想，并在企业中充分分享，让个人目标与企业发展目标一致。在企业招聘、薪酬、绩效考核、绩效管理、培训、奖惩系统中，充分体现企业员工的抗逆表现，员工、团队、企业在逆境中都要以韧性为支撑。

逆境与变革创新基本同时发生。正是因为逆境产生，才会促使企业进行变革创新。当企业遇到逆境时，就必须靠创新把难题转变为机遇。企业从一个阶段转型提升到另一个更高阶段，必然需要对战略、组织、人员、工作流程等进行再组织，对企业现有运营方式进行调整，每个员工都需要积极适应新赛道、新场景，这需要企业逆商提升与变革创新相匹配，因此，投入时间和金钱去学习、锻炼、提升逆商，把变革创新与逆商提升有机地结合起来，并奖励各种创新。

（三）持续发力，强化逆商

逆境无处不在，高逆商企业需要循序渐进，日积月累。对于在企业项目实施中表现出高逆商的个人、团队，要通过各种方式进行表彰，利用网络、新闻、电视、邮件等手段反复进行宣传，这样就能告诉员工企业看重什么，赞美什么，鼓励什么和支持什么。企业领导人要充分发挥典型的示范效应，特别对一些在很多人看来不可能完成的项目，通过个人、团队和领导的共同努力，成功达到目标的抗逆故事，可以作为高逆商传奇案例。

大量的案例表明，企业员工一旦能冲破逆境，就会释放出强大的活力，创造出难以置信的奇迹。企业要有意识地创造条件，鼓励和支持员工创造一个个看似不可能完成的任务而最终得以实现的项目。企业领导最好能亲自示范、培养、训练员工，让员工的逆商在日常工作中得到普遍提升。从日常琐碎的小事开始，培养员工积极向上的心理，让他们时时体验到挑战成功带来的精神和物质奖励。企业内要养成一种经常讨论挑战、挫折和逆境的习惯。任何时候，都要学会冷静而自信地应对工作中遇到的困难，让员工、团队一起运用工具来引导自己摆脱低逆商反应，并制定可付诸实施的行动策略。

不管是个人，还是团队或企业，成功不是一个时点，而是一个持续克服困难、不断迎接挑战和实现一个又一个目标的过程。成功是一段旅程，是一段美好的经历而不是一次的交易成功。领导人要让每一位员工明白企业的长期价值观，让员工明白自己在企业中的岗位职责、历史使命。铁打的营盘流水的兵，即使各种原因，员工会选择离开企业另谋发展，只要在企业一天，就能为企业发展尽心尽力。

（四）终身学习，逆境飞扬

每个人都有梦想，企业是每位员工实现梦想的一个平台。领导人要把企业打造成一个终身学习型组织，要着眼于建设一个勇于攀登、敢于竞争、敢于胜利的战斗队伍。毋庸置疑，企业存在的基础是盈利。盈利是企业存在的根基，是企业的天职。不能带领企业持续盈利的领导人是不合格的领导人，是不合格的企业家。企业家的使命就是通过组织生产要素，优化配置稀缺资源，通过技术和管理创新，在为消费者和社会不断创造价值的过程中实现持续盈利。但企业不是一个只为老板赚钱的机器，企业要在承担社会责任中实现价值创造，要把企业中的每个人培养成为社会创造价值、有品格、有担当的社会人，有德之人。因此，企业要打造逆境飞扬、健康向上的攀登文化。

在高逆商企业中，员工能快速处理问题，适应企业发展要求。面对困难和挑战，员工表现出的是兴奋、是担当，而不是逃避和推诿。企业领导人要有正确的人生观、价值观和财富观。老板不能掉进钱眼里，去做坑害股东、坑害员工、坑害社会的事。企业要创建能够培养高逆商的环境，将毅力、韧性和持续进步纳入企业核心价值观。员工、团队在遇到挫折的时候需要的是鼓励和支持而不是嘲笑和抛弃。工作中，可以通过自嘲、玩笑、传统和犯傻等幽默方式，冲淡负面情绪，提振大家的奋斗精神。对于在工作中主动伸出援手的员工，要提倡并进行奖励，让大家知道企业始终会帮助摔倒的队友。要避免使用"不可能""绝不""总是""不能""达不到""必然"等词语，把企业一时的困难扩大为灾难性事件。要创造机会移开职级、权限、规则等权力界限，在企业中形成开放、合作、平等的团队精神。"有事大家一起扛，有利大家一起享。"

强化与逆商相关的价值观，对于重要的事情达成一致，然后就是坚持、勇气、毅力和智慧。天道酬勤，只要在正确的道路上行走，运用正确的方法，余下的就交给时间。小沃森在《一个企业的信念》中回顾IBM的成功经验时说，企业成败的关键，在于领导人能激发员工的能力和才智，在于协助员工找到共同的使命感。"生命诚可贵，爱情价更高。若为自由故，两者皆可抛。"1999年蔡崇信放下70万美元年薪投入马云麾下时，每月只拿500元人民币，是什么让他做出如此选择，就是企业发展远景：眼前的困难只不过是未来成功的激励。

所以说，企业的逆和顺都是相对而言的，是在辩证中，在阴与阳的互动中不断转换的。领导人在企业逆境中看人、选人、育人，培养和锻造自己铁的队伍，坚定必胜之信念，等待时机，扬帆远航。

(五) 直面逆境，成就事业

经营企业，逆境就如孙悟空脑袋上的紧箍咒无时不在，逆境是给高逆商企业家的厚礼，也是给低逆商组织的葬礼。面对逆境时，企业家的格局和心胸至关重要，直面逆境，才能使企业在逆境中凤凰涅槃，成就一番事业，只要思想不滑坡，办法总比困难多。

广州优百特科技有限公司董事长丁为国认为："对于创业者来说，逆境是成长的必修课，没有逆境就没有成长。无论是人生也好，企业也好，要不去拥抱逆境的话，就不可能成长。"2008年，丁为国在广州创立了优百特科技有限公司，主营业务是饲用脂肪产品的研发和销售。刚创业不久行业出现了地沟油事件，一个突发的并覆盖整个行业的信任危机，所有的顾客都怀疑他们生产的油是不是地沟油。企业刚刚建立，业务还没有开展起来，就面临了生死存亡的考验，当时的丁为国在逆境中培养个人抗压的能力，最终通过真诚和乐观感染了客户，也带领企业渡过了第一个高逆境危机。

2020年年初，新冠疫情暴发，武汉面临重重困难。1月25日，阿里巴巴集团发出号召，驰援武汉，接着采取行动：捐赠10亿元抗疫物资；保障武汉地区百姓生活；确保所有捐赠通道一路畅通，菜鸟网络首当其冲。抗疫也成就了阿里的"钉钉"和"淘宝直播"等业务。钉钉在苹果系统的在线办公软件中下载量排名第1位。淘宝直播2月商家成交额同比翻倍，新增商家100万家，环比1月大幅增长719%。

眉州东坡餐饮从2020年1月21—30日，共被退餐11144桌，退餐金额1700多万元，月损失1亿元。营收暴跌到了只有平时一成，甚至只有百分之五的生意，但他们仍坚持营业，全国100多家门店，能开的都开着。主攻外卖，同时建立了"战地食堂"和"平价菜站"，包括武汉店、黄冈店。就这样，眉州东坡逐渐开创出全新商业模式"眉州东坡菜站"，打破了餐饮、零售、互联网之间的边界。用"餐饮+菜站"实现线下单日最高营收7万多元，线上开通卖菜小程序，日售最高1365单，收入最高17万元。

第八章

农业龙头企业领导力传承

基业长青是每一个领导者期望实现的结果,领导者的长久价值是由其继承者实现的,传承是领导的一项重要任务。本章围绕家族式农业龙头企业领导力的传承问题,论述了家族式农业龙头企业领导力传承的内涵和模式,分析了家族式农业龙头企业领导力传承现状及存在的突出问题,提出了家族式农业龙头企业领导力传承的基本路径。家族式农业龙头企业领导者需要适应时代发展潮流,转变传承观念,及早制订企业传承计划,选择培养企业传承人,创造机会适时交班,保障企业权力平稳过渡。

第一节 农业龙头企业领导力传承理论概述

一 农业龙头企业领导力传承的内涵

(一)家族式农业龙头企业的定义

家族式农业龙头企业指的是农业龙头企业中的家族企业。美国企业史专家钱德勒定义家族企业是"企业创始人及其亲密的合伙人(和家族)一直掌握大部分股权。他们与经理人员维持着密切的私人关系,且保留着高阶层管理的主要决策权,特别是在有关财务决策、资源分配和高层人员选拔方面。"可见,家族式农业龙头企业包含三个关键词(王晓萍,2005)。

(1)股权。大部分属于创始人及其家族和密切合伙人。

(2)决策权。创始人掌握关系到企业发展的重大决策。

(3) 人事权。创始人和经理人有密切的私人关系，并决定重要职务的归属。

据此而观，农业龙头企业大多数都属于家族式企业。

（二）家族式农业龙头企业领导力传承的内容

很多企业传承失败的原因是不清楚"家族企业传承"到底要传承什么？对于大部分企业家而言，理想中的传承至少要包括三个方面的内容，缺一不可。

1. 家庭和谐

"家族企业"包含两个关键词："家族"和"企业"，对企业家来说两者都是最重要的归属。现实中为了争夺财产而导致家庭失和的现象屡见不鲜，特别是一些亲朋好友一起创立的企业，在企业传承的过程中非常容易出问题。即使企业产权明确，父母想让子女"子承父业"，子女是否有意愿接班，以及如果不愿意接班，子女是否有在父母看来体面的事业，这都是关系到家庭和谐的核心要素。

2. 企业延续

企业对于企业家来说就像另一个孩子，是倾注了几十年心血的产物。现实中，很多人也会一提到某某企业首先想到的是企业家本人。如果有可能，大部分企业家退休后仍很关心自己的企业，希望企业能够发展得好。企业有两层重要的意义：它是企业家大部分财富的组成部分，提供家族未来高品质生活的物质基础，同时还是企业家乃至家族荣耀的来源，是大家创业精神的载体。

3. 财富的传承

毋庸讳言，追求财富，追求美好生活是企业家创业的重要动力。怎样把家族企业创造的财富传承下去，让财富不断增值，这也是企业家关注的重要事项。

制定家族企业接班目标的最大挑战在于平衡家庭、企业和个人财富三者之间的关系。从家庭的角度出发，企业的接班安排应尽量公平对待所有家族成员。从企业发展的角度来讲，家族企业的接班安排应任人唯贤。从财富保值的角度看，老一辈应考虑是保留企业产权还是出售企业变现。

大多数情况下三种不同出发点所对应的目标会相互冲突，家族企业领导力传承规划的目的，就是要让企业有足够的时间思考如何寻求平衡，以顺利交接班。

（三）家族式农业龙头企业领导力传承是保持竞争力的关键

农业龙头企业大部分都是家族式民营企业，与国有企业和外资企业相比，似乎有先天基因缺陷。很多人认为家族企业规模较小，管理水平较低，且经常无序竞争，浪费资源。中国改革开放40多年，经济快速增长，家族式民营经济做出了重大贡献。家族企业有5个方面的竞争优势：一是企业家精神，创业者所具备的敢于冒险和创新的企业家精神。二是创业文化，以企业家为核心的家族创业文化。三是人才培养，家庭内部的信任促使充分的知识传承，子女很早接触企业经营的核心内容。四是战略定位，由于规模小，资金有限，家族企业往往专注于细分市场，有利于获得行业专有信息。五是灵活性，企业快速对市场做出反应。越来越多的研究表明，如果处理好财富交接和知识交接，家族企业具有比非家族企业更强的竞争力（陈凌和应丽芬，2003）。

家族企业对领导力传承有一些现实的考虑，认为家族内部传承有利于保持竞争力。力帆集团的创立者尹明善在为家族企业辩护时说，"让一个外人掌握企业的技术核心机密很危险，他完全可以随时拿走，造成企业不稳定。我国法律对此没有明文规定，商业机密拿出去是正常的，不拿出去反而不正常。我只有靠家族才能稳定，因为家人背叛的可能性小，稳定的成本就低"（王彬等，2001）。在农食行业客户关系等社会网络资源对于企业发展至关重要又缺乏有效法律保护手段的情况下，家族内传承企业就显得尤为重要。

二 农业龙头企业领导力传承模式

家族企业传承理论研究源于20世纪50年代，自70年代有长足发展，尤其是近20年家族企业的蓬勃发展推动了相关理论研究。由于文化传统的差异，我国家族企业领导力传承有四种模式。

（一）职业经理人接班式

2009年，《福布斯》中文网对上市公司年报整理发现，在调查的305家上市家族企业中，有近一半的家族企业正在或已经聘请了职业经理人担任CEO、总裁或者总经理。种种迹象表明，改革开放40多年后的中国企业特别是上市企业中，职业经理人参与企业管理的现代企业制度正在形成。全国 700 多家上市龙头企业中，职业经理人参与管理占绝大多数。

1. 职业经理人的产生

"职业经理人"是来自西方的概念，指虽然不是老板，却拥有经营管理企业的能力，甚至是比老板更善于经营管理企业的人。

职业经理人制度产生于现代企业制度的发源地美国。随着企业规模的快速扩大，原来以老板为中心的企业管理模式已经无法适应企业的发展需要，随之，一批拥有良好学历背景、工作经验和高潜力的精英人才被提拔到重要的管理岗位上，参与企业运营。这些有经验、业绩卓著并且以管理为职业的精英通常被誉为"职业经理人"。

2. 职业经理人的价值

职业经理人最重要的使命就是经营管理企业，承担企业财产的保值增值责任，从而使企业不断前进。职业经理人的出色工作在为企业创造效益的同时也为自己赢得了荣誉与财富，近年来，这种现象更加明显。很多职业经理人获得了公司的股权激励，获得了企业部分所有权。很多大公司的职业经理人，个人财富甚至超过了其他大多数公司老板。

《2021 年胡润中国职业经理人榜》列出了前 50 名中国最成功的职业经理人。他们都是担任公司职位的非创始团队成员。当然，成功的职业经理人在真正肩负企业重任之前已经在公司内部磨炼多年，和企业内部员工的界限已经很难分清了，有些人已经持有公司比较大的股份，他们扮演着股东和管理者的双重角色。胡润表示：这份榜单主要是给中国的职业经理人和企业掌门人看的，希望能让职业经理人了解，为企业创造价值能为自己带来财富，让企业掌门人了解，做好企业激励机制能为企业创造更大的价值。成功职业经理人比较常见的是毕业后直接进入到创业团队，跟着团队一起成长，如海底捞的杨利娟；或者先到一家成熟的世界 500 强企业积累经验，有机会再加入一家快速成长的企业，像阿里巴巴的张勇。阿里的现任 CEO 张勇就不是创始人，而是 2008 年才加入的职业经理人。苹果公司的 CEO 库克也是 1998 年才从康柏电脑被乔布斯招揽门下的职业经理人。

3. 职业经理人传承模式的核心

职业经理人传承模式的核心是要处理好职业经理人的物质激励和精

神激励的关系，用事业、情感、发展远景等文化因素促使职业经理人为企业发展做出贡献。

很多公司创业到了一定阶段，希望把企业的业务规模再提升一个台阶，于是用一批职业经理人来取代元老。职业经理人是挖来的，薪水都很高，能力往往比老板强，如何驾驭这支团队成了企业领导力的难点。比如，公司会用上市预期作为吸引人才的工具，试图以此增强团队凝聚力。但是，把一个团队的凝聚力完全建立在利益的基础上，这个组织的未来发展会产生激励问题。当企业没有利益可以给职业经理人时，团队凝聚力就会很快消散。

职业经理人接班，需要企业家选择志同道合的职业经理人，彼此真诚合作，顺则共进，逆则共克，共同发展，获得双赢。

（二）内部员工接班式

1. 内部员工接班能保存企业核心竞争力

商界有过许多职业经理人空降一家企业力挽狂澜的案例。比如，《谁说大象不能跳舞》中讲到郭士纳拯救 IBM，艾柯卡拯救克莱斯勒。但从实践看，这种情况通常都是企业面临生死存亡时不得已采取的冒险行为。大量的调查研究显示，外来的和尚会念经，可能只是一种"幸存者偏误"，也就是大家只记住了成功的案例，却忽略了更多失败的案例。大部分龙头企业传承还是选择内部员工接班式。

科林斯和波拉斯的《基业长青》一书获得过很高赞誉，被称为 20 世纪 90 年代最重要的两本管理书籍之一。两位作者在斯坦福大学为期 6 年的研究项目中，选取了 18 个卓越非凡、长盛不衰的公司，研究了这 18 个基业长青公司的成功经验。尽管其中有些企业后来陷入经营困境，但本书总结的许多经验很有参考价值。在这些经验中，有一条和企业传承有关。他们发现，能够基业长青的公司从内部人才中培养、提升和慎重选择管理人才的程度，远远超过对照组公司。1806—1992 年，18 家成功企业中只有两家曾经直接从企业外聘请 CEO，比率是 11.1%，对照组中有 13 家聘用外人当 CEO，比率达 72.2%。他们认为，基业长青企业都把内部员工作为保持企业核心竞争力的关键。

2. 农业龙头企业内部员工接班是重要选项

我国独特的家族文化传统以及职业经理人市场尚不完善的现状，使家族企业要完全依赖职业经理人运营管理很难取得良好绩效。另外，很多职业经理人即使不是创始成员，但在成为企业掌舵人之前，通常也已经在公司工作多年，对于公司的业务和各方面的情况都有比较深刻的认识，基本完成了从"职业经理人"向内部员工的转型。

3. 内部员工接班的核心过程

企业内部员工熟悉公司的业务和流程，对于公司的文化传承也非常熟悉。调研发现，农业龙头企业普遍认为企业内部员工担任最高领导者有利于延续业务，但并不适合主导公司变革。选定公司内部接班人的过程可以用图 8-1 表示。首先，企业要把培养继承人纳入企业发展规划，作为企业保持核心竞争力和刺激进步的重要任务。其次，根据企业远景和发展需要，在企业内部选择培养目标接班人。最后，通过师傅带徒弟或是聘请外部咨询顾问等方式，有计划、有步骤地锤炼接班人，把老辈卓越领袖的品格继承下来，发扬光大，促进企业发展。

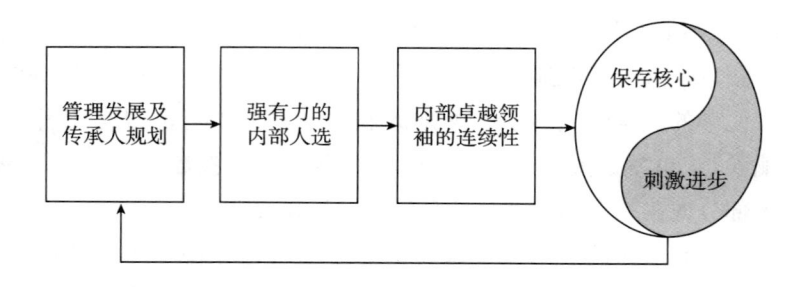

图 8-1　领袖连续循环图

资料来源：[美] 詹姆斯·C. 柯林斯、杰里·L. 波拉斯：《基业长青——企业永续经营的准则》，真如译，中信出版社 2002 年版。

（三）企业领导者子女接班式

对于子女接班这一传承模式争议一直很大，有人认为这是人之常情，也有人认为这是一种过时的陋习。

1. 对子女接班的争议

美国著名金融家、投资巨头沃伦·巴菲特曾经将家族内传承比作"（就像）在 2004 年奥运会金牌选手们的长子中，选择 2020 年奥运会的参赛选手"。这一类比抓住了家族内传承最有趣的一种现象：如果让

"能力平平"的子女继任"天才"的企业家，那企业还会兴旺发达吗？巴菲特的质疑很有代表性。但正如哈耶克所说："具有竞争力的制度，是人们行为的结果，而不是人为设计的结果。"在现代企业制度诞生之前，家族企业中子女接班是一种主流的传承方式，其中必然存在合理因素，不可简单认为子承父业就是一种落后的选择。

2. 子女接班的优势

如果方法得当，让子女接班确实是一条理想的企业传承路径。

（1）从亲情上看，很多领导者在子女小时候忙于创业，虽然尽力给孩子提供好的教育资源，但毕竟亲自陪伴和参与孩子成长的机会少。让子女接班则有了亲自指导孩子的机会，也可以把自己的人生经验传授给后代，这种精神享受对双方的价值可能高于物质财富。

（2）从子女的发展来看，在家族企业工作意味着子女有更高的起点，也有开辟更广阔事业的可能性。相比子女脱离父辈的庇护自己打拼，子女成才的可能性也更大，成就的天花板也更高。

（3）从企业的现实发展来看，企业的精神气质往往由创业者的精神气质决定，这种文化因素虽然不可见，但对企业发展至关重要。就拿上市公司来说，没有实际控制人的企业估值往往不高。虽然职业经理人可以维持企业运营，但在做一些事关公司的前途命运，需要赌上大量资源的决策时，最终还是需要有能够拍板的人，职业经理人很难下决心做这种决定。而把家族和企业捆绑在一起的企业家族经营者却可以从长远考虑做出决定。

（4）从财富传承来看，最好的传承是让子女配得上财富，成为掌握和创造财富的主人，而不是财富的奴隶和毁灭者。而子女经营企业就是能力和财富最好的融合方式。

对中小企业来说，让子女接班还有一个现实的考虑，那就是最终风险由谁承担。虽然企业是以公司法人的名义在经营，但是在融资方面，有很多个人担保的民间融资行为，公司经营者对企业承担的是无限责任。公司一旦经营恶化，无法偿还贷款，甚至倾家荡产来还债就是某些企业领导者必须要面对的事情。正是由于这种风险，让企业在家族以外的成员之间传承变得非常困难。

3. 子女接班的方式

尽管有以上优势，子女接班导致的失败案例也不少见，传承无一定之规，但有章可循。对于人数众多的大家族，尤其是有一个成功的家族企业作为财富主要来源的大家庭来说，传承规划并不仅是选择一位继承人以及如何分配财产这么简单，家族企业传承需要理论指导和多种工具，帮助企业家评估自身情况，既能最大限度地扫平子女接班的障碍，也不强迫子女与企业错配绑定，从而有条不紊地推进企业传承大计。

二代企业家接班之后的发展有三种基本模式，即创新中接班、颠覆式创业和战略性投资，二代企业家可以根据自己的兴趣和能力做出不同的路径选择。

家族式农业龙头企业子女接班并非唯一选择，但是，延续家族与企业深度绑定关系，这是我们乐见其成也值得追求的目标。

（四）职业经理人、内部员工、企业领导子女三者融合式

职业经理人、内部员工、企业领导子女三种接班模式并不是非此即彼，民营企业家可以实行三种模式并存的接班人制度，对候选人进行考察，明确他们的优缺点以及适合什么岗位。仅选择一种接班模式，难免会出现固有的缺陷。对三种接班模式进行组合，选择一种接班模式为主导，其他两种为辅助，即可实现互补。无论选择哪种模式，都要根据企业发展的现实情况以及企业家自身家庭情况。核心要义是，创业者应适时做好传承规划，要么物色合适的职业经理人，争取让企业离开自己也有很好的发展；要么寻找合适的买家，把辛苦打拼的成果牢牢握在手中；要么培养子女接班，延续企业成长。

三　国外家族企业领导力传承经验

家族企业的三个关键词是"财富""家庭""企业"，一定程度上，北美、日本和西欧家族企业的传承特点恰好验证了其中的一个方面。北美模式强调稳步的阶层提升，兼有"财富"传承的考虑；日本模式拓展了"子承父业"的内涵，关注家庭对于企业的影响；西欧模式则强调了企业发展的战略方向选择，强调成为细分领域的隐形冠军。

（一）北美模式：财富家庭的精英化

北美很多家族实现了财富的最初积累以后，开始思考如何在延续家族财富的同时，让子孙后代更好地向社会更高的阶层等级攀登，实现从

财富家族向精英家族的过渡。财富是这些家族获得社会尊重的最初原因，但有钱和成为社会精英并不完全一致。

所谓精英化不是自己认为自己是精英，而是大众对他们的看法，即社会大众对其家族的评价是否积极正面。

这些家族常见的两种操作手法如下：一是通过大量慈善活动来获取社会的正面评价。二是通过严格的教育和经营实践，培养子女的领导力，保证后代中有杰出的继承者。典型案例是美国石油大亨洛克菲勒。

专栏 8-1　　美国石油大亨洛克菲勒传承案例

美国石油大亨洛克菲勒出身赤贫，不仅如此，他父亲的口碑极差，是一个假药贩子。洛克菲勒抓住了石油行业崛起的历史机遇，成为石油大王。他和另一位钢铁巨头卡内基共同开创了美国巨富做慈善的先河。中国最好的医院之一协和医学院就是在洛克菲勒家族的金钱支持下建立起来的。他们捐出超过一半的财富，并把剩下的财富建立信托，让家族成员从管理层中退出。这样做一举两得：一方面，家族虽然拥有财富，但不能随意处理，杜绝了"败家子"；另一方面，为公司善于管理的人才留出了上升空间。大众慢慢改变了对洛克菲勒家族的看法，其从一个商战手法毒辣的暴发户，逐渐变成了拥有善心和社会责任的真正社会精英。

资料来源：赵晶：《超越财富：家族企业的传承与革新》，中信出版社 2020 年版。

值得指出的是，国内很多媒体报道这些家族的慈善行为时，往往只宣传他们的善举，并没有说清财富传承背后的考量，有些人模模糊糊地认为美国富豪做慈善就是真的变卖家产或者股票，兑换成现金直接捐给类似红十字会之类的慈善组织。他们实际的做法通常是成立基金会，自己和子女担任管理者，每年只需拿出基金总资产的 5% 真正做慈善事业，这样可以规避高额的所得税以及遗产税。美国企业的慈善行为确实

对社会做出了很大贡献，其实也是出于对财富传承的考量，这是让整个家族保持社会精英地位的制度保障。

美国传承的经验对中国企业的借鉴意义在于，家族企业传承不仅要重视物质财富，还要重视服务社会、造福社会的精神财富。通过慈善事业等制度安排，为整个家族赢得社会美誉度，这也是精神传承的具体体现。

（二）东亚模式：基业长青

日本是世界上长寿企业最多的国家（泷川进，2018）。日本信息通信服务行业的Riskmonster公司与帝国数据银行公布的"长寿企业"榜单显示，日本从业百年以上的企业高达26000家。从行业分布来看，排名第一位的是清酒制造业，第二位是商业地产租赁业，第三位是酒类零售业，这些企业的普遍特征就是规模不大。分析长寿企业的特点可见，与食品制造和服务相关的企业容易做成长寿企业。根据东京商工调查的统计，2017年日本创立1000年以上的企业有7家，400—1000年的企业有460家，200—400年的企业有1461家。2021年迎来创业·创立100周年（1922年创立）的日本企业有3696家，2022年迎来创业·创立100周年的日本企业有1334家。[①] 日本之所以有这么多的长寿企业，有两个非常关键的原因，一个是文化，另一个是传承制度。

1. 文化传承成就长寿企业

日本学者后藤俊夫在《继承者：日本长寿企业基因》一书中，谈到了日本盛产长寿企业的最重要的原因就是企业家秉持着"利他之心"的思维方式，即企业不是为了一己之利，而多数时候是为了更多人，为了社会，或者是为了全人类。

日本长寿企业都有家训，这是传承不变的家族精神。在众多儒家思想中，后藤俊夫格外强调四个字，即"先义后利"，不少企业将其引为家训，这句话出自荀子"先义而后利者，荣"。"积善之家，必有余庆"，以及"仁义礼智信""修身齐家治国平天下"等很多国人耳熟能详的儒家思想也是许多日本企业家的座右铭。日本资本主义之父的

---

① 人民网—日本频道：《调查：2022年迎来创业100周年的日本企业达到1334家》，http://japan.people.com.cn/n1/2022/0118/c35421-32334242.html。

涩泽荣一就曾经给商人定过一个标准画像，"一手论语，一手算盘"。论语代表着仁义和道德，而算盘则是精打细算、斤斤计较，两者缺一不可。

学习型组织的倡导者阿里·德赫斯在其著名的《长寿公司》一书中，将企业粗略分成了两大类，即"经济型公司"和"生命型公司"。可以说，中国的企业目前大多数属于"经济型"公司，而日本的企业则体现出一些"生命型公司"的特点。"生命型公司"的特点就是追求与环境共生，这一点在长寿企业中表现得尤为明显。

日本长寿企业不追求企业短期利益的最大化，而是追求自己整个合作网络的稳定和共同繁荣。在日本商业实践中，非常忌讳没有合作过的客户跳过原来的中间商直接和上游供应商合作，就是因为它们相比短期的销售增加，更加重视整个合作网络的稳定。日本著名电器生产商松下已经有超过100年的历史了，被称为"经营之神"的松下幸之助就在自己的会客厅里挂着"共存共荣"的牌匾。

越来越多的学者强调，家族企业成功不仅在于单个企业的灵活和内部团结，更重要的是这些企业家在当地盘根错节的人际关系网络，从而不断获得有关市场的信息和专业的技术知识。从这一点来看，中国的家族企业和日本的长寿企业在文化基因上有很多相似之处。

2. 养子传承摆脱狭隘局限

日本之所以拥有数字多到惊人的百年家族企业，一个关键因素是日本企业的传承模式是超血缘继承，摆脱了狭隘的血缘局限。日本的家族企业基础也是"家族"，但这个家族和我们中国人通常理解的家族不同。传统上，中国重视"家财"，即家庭的财富。分家往往就是将财富在兄弟之间分割。而日本更重视"家业"，也就是家庭的产业。日本明治时期的宪法里把家业制度化，基本内容就是长男继承家业，把长子接续作为传统保留下来。这种制度可以保证家业不被频繁分割而败落。

原则上虽然定下了长子接续制度，但为了应对不测也导入了养子制度，这是日本特有的。日本甚至有"铸就百年老铺基础的是三代之中有一养子"的说法。如果女婿经营对企业最有利，那就把儿子赶走，防止儿子跟女婿争夺权力。可以把日本的家族理解为一个股份制公司，家族成员都是根据能力招聘的"职业经理人"，跟血缘无关。

很多著名企业的继承人都是养子出身。日本"经营之神"将女婿平田正治收为养子，更名"松下正治"，让其担任松下集团的第二代掌门。丰田集团也采用了这种模式。丰田创始人丰田佐吉有亲生子，但在接班时也是采取了"婿养子"模式，他将女婿玉利三郎收为养子，更名丰田利三郎，正是这位丰田利三郎在丰田佐吉创建的丰田纺织的基础上，打造出了大名鼎鼎的丰田汽车。

甚至有些日本商人家族制定了"不传子"的家训。日本超越血缘的"养子"继承模式的背后，是日本人对"家"的理解，日本社会所理解的"家"并不仅仅是在同一个屋檐下的几口人，而是超越血缘的共同体（蔡成平，2015）。

由此可见，文化的传承和把企业当作一个生命来对待延续，对日本长寿企业的诞生创造了良好的环境。

3. 东亚模式的启示与借鉴

东亚模式尽管有助于基业长青，但也有弊端，婚姻与企业传承相连，有可能违背女儿意愿。可观察到的是，日本一些经历了动荡的明治和"二战"都没有垮掉的百年老店，反而在平成年间倒闭——因为日本女人觉醒了。当女儿不愿意为了家族企业牺牲自己的婚姻自由时，这种制度就会面临新挑战。

对我国家族企业的研究显示，女儿或女婿接班的家族企业发展更好，这和日本长寿企业让养子接班有相似之处。女性接班人走到前台，表面上看是中国独生子女政策导致缺乏接班候选人的表现，实则反映出了男女平等的观念更加深入人心，女儿同样有能力和责任传承好家族企业。从某种程度上讲，女婿的选择也带有一些挑选和培养企业接班人的意味，这是我国现阶段家族企业传承方式上吸收了一些日本长寿企业的合理因素。

（三）西欧模式："隐形冠军"

西欧成功的家族企业相对比较低调，这些企业利润颇丰，但是却不为行业之外的人所知，他们既能够积极创新，又不盲目扩张，非常专注于自己的看家本领。这种企业叫作"隐形冠军"。

1. "隐形冠军"概念的产生及市场占比

这些年欧洲似乎没有新的企业崛起，好像也没有什么互联网新贵。但是，以德国为代表的西欧国家经济发展却平稳而强劲，其中"隐形冠军"企业的贡献不可忽略。

"隐形冠军"企业这一概念最初是由管理学家赫尔曼·西蒙提出。他于 1990 年和 1992 年分别在《企业管理学》和《哈佛商业评论》等顶级期刊发表论文，将"隐形冠军"概念引入学界。他认为，德国制造业崛起的秘密在于"隐形冠军"。他研究了全球 2734 家"隐形冠军"企业，其中德国有 1307 家，占 50%左右。

"隐形冠军"企业大多是中小型企业，但统治着某些小众的产品市场，通常其市场份额占全球市场的 50%以上。这些企业大多数都是家族企业，其中不乏一些和农牧相关的企业，比如德彩（Tetra），拥有全球热带观赏鱼饲料 50%以上的份额；巴德尔（Baader）是全球最大的鱼类加工设备生产商，占有该领域 90%以上的市场份额。

2. 西欧模式开辟龙头企业传承新思路

"隐形冠军"企业的目标一般都很远大。他们创业的野心是没有替代品，聚焦细分领域，创造全球一流产品。他们持续创新，而不抄袭模仿。"隐形冠军"为农业龙头企业发展提供了一种新的思路。

我国也在大力支持"隐形冠军"。商务部每年都组织遴选中国的"隐形冠军"企业。西蒙在接受采访时认为，比起进入世界 500 强这样的目标，中国企业制定成为"隐形冠军"的目标更为可取。在其新版的《隐形冠军》一书中，他选用了 92 家中国企业案例与德国企业进行对比，发现中国的"隐形冠军"有三个特征，即成长速度更快、全球化程度低、研发人员占比高。

农业龙头企业传承中，经营战略的选择非常关键。过去几十年，"做大做强"是很多企业家的经营理念，但在新的市场环境下，这种目标恰恰可能会成为企业长久经营的制约因素。"隐形冠军"的发展证明，把企业做强不一定意味着要把企业做大，事实上，500 强排名的主要依据是销售额，多元化经营虽然可以快速提高销售额，把企业规模做大，但不一定能够分散风险，反而可能会导致风险。究竟是深耕一个领域，还是全面开花，对于这个问题的回答也决定了企业的 DNA，决定着企业家交给后代的企业的体质强弱。方太创始人茅理翔曾说，"宁做 500 年，不做 500 强"，这反映出他对于家族企业发展方向的思考。

第二节　农业龙头企业领导力传承现状和问题

对家族式农业龙头企业传承问题，目前没有系统的调查研究，我们只能根据一些典型案例做些分析判断。总体上，家族式农业龙头企业传承在全国农业龙头企业中占较大比例，但缺少有效的理论指导，企业传承成功率低。

一　农业龙头企业领导力传承现状

（一）1/5 的农业龙头企业领导人面临交班

2021 年对全国 5 万多家农业龙头企业的调查数据显示，虽然部分农业龙头企业已经实现二代或职业经理人接班，但大部分企业仍然是创业一代占据领导位置，掌握着企业决策权。目前，超过 3/4 的农业龙头企业主要负责人为企业创始人，主要负责人年龄在 50 岁以上的占 41.9%，其中 82.8% 为企业的创办人，40—50 岁的占 38.6%，上万家农业龙头企业面临传承问题。

（二）内部接班模式占主流

农业龙头企业大多起源于改革开放初期兴起的乡镇企业。经过 40 多年的发展，第一代创业者正在老去，企业经营管理正向第二代创业者过渡。农业龙头企业创业者本身就是农民，得益于改革开放的时代红利而积累了财富，很多领导者是一边创业、一边传承、一边转型，子女接班是企业传承的首选。在子女不能接班的情况下，才会选择"外人"，先是企业内的合作人选，最后才是外来的职业经理人。家庭成员接班和内部员工接班占主导。

（三）子女创业式接班已有成功案例

家族式农业龙头企业中，子女创业式接班占了比较大的比例，其中不乏成功的典型案例。以新希望集团为例，刘永好董事长女儿刘畅接班集团旗下最大也是最传统的业务板块——新希望六和。刘畅"挂帅"新希望六和后，从业务、组织到文化层面都进行了全面改革，一批"80 后"高管密集上任，人事层面震动强烈。刘畅在很多公开场合表示："不做富二代，要做创二代。"尽管评价如此大型企业领导者的功过很困难，但至少在父亲刘永好的眼中，接班是很成功的。他表示，如果以满分 100 分来评价女儿,"目前看来,至少得 85 分以上"。

从非洲猪瘟到新冠疫情,都不断考验着组织的应对能力。刘畅主导下的新希望六和主业仍保持持续创新状态。"猪住在楼房里,上下出入有电梯,身上和周围还有许多传感器设备,房间的风、温度、湿度都通过系统进行控制。"高科技养猪在新希望已成现实。用刘畅的话说,"养猪正在变成一件科技感十足的事情"。面对"00 后""90 后"中很多人开始了一人独自居住的新生活场景,"一人食"变成了一种趋势。刘畅又主导公司参与直播带货,爆品"小酥肉"带货,市场反响强烈,每次都把仓库卖空(李艳艳,2021)。从 TB 业务衍生到 TC 业务,反映出新领导人很强的创新和营销领导力。

(四)农业龙头企业传承处于自生自发状态

我国农业龙头企业发展时间短,龙头企业的代际传承往往同时伴随着企业自身商业模式的巨变,农业龙头企业二代面临的挑战更加严峻。相对而言,欧美企业领导人接班虽然有计划,培养接班人周期相对长,但在美国也只有不到 40% 的企业能够成功传承到二代,传承到三代的不到 13%。当前,我国对农业龙头企业传承理论和实践研究远远不够,农业龙头企业传承缺乏理论指导,也没有收集到龙头企业传承成功或失败的相关数据。农业龙头企业虽然姓"农",但很多农业龙头企业老板的子女接受了比父辈更好的教育。他们视野更开阔,投资渠道更多元,不少人不愿意从事农食行业,整体上,农业龙头企业传承处于自发状态。可以预计,在不远的将来,不少农业龙头企业会因没有有效传承而在市场竞争中悄然退场。

二 农业龙头企业领导力传承存在的主要问题

(一)缺乏正确的领导力传承理念

很多农业龙头企业领导者的观念是遭遇式接班,相信船到桥头自然直。他们还没有树立领导者的长久价值是由继承者决定的理念。

由于缺乏正确的领导力传承理念,导致传承过程中问题频发,失败的继承人选择,可能让企业家和企业多年建立起来的声誉毁于一旦。企业领导者必须清楚:启动和监督接班过程是企业领导者的责任。这意味着,没有任何其他人可以代替领导者的这一责任。

爱马仕家族的第五代传承人说:爱马仕不是我从我的父母手中继承

来的，实际上是我从我的子女后代手里借来的。如果是从我父母手里继承来的，这个企业就是我的了，如果是从子女手里借来的，就意味着一个责任，将来要把更好的企业交给子女（金李，2015）。家族农业龙头企业的创立者是否应该从这种说法中得到启发呢？

（二）没有适时制订领导力传承计划

很多家族农业龙头企业老板虽然表达了"半退位"的急切希望，以便让自己从烦琐的日常经营中摆脱出来，有更多的时间去思考谋划企业的未来，但却根本没有制订相应的传承计划。

普华永道发布的《全球家族企业调研（2021）——中国报告》显示，在接班人问题上，仅有19%的中国内地家族企业拥有健全清晰的继任计划，49%的内地家族企业没有新生代参与企业运营。中国工商联发布的《中国家族企业发展报告》表明，在被调查的3000多家企业中，40%以上的企业根本没有考虑过传承问题，即将进行传承的企业情况也不尽如人意。农业龙头企业传承也是相似情况。

王永庆85岁交班，李嘉诚90岁交班，这让很多老板错误地认为自己也能活很久，考虑交班还早。现实中高龄交班是小概率事件，而且传承的设计要比想象得更为复杂、更耗时，不可能一蹴而就。

（三）不能适时选择合适的继承人

在继承人选择问题上，"80后"之前的一代面临的是如何选择的问题，而"80后"以及以后则根本就没有选择。

具体到农业龙头企业来说，很多老板的子女受教育程度比较高，不少人还有海外留学背景，他们从小看到父母创业又脏又累，不愿意继续从事农业行业。对他们来说，金融、互联网、新零售等行业的吸引力更大。有人认为，这是中国家族企业由子女继承的最大障碍。目前，家族企业的家族性逐渐让位于家庭性，即小家庭是企业的主要经营力量。家庭性企业优势在于家庭成员少，亲情比较浓，特别是很多继承人都是独生子女，在继承权问题上没有太多的争议。但是，家庭性也有负面效果，那就是缺乏继承人的储备，没有办法优中选优，为企业找到最为合适的继承人。因此，领导者希望自己在有精力的情况下尽可能多地参与公司的运营。

全国工商联对外发布的《中国家族企业发展报告》显示，只有

16%的企业主子女表示愿意接班，仅占意愿明确样本的1/3。胡润百富榜调查发现，近50%甚至更高比例的家族企业二代并不愿意继承父业；中国社会科学院的调查数据显示，82%的家族企业二代"不愿意、非主动接班"（蔡庆丰等，2019）。

心理学家赫茨伯格提出的双因素理论较好地解释了为什么继承人在家族企业中工作很不高兴。父母认为安排子女进入家族企业，给了他们很高的薪资待遇和职位，子女应该感激和满意。但是，在子女看来，这些待遇不过是"保健因素"，证明自己获得成就感才是"激励因素"。保健因素再多，也只能让子女不满意，而不会让子女满意。

（四）领导者不愿放权，不适时交班

很多农业龙头企业领导者最苦恼的事情是子女要么没有能力继承，要么不愿意继承。如果孩子能力很强又愿意继承，继承是否就水到渠成了呢？

其实不然，有兴趣又有能力接班，也需要培养和磨合，企业家自己如果不能很好地转换角色定位，仍然很可能对企业和继承人造成不可挽回的伤害，很多农业龙头企业领导者不愿意放权，不愿意交班。这一点看似违反直觉，但内心对权力的渴望和安全感的缺失制约着企业的顺利传承。

放手期是对企业创始人的最后考验。在权杖交接时，既要找到一种途径帮助上一代放弃对企业和家庭的控制，也要尊重他们在家庭和企业系统中应有的地位。比如，在企业一些重要的庆功会、周年庆等活动时邀请他们参加。

第三节　农业龙头企业领导力传承路径

家族农业龙头企业领导力传承，需要企业领导者借鉴国内外企业传承的成功经验，制订计划，顺利交班。在理论上，需要结合农食行业特点，加强理论建设和工具开发。在政策制定上，国家也要采取一定的支持措施，引导和助力企业成功传承。

一　转变传承观念

农业龙头企业领导力传承要求领导者首先要转变传承观念，从

"事件型"转变为"过程型"。传承并不是把职位交给继承人那么简单,而是像经营企业一样,是一连串既有重合,又有延续的事件的互动过程。虽然交出职位和权力是企业传承中的标志性事件,但企业传承绝对不是交出职位和权力就完成的事情,交接之前需要有充分的准备,交接之后还要有一段观察和辅助的时期。民间智慧把这种做法称为"扶上马,送一程"。

(一)树立及早培养的理念

企业传承是一个过程,从企业创立到渡过生存危机之后,就可以有意识地开始培养接班人了。子女长到一定年龄,接触到一些如"理想""志向"类的抽象词汇,这时应着手培养子女的接班意愿。父母可以从经营企业对于人格完善和实现社会价值的角度来介绍自己的工作,这样可以在子女很小的时候就积累家族企业的文化底蕴。

现实中很多父母在介绍自己的工作时,出发点往往是自己多不容易,是为了赚钱养家以及供子女读书,劝孩子要好好读书,将来接班。这种介绍自然难以激发孩子参与经营企业的愿望。与此相反,也有很多父母在孩子上学的时候通常要求孩子安心学习,不要为企业经营的事情分神,但在孩子毕业之后,就要求孩子开始为接班做准备。

(二)建立家族企业健康树模型

管理学家萨比娜·克莱因和约翰·沃德共同提出了家族企业树理论,对于企业家理解企业和家庭的关系很有参考价值。该模型内容如下:

树叶=市场中竞争的企业

树枝=领导权

树干=所有权

树根=家族

孔子说,"君子固本,本立而道生"。然而,一些家族龙头企业围绕着家族财产而争夺,导致兄弟反目、亲子关系紧张,这就是被树叶障目,这样的企业树根已经烂掉了,怎样做到基业长青呢?为了让大树健康成长,树叶和树枝可以修剪和更替,而树根却是越深越好,越稳固越好。

(三) 确立良好的家训家风和正确的价值观念

家族关系除了表面上容易观察到的成员是否和睦之外,更深层次的东西是成员之间是否有共享的价值观念和行为规则。中国传统的说法是要传承家训和家风,既要有理念,也要有制度保障来落实理念。很多人听过"富不过三代"的说法,但更完整的说法是"道德传家,十代以上;耕读传家次之,诗书传家又次之,富贵传家,不过三代"。

无论是"忠厚传家久,诗书继世长",还是"耕读传家久,诗书继世长"的说法,都是强调道德、家风和家业一起传承的重要性。香港是我国最早进入市场经济的地区,它的家族企业传承比内地早几十年,对我们有不少启发。尽管近年来香港富豪的传承中也爆出了不少家族丑闻,但 20 世纪七八十年代,很少有这样的事情发生,因为中国传统文化起到传承有序的作用。但全球化过程中中国传统文化和西方文化的交融,传统文化中一些有益内容被丢弃,导致了企业经营管理中出现许多新问题。

方太集团的传承被广为称赞,创始人茅理翔在 2006 年退出企业经营一线以后,创办了家业长青学院。他说过,"我能给后代留下的财富,更多的是创业精神和做大企业的梦想,而不是钱"。

二 及时制订传承计划

领导力传承的一个重要因素就是要及时制订传承计划。学者都强调传承计划对家族企业延续的重要性,对传承计划包括的要素或内容也各有侧重。实际上,农业龙头企业传承没有一定之规,要结合自家的实际情况在可行的框架之内设计并制订传承计划。

(一) 传承计划包括的基本要素或内容

王晓婷 (2010) 对传承计划相关研究进行了回顾。根据兰斯伯格的定义,传承计划主要是指管理权或所有权在家族内部转移的必要准备。研究者对于传承计划的重要性很早就达成了共识,即传承计划的缺失是家族企业传承失败的主要原因,研究者对于一个成功的传承计划应该包含哪些内容经历了漫长的深化研究过程。

罗兰·克里斯滕森教授在 1953 年出版的《小型和成长型企业的管理传承》(*Management Succession in Small and Growing Enterprises*) 最早

界定了传承计划的必备要素，即识别潜在继承人、任命某位继承人、宣布继任人选和其他管理者人选。

兰斯伯格（1988）拓展了传承计划的基本内容，认为传承计划包括：描绘和共享创始人退出企业之后的未来愿景；选择、培训继承人及未来的高层管理团队；设计管理权由现任管理层传递到下一任的流程；制订财产分配计划，在计划中详细说明家庭资产和企业所有权如何在继承人中分配；设计并组建适合管理传承的机构，包括家庭委员会、管理层特别工作组、理事会；教育家庭成员理解未来要承担的角色、权利和义务等。兰斯伯格的思想很有前瞻性，强调了传承计划对后续传承过程的影响。

早期的研究主要聚焦于继承人选择和任命，认为只要选择了合适的继承人就完成了企业传承计划。后来学者们逐渐认识到成功的传承计划必须考虑其他利益相关者，比如交班人、其他家族成员、企业管理者和供应商等。传承计划的内涵也进一步扩张，包含了接班人培养、传播企业坚持的愿景、界定交班人后续的角色等。

（二）家族企业传承过程演进

在实践中，应该以更加宽泛的方式来理解农业龙头企业传承计划，把它作为指导传承过程中解决可能出现各种问题的综合预警安排。农业龙头企业传承计划既要考虑行业、企业规模、家族结构以及个体的能力和意愿等因素，还要做出传承决定、继承人的培养、选择继承人和传承实施的步骤等。农业龙头企业可以借鉴一般家族企业传承过程制订传承计划。

企业传承一是要从行业环境、企业、家族、领导者及其他关联人的实际情况如何，分析这些因素对传承可能产生的影响。二是对传承决定、传承时期、传承规则和传承方意愿进行沟通。三是对继承人制订培养方案，包括对继承人的能力、阅历、职业规划进行整体安排。四是明确继承人，制定标准、选人程序和能力评估。五是完成传承，前任领导退出领导岗位，新领导上任，并对资本、人事等重大事项进行统一安排。传承过程，可由外部咨询专家进行监督评估，并适时反馈（见图8-2）。

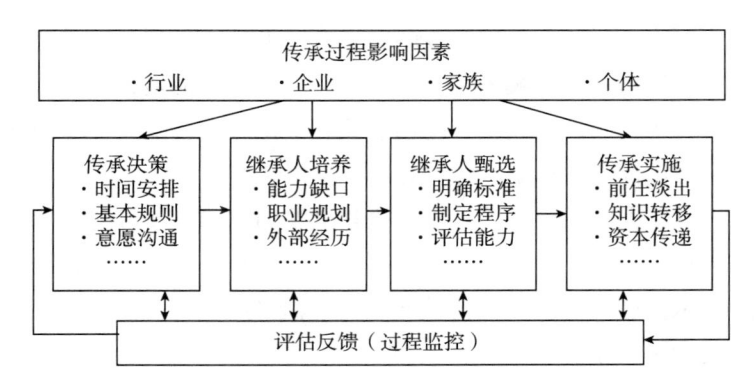

```
┌─────────────────────────────────────────────────┐
│              传承过程影响因素                    │
│      ·行业   ·企业   ·家族   ·个体              │
└─────────────────────────────────────────────────┘
     ↓            ↓            ↓            ↓
┌─────────┐  ┌─────────┐  ┌─────────┐  ┌─────────┐
│传承决策 │  │继承人培养│  │继承人甄选│  │传承实施 │
│·时间安排│←→│·能力缺口 │←→│·明确标准 │←→│·前任淡出│
│·基本规则│  │·职业规划 │  │·制定程序 │  │·知识转移│
│·意愿沟通│  │·外部经历 │  │·评估能力 │  │·资本传递│
│……       │  │……        │  │……        │  │……       │
└─────────┘  └─────────┘  └─────────┘  └─────────┘
     ↕            ↕            ↕            ↕
┌─────────────────────────────────────────────────┐
│            评估反馈（过程监控）                  │
└─────────────────────────────────────────────────┘
```

图 8-2　家庭企业传承过程演进机理分析框架

资料来源：窦军生、邬爱其：《家族企业传承过程演进：国外经典模型评介与创新》，《外国经济与管理》2005 年第 9 期。

三　积极培养继承人

不管是一般企业传承还是家族农业龙头企业传承，继承人培养和权力传递是一个系统工程。

（一）尽早规划继任者成长路径

由于家庭发展轨迹不同，企业继任者培养开始的时间没有统一标准，但基于父子生命周期，继承人的培养应该从小做起。总体而言，可以将继任者的培养计划分成前青少年阶段（6—12 岁）、青少年阶段（12—20 岁）、年轻成年人阶段（21—30 岁）和成熟成年人阶段（30 岁以上）（约翰·戴维斯，2013）。

前青少年阶段要注重培养孩子的品行。想要将孩子培养成为企业交接班人的父母，需要特别关注孩子的两种美德。一种是延迟满足感，另一种是责任感。延迟满足感可以帮助孩子学会抵制眼前的诱惑以争取长远的更大收益。这对于容易被溺爱的孩子来说尤为重要。责任感是经营企业的基础，需要从小就潜移默化地培养孩子做事的责任感。

青少年阶段的孩子则可以开始评估他们的个性和对赚钱的兴趣。让这个阶段的孩子根据自己的兴趣来探索赚钱的机会，有助于孩子了解社会现实以及家族的期待。

当接班人处在大学学习时，应该以培养接班人的使命感、责任感为主，寒暑假时可以让接班人参加企业实践。如果子女确实对经营企业不感兴趣，至少要让他们做好企业的守护者，看护好家族基业，捍卫好企业使命、家族精神；如果子女对经营企业感兴趣，他们大学毕业后，无论从企业一线干起，还是先自己创业或到其他企业打工，父辈和子女都要坐下来制订详细的计划，探讨并明确发展目标。

年轻成年人阶段应当给予子女探索世界的空间，父母与子女共同制订双方满意的计划。尽管继承人还不成熟，但已经长大成人，具备很强的自主意识，这一阶段，父母应该有意识地与继承人建立起"成人和成人"的沟通关系。

成熟成年人阶段需要明确继承人在企业中的角色并拟订传承时间。继承人无论倾向独立创业还是在家族企业实习都应受到鼓励。父母在这一阶段需要提供机会让继承人展示自己的能力，帮助其获得员工和重要合作伙伴的信赖。

（二）择时启动领导力开发项目

接班人选定之后，应在候选人 30—35 岁、企业掌权人 50 岁左右时，启动正式的企业领导力开发项目。

传承规划者应为继承人制订一份职业规划，列出继承人需要培训的技能，如运营、营销、战略等，或者对继承人侧重进行某方面能力的培养。传承规划者也应为继承人创造获得其他岗位技能培训的机会，如参与战略规划和跨职能专业工作组等。此外，还应鼓励接班人到其他企业或组织学习实用技能、企业文化。继承人一般需要在其他企业工作 3—5 年，就职的企业规模最好比自己的家族企业大一些。

调查研究发现，没有继承人为曾在家族企业外工作过而感到遗憾。很多没有这种经历的人表示希望自己拥有曾在外面工作的经历。随着继承人进入正式继承准备阶段，应坚持对其进行定期评估，同时指定导师在有需要的领域进行指导。

（三）妥善处理各类矛盾

在家族农业龙头企业继任者的培养中，必须考虑到父母和子女之间可能会产生各种冲突与矛盾。一方面，继任者会向父辈证明自己像父辈一样有能力；另一方面，父辈与子女传承关系中可能存在忌妒和竞争。实现顺利接班是农业龙头企业的一项长久任务，一般情况下，管理权和控制权的转移需要在 5—15 年内完成。建议提前 15 年开始为企业领导权的顺利过渡准备计划并予以实施。大多数老板应在45—50岁开始考虑接班事宜，这样自己便可以在60岁或65岁时顺利退休。

毋庸置疑，一旦选定了继承人，落选的其他家族成员会有一定的挫折感。一种常见的错误做法是为了安抚这些落选者，将他们提拔到更为重要的岗位上，授予他们更大的权力和报酬。这会对公司的传承造成极大的隐患。

家族农业龙头企业管理规范化的必经之路是要做到"亲"与"清"，在家庭关系中保持亲情，在公司管理方面，不对企业发展承担核心责任的家庭成员应该尽量减少参与公司事务。

四 择机放权，顺利交接班

一份没有完成期限的计划不能称之为计划。如果已经选定了继承人，也制订了细致的培养计划，但迟迟不放权可能引发更大的问题。因此，企业领导人需要择机完成最后的交班任务。

伊查克·爱迪思将企业发展分为三个阶段九个时期：第一，成长阶段，包括孕育期、婴儿期、学步期。第二，再生和成熟阶段，包括青春期、盛年期、稳定期。第三，老化阶段，包括贵族期、官僚化早期、官僚期。不同阶段不同时期，企业面临不同的经营管理任务，企业交接班时，必须要充分考虑企业所处的阶段与时期。

行业不同，继承人进入的时期也有所差异，各有利弊。对于一些创新型农业龙头企业，继承人接班的最佳时期是企业的学步期和青春期。因为这时继承人的加入可以带来新的思维，有利于形成新战略，可以使即将发生的制度变革与自己权力和威信的树立同步进行，还可以充分借助上一代的权威建立自己在企业中的地位，从而避免今后可能发生的权力争斗问题。当企业进入盛年期后，创业者的威信开始下降，职业经理对企业权力需求开始增加。此时，权力的代际转移将会面临更多困难。而对于一些传统农产品加工业，可能成熟阶段的稳定期是更佳选择。在此之前进行继承，容易影响企业业务的开拓。当然，稳定期后继承的不利面是权力斗争可能会更复杂，继承人失败可能性也会增加（晁上，2002）。

第四节　农业龙头企业领导力传承案例分析

一　福耀集团企业传承

福耀玻璃工业集团股份有限公司（以下简称福耀集团），是一家专业生产汽车安全玻璃和工业技术玻璃的中外合资企业，是名副其实的大型跨国工业集团。作为一家成功的家族企业，在企业治理结构、团队建设以及接班人的选拔培养上均有良好的方法和可借鉴之处（屈丽丽，2017；南方，2018）。

（一）良好的传承声誉

福耀集团的创始人曹德旺，被称为"中国的玻璃大王"，他为公司的发展殚精竭虑，创业之路历尽坎坷。1983年，他买下了濒临倒闭的玻璃厂，1987年成立福耀玻璃集团，经过多年打拼，将企业发展成为一家A股+H股的上市企业，市值2000亿元左右。

良好的现代企业治理结构是家族企业发展壮大和有序传承的基础，在企业发展中，曹德旺不断吸引人才，引进技术，从而使生产规模不断扩大，直到推广到全世界。而他在美国建工厂的做法也曾在国内引发了关于中国制造业成本优势的讨论。曹德旺甚至成为美国前总统奥巴马投资拍摄的《美国工厂》这一纪录片的主角。2009年，曹德旺获得具有企业界奥斯卡之称的"安永企业家奖"，他是首位华人获得者。2014年，曹德旺获得年度华人经济领袖大奖。同时他还是一位具备爱国主义情怀的企业家，几十年来，竭尽全力回馈社会，把慈善当作事业来做，曾获"中国首善"称号。

作为企业家，曹德旺担当作为，认真负责。而他对家庭的认知水平远超常人，其对儿子曹晖的培养倾注了大量的心血，使其一直在父亲守护下打拼、成长。根据曹德旺的自述，他在事业起步之后曾经想过和包办婚姻的妻子离婚。在提出离婚的时候，没想到妻子不但没有想要分割财产，还出于对孩子负责的考虑要求抚养孩子。这让曹德旺感到惭愧，于是他决定为孩子的成长提供一个完整的家庭环境。家族企业传承，家庭是一个很好的载体。

（二）家庭环境对企业传承的影响

首先，曹德旺维持了良好的家庭氛围。曹德旺很早就明确表达了要长子曹晖接班的心愿，并且不断锻炼和培养曹晖。可以说，在接班问题上，父子之间没有相互猜忌，曹晖做任何决策都不担心。父子之间的"矛盾"更多地表现为曹德旺想要早点交班，而曹晖则声称"压力太大"不愿意马上接班。虽然二人暂时还没有达成一致，但由于曹晖之前已经在福耀工作多年，他随时回来接班都不算突兀，二人的交接就缺少临门一脚。

在一次福耀高层会议上，曹德旺决定让长子曹晖成为福耀集团未来的接班人，不过这一提案却遭到高管的强烈反对。曹德旺不慌不忙地回应道："让儿子接班就不高尚了？你看世界500强，95%都是家族企业！"

其次，曹德旺与儿子关系融洽。对于儿子，曹德旺的要求并不是让他言听计从，而是让他把自己的思考带入公司，鼓励提出不同的意见。曹德旺就曾对外表示："福耀玻璃的员工都很崇拜我，但曹晖不崇拜，他做事情有自己的原则，有自己的思路，不盲从。"从公司传承的角度来看，接班人通常要结合新的外界环境对企业经营战略和业务组合作出调整，熟悉公司实际情况的同时具备自己的思考，这才是接班人必须具备的能力。

曹德旺对儿子不愿意接班的种种原因都进行了认真的分析，并尽量给出满意的解决方案。在曹德旺看来，"这是一种责任，是一种荣誉，他应该能接受这样的事情。福耀玻璃是国家的财产，是股东的财产，接班人问题涉及福耀员工的饭碗，处理这件事情，必须慎重"。

最后，曹德旺对于接班人的心态有很深的体会，很能从儿子的角度看待接班问题。他曾坦言自己对于让儿子接班的态度是"既想又不想"。说想是因为福耀集团每年都会向社会捐款，接班福耀是一种社会责任。另外，有人接手自己也能提前退休。说不想是因为儿子当年自己创业做了一些填补国家科技空白的业务，不继续深研有些可惜。曹德旺最后总结，曹晖牺牲最大，但没办法，谁让他是曹德旺的儿子。如此看来，曹德旺没有将接班看作是对于儿子的恩赐，而是看到了接班的两面性。

曹德旺对儿子的培养可以说是非常成功。曹晖既尊重父亲，又很自信。曹晖评价父亲曹德旺时说"我不如我父亲，因为我培养不出第二个曹晖"。这句话很有意思，看似"谦虚"，但透露着自信，这也反映出父子二人融洽的关系。

（三）有序传承，家族和睦

曹德旺曾信心满满地对外宣布自己设计的企业新接班计划，并将它分成三个步骤：第一步是让女婿叶舒担任福耀玻璃总经理，第二步是吸引曹晖接班担任董事长，第三步是自己逐步离开公司实际管理层以实现交班。

曹德旺悉心培养儿子多年，他曾经讲述过对于儿子职业生涯的规划是3个六年的锻炼，非常清晰明确。"高中毕业，我就把他放到车间里去了。在那里他一待就是六年，慢慢地从为师傅跑跑颠颠、顶替别人加班多拿几元钱，到后来当了车间主任。我一看，他轻车熟路了，就把他派遣到香港去做销售。从零做起，又是六年。慢慢渠道熟悉了，宝马车都有了。我见不得他舒坦，当美国分公司出现危机时，我又狠狠心把他派遣到美国去。在那里又是六年。尤其是在2001—2004年福耀对美反倾销官司中，曹晖带领团队艰苦奋战，展现出管理才华和领导力。在美国他得心应手了，但国内需要，我又把他拉了回来。"

在学业教育方面，曹德旺也考虑得很周到。负责具体的事务让曹晖锻炼了业务能力，但要掌握整个公司，就需要提升管理能力，于是就派去美国贝克大学深造，主修工商管理。

早在2006年，曹晖就任公司总经理一职，让福耀交接班路径十分明朗。但是，2015年7月2日，福耀的一纸公告披露了曹晖提交了辞呈，宣布准备开启自己的创业征途。曹晖看好万亿级规模的汽车售后服务市场，希望领军中国汽车售后服务市场。曹晖离职后，曹德旺通过各种渠道发声，表示曹晖是接班人的计划不会动摇。其间，曹德旺也不断劝说曹晖回归，2018年，曹晖重回福耀，保留了接班福耀的可能性。

可以说，曹德旺对于曹晖的培养和接班计划执行得很好，从基层现场到海外拓展，从学业深造到统揽全局，从自主创业到重回福耀，曹晖的经历确实很丰富，每一步也很坚实。

（四）福耀集团企业传承案例的一点启示

曹德旺在企业传承过程中为帮助儿子树立权威做出了努力。家族企业的基础是家族，而家族中的核心纽带是亲子关系，这是决定父子如何处理公司经营分歧的关键变量。

计划再好也有不可控的因素，因此，曹德旺对于儿子是否能够真正接班保持一种开放的心态。曹德旺曾直言，曹晖接班的障碍除了接班人的意愿以外，还有公司内部的反对。曹晖重回公司以后，担任公司副董事长，而女婿叶舒则担任总经理。元老高管会不会利用两人的分歧谋求自己的利益？有时候纷争不以当事人的个人意愿为转移，而是会被背后代表的利益驱动。曹德旺对接班的复杂性非常了解，他曾经表示，就算曹晖同意接班，任务只算完成一半，另一半是协调接班人与员工、管理层和股东之间的利益，这个时间大约需要 10 年，而且公司的很多业务建立在复杂的内部、外部人际关系上。曹晖最终是否能够成功接班，曹德旺的回答很简单也很务实，"随缘"。

二 ABCD 四大粮商企业传承

众所周知，ADM（阿彻丹尼尔斯米德兰）、Bunge（邦吉）、Cargill（嘉吉）、Dreyfus（路易达孚），简称 ABCD，是世界领先的四大粮商，与我国农业龙头企业业务有很多相似之处。2021 年，四大粮商的销售额分别是 852 亿美元、591 亿美元、1344 亿美元和 496 亿美元。作为对比，我国有央企背景的中粮集团有限公司（以下简称"中粮集团"）2021 年的销售收入刚刚超过 1000 亿美元，销售额和四大粮商达到同等规模。

其实，这四大粮商全都是家族企业，名字也都是创始人的家族姓氏，与"老张粮油""老李饲料"没有任何区别。四大粮商都有着百年以上的历史，长期坚持做不上市的家族企业。即使近年有 3 家企业已经上市，但控制权仍然掌握在创始家族的手中。嘉吉更是至今都没有上市。

（一）阿彻丹尼尔斯米德兰

阿彻丹尼尔斯米德兰公司名称取自两个创始人和一家收购的企业米德兰。该公司是四大粮商中最早上市的一家，企业的所有权和控制权也逐渐从创始人家族转移到管理者手中。

创始人之一的丹尼尔斯 1878 年在俄亥俄州开始压榨亚麻籽油，并于 1902 年搬到明尼苏达州，组建丹尼尔斯亚麻籽公司。1903 年，另一个创始人阿彻加入公司，几年后发展成了阿彻丹尼尔斯亚麻籽公司。阿彻还为公司带来了经验，他的家人自 1830 年开始一直从事压榨亚麻籽业务。

1923年，公司收购了米德兰亚麻籽制品公司，阿彻丹尼尔斯米德兰公司终于正式成型。1924年，阿彻丹尼尔斯米德兰在纽交所上市。两位创始人死后，创始人丹尼尔斯的儿子和孙子长期担任阿彻丹尼尔斯米德兰的总裁和董事长。丹尼尔斯的孙子在阿彻丹尼尔斯米德兰董事会任职直到1996年。

阿彻丹尼尔斯米德兰经历了大萧条和第二次世界大战，在1960年遇到了困境。丹尼尔斯和阿彻家族决定向德韦恩·安德烈亚斯出售10万股公司股票，将他招募到了领导团队。德韦恩·安德烈亚斯很有经营才干，他是农民的儿子，大学没有毕业就退学，帮助父亲和哥哥打理一家破产的粮食和饲料企业，成功后将公司卖给了嘉吉公司，他后来甚至成为嘉吉公司的副总裁。安德烈亚斯1966年获得董事会和执行委员会席位，1970年被任命为首席执行官，1972年被选为董事长。随着公司的扩张，安德烈亚斯将他的其他几位家庭成员带到了阿彻丹尼尔斯米德兰。三位安德烈亚斯家族成员成为各个部门的负责人，到1990年，阿彻和丹尼尔斯家族各自仅有一位成员担任高级职务。

阿彻丹尼尔斯米德兰在安德烈亚斯的手中成长为国际大粮商，公司在20世纪70年代有3000名员工，40个加工厂，到1999年他退休时，公司规模发展到拥有员工23000人、加工厂270多个。

20世纪90年代，安德烈亚斯原本计划安排自己的儿子接班，但由于其他原因，后来安德烈亚斯的侄子接班担任总裁。

（二）邦吉

很多资料把邦吉说成是一家美国公司，实际上邦吉公司的总部随着公司业务的国际化不断转移，创业开始，该公司是一家欧洲公司，但后来业务优势主要在南美洲，现在邦吉的业务遍及世界各地，是一家不折不扣的国际化大粮商。

创始人约翰·邦吉于1818年在荷兰阿姆斯特丹创立公司，1859年其孙子将总部迁至比利时，1876年，公司迁至阿根廷，开始其在美洲的发展。创始人老邦吉的孙子和他的姐夫博恩共同开拓了他们在阿根廷的业务，成立的公司名字就叫邦吉-博恩，此后，公司长期掌握在邦吉家族和伯恩家族手中。1884年，公司的总部也搬到了阿根廷首都布宜诺斯艾利斯。1975年，公司总部搬到了巴西圣保罗之后，在南北美地区迅速发展，该公司是巴西最大的农产品出口商。邦吉于1998年将总部从圣保罗迁至纽约。2000年，邦吉正式进入中国。

1994年，百慕大注册的Bunge International成立，成为家族拥有股份的主要公司。大约有180位股东，主要家族有赫希、邦吉、博恩、恩格斯和德拉图尔。这取代了旧的结构，在旧结构中，个人股东在所有不同的Bunge公司中都拥有股份。1992年，邦吉集团在历经175年的家族管理后，决定其创始家族作为董事会成员参与，并将经营活动移交给非家族专业人士管理。有趣的是，就在邦吉的创始家族退出经营的时候，另一家农业家族企业则希望接收邦吉的经营。

2018年，美国大陆谷物寻求并购邦吉，并且顺利获得了董事会的席位。大陆谷物有200多年的历史，目前的董事长保罗·弗里堡是创始家族的第6代管理者。该公司的社会网络资源很深厚。1980年，正大集团与大陆谷物公司在中国合资成立了"正大康地"公司，这是深圳经济特区第一家外资企业，被授予0001号营业执照。

（三）嘉吉

1865年，威廉·华莱士·嘉吉在美国爱荷华州的一个小镇上建了一座谷仓，正式开启了成为国际大粮商的道路。

一开始，嘉吉和很多粮食企业一样，做粮食贸易和仓储生意。由于它的仓库先进，很多附近的农户也愿意把粮食先存到嘉吉的仓库，等价格合适的时候再销售。可见，嘉吉当时就已经在开展类似"粮食银行"的业务了。那时，遍布美国的铁路网正在快速修建中，嘉吉就顺着铁路网延伸自己的业务网。1909年，老嘉吉去世的时候，嘉吉公司也和很多农业企业一样，业务发展虽然很快，但资产负债率高，公司的资金链风险很高。

与麦克米伦家族的联姻拯救了局面。1895年，老嘉吉的孙女嫁给了约翰·麦克米伦，老嘉吉的儿子娶了麦克米伦家族的成员。老嘉吉去世后，约翰·麦克米伦成了嘉吉的掌舵人。从此开始，两个家族联合经营，至今已超过五代。两大家族并非没有矛盾，嘉吉家族的许多成员认为，家族企业被"偷走"了，而麦克米伦家族则觉得自己从财务危机中"救下"了这家企业，一切都是应得的。但两个家族以开拓精神、公平竞争和长期家族所有权的承诺为基础，为企业和家族进行规划，确保企业不会受到家族斗争的影响，这是其传承至今的高明之处。

直到现在，嘉吉集团仍然是家族式企业，并且还是美国最大的未上市私人企业之一。嘉吉和麦克米伦家族曾经以430亿美元的净资产成为2016年和2017年世界上第五富有的家庭。嘉吉公司长期以来也是世界上最大的私有公司，作为私营家族企业，嘉吉的历任领导者都认为私营使嘉吉能够繁荣发展至今，不必上市，也不被其他集团收购。可以说，良好的传承设计是这一切成就的基础。

嘉吉90%的股份由大约100名嘉吉和麦克米伦家族成员控制。自1995年惠特尼·麦克米伦退休后，家族成员就再也没当过公司的一把手。今天的嘉吉有一位家族成员在公司工作，两大家族刻意营造了一个"三足鼎立"的局面。嘉吉董事会共有17个席位，拥有最多股份的家族成员占有其中6席，管理层占有5席，独立董事占6席。两大家族的后人始终与嘉吉公司保持着一种微妙的关系，既保证企业不会出现家族独裁式管理，也不会让家族失去对企业的影响力。

（四）路易达孚

路易达孚目前仍保持着家族企业的身份，没有上市。路易达孚公司是欧洲最早的农产品贸易公司，1851年由法国人列奥波德·路易·达孚创建于法国巴黎，20世纪初，业务已经遍及世界各地。列奥波德1915年去世时，已获得很多荣誉。路易达孚在第二代接班人查尔斯和路易斯掌舵下发展成为领先的粮商，并扩展到美洲及其他地区。

路易斯1940年去世之后，第三代接班人让·弗朗索瓦和皮埃尔接着掌管公司。

1969年，杰拉尔德成为第四代接班人，他是第三代接班人中皮埃尔的儿子。

2000年，罗伯特开始领导路易达孚，成为第五代领导者，他是杰拉尔德的堂弟，第三代接班人中让·弗朗索瓦的儿子。罗伯特在堂兄执掌路易达孚期间一直在别的公司工作，曾经担任著名运动品牌阿迪达斯的总裁。

2009年，罗伯特因白血病去世，将资产托付给妻子玛格丽特管理，玛格丽特成为公司的第六代掌门人，她被认为是当今最富有的俄罗斯女性，继承了公司60%的股份（2012年增加到65%）。

参考文献

［美］阿里·德赫斯：《长寿公司："商业风暴"中的生存方式》，经济日报出版社 1998 年版。

［美］埃德加·沙因：《组织文化与领导力》，马红宇等译，中国人民大学出版社 2011 年版。

［美］埃里克·巴克：《有效努力》，刘惠译，湖南文艺出版社 2019 年版。

［美］安妮·麦基：《管理学：聚焦领导力》，赵伟韬译，格致出版社 2017 年版。

［美］保罗·史托兹：《逆商：我们该如何应对坏事件》，石盼盼译，中国人民大学出版社 2019 年版。

［美］比尔·乔治、［美］安德鲁·麦克莱恩：《找到真北》，金琦译，中国电力出版社 2014 年版。

［美］彼得·德鲁克：《成果管理》，朱燕斌译，机械工业出版社 2006 年版。

［美］彼得·德鲁克：《创新与企业家精神》，蔡文燕译，机械工业出版社 2009 年版。

［美］彼得·德鲁克：《已经发生的未来》，汪建雄、任永坤译，机械工业出版社 2019 年版。

［美］彼得·德鲁克：《卓有成效的管理者（典藏版）》，许是详译，机械工业出版社 2018 年版。

［美］彼得·圣吉等：《第五项修炼实践篇：创建学习型组织的战略和方法》，张兴等译，中信出版社 2011 年版。

［美］彼得·圣吉：《第五项修炼》，张成林译，中信出版社 2018

年版。

［美］博恩·崔西：《卓越领导力》，周斯斯译，金城出版社2016年版。

蔡成平：《日本百年家族企业如何做好企业传承》，http：//finance.sina.cn/zl/2015-06-26/zl-ifxemzau8639865.d.html？vt=4& pos=108.

蔡庆丰等：《家族企业二代的成长经历影响并购行为吗——基于我国上市家族企业的发现》，《南开管理评论》2019年第1期。

晁上：《论家族企业权力的代际传递》，《南开管理评论》2002年第5期。

陈春花：《管理的常识》，机械工业出版社2010年版。

陈劲、郑刚：《创新管理：赢得持续竞争优势》（第三版），北京大学出版社2016年版。

陈凌、应丽芬：《代际传承：家族企业继任管理和创新》，《管理世界》2003年第6期。

陈明亮：《客户生命周期理论》，《浙江大学学报》（人文社会科学版）2002年第6期。

陈文晶、时勘：《变革型领导和交易型领导的回顾与展望》，《管理评论》2007年第9期。

程云：《企业领导力开发的有效性研究》，博士学位论文，武汉大学，2013年。

创客海：《用一台翻译机挑战世界的日本首富——软银集团董事长孙正义》，https：//www.sohu.com/a/210925897_638049。

丛龙峰、［美］张伟俊：《自我觉察：领导力提升的起点与终点》，机械工业出版社2022年版。

［美］大卫·B.尤费、［美］迈克尔·A.库苏马罗等：《战略思维》，王海若译，中信出版社2018年版。

［美］丹尼斯·N.T.珀金斯：《沙克尔顿的领导艺术：危机环境下的领导力》，冯云霞等译，电子工业出版社2016年版。

［日］稻盛和夫：《斗魂》（第5版），曹岫云译，曹寓刚校，人民邮电出版社2021年。

邓正红：《企业逆境的表现及特征》，《管理工程师》1997年第

3 期。

丁可：《日本百年企业：事业传承与现代转型》，《企业家信息》2020 年第 7 期。

丁雪峰、徐斌等：《创新领导力》，中国劳动保障出版社 2018 年版。

窦军生、邬爱其：《家族企业传承过程演进：国外经典模型评介与创新》，《外国经济与管理》2005 年第 9 期。

［比］弗雷德里克·莱卢：《重塑组织：进化型组织的创建之道》，进化组织研习社译，东方出版社 2017 年版。

干倩倩：《企业家战略思维形成机制研究》，硕士学位论文，北京邮电大学，2020 年。

宫小淇、孙立樵：《关于团队领导力的基本构成要素探析》，《长江丛刊》2018 年第 17 期。

宫玉振：《长征：一个逆境领导力的标本》，《商业评论》2016 年第 3 期。

宫玉振：《企业家如何锻造逆境领导力》，《领导科学》2009 年第 4 期。

［美］赫尔曼·西蒙：《隐形冠军》，经济日报出版社 2005 年版。

洪明：《论企业高管团队的利器——团队领导力——以复星集团的五人团队为例》，《商业经济与管理》2005 年第 3 期。

［日］后藤俊夫：《继承者：日本长寿企业基因》，王筱卉译，上海交通大学出版社 2019 年版。

胡硕兵：《国内领导风格研究综述》，《中国井冈山干部学院学报》2013 年第 5 期。

华艺、陶建宏：《企业高管团队高效运作的影响因素及对策探讨》，《企业经济》2012 年第 8 期。

黄旭：《中国企业战略变革：思维逻辑与方法路径》，西南财经大学，博士学位论文，2004 年。

［美］吉姆·柯林斯：《从优秀到卓越》（珍藏版），俞利军译，中信出版社 2009 年版。

［美］吉姆·柯林斯：《从优秀到卓越》，俞利军译，中信出版社

2019年版。

姜国政：《营销中网络渠道与传统渠道》，《经济管理》2005年第13期。

[美]杰夫·戴尔等：《创新者的基因》，曾佳宁译，中信出版社2013年版。

[美]杰克·特劳特、阿尔·里斯：《品牌的起源》，谢伟山、苑爱冬译，机械工业出版社2011年版。

金李：《近八成商二代不愿意接班，计划生育让接班人单一化》，http://www.ccg.org.cn/archives/27709.

解方舟等：《共情能力的作用及其培养》，《中国健康心理学杂志》2016年第9期。

靳诺：《不断提升战略思维能力》，《学习时报》2019年2月18日。

[美]科特勒：《营销管理》，何佳讯等译，格致出版社2016年版。

[美]拉姆·查兰等：《领导梯队：全面打造领导力驱动型公司》（第2版）（珍藏版），徐中等译，机械工业出版社2016年版。

[美]兰德尔·S.卡洛克、约翰·L.沃德：《怎样保持家族企业健康发展》，潘守培、王昊、李国彦译，电子工业出版社2017年版。

李飞：《全渠道营销：一种新战略》，《清华管理评论》2015年第1—2期。

李飞：《全渠道营销理论——三论迎接中国多渠道零售革命风暴》，《北京工商大学学报》（社会科学版）2014年第3期。

李平：《VUCA条件下的组织韧性：分析框架与实践启示》，《清华管理评论》2020年第6期。

李庆国：《峪口禽业：在科技创新中寻梦世界第一》，《农民日报》2013年12月21日第8版。

李熔：《校友故事丨吴桂琴：每次选择都会收获更大的世界》，https://mp.weixin.qq.com/s?_biz=MzA3NzQyMDM3OQ==&mid=2649469128&idx=1&sn=2746802cf31835acf5c431b4a856758f&chksm=874d52fcb03adbea9c050caf558df4a36b8a439d3088db631071554c209c86e5fe1befc9988af&scene=27.

李学松：《逆境领导力提升之道》，《决策》2016年第6期。

李艳艳：《刘畅："创二代"的浪漫与朴实》，《中国企业家》2021年第4期。

李志昌：《运用战略思维谋划全面深化改革》，《学习时报》2015年9月16日。

［美］里克·莫瑞儿：《遇墙皆是门——超越变革的阻力》，王雷译，清华大学出版社2018年版。

梁家广：《创新领导力》，中华工商联合出版社2018年版。

廖永松等：《河南省农业产业化龙头企业创新能力与投资取向调研（2020年）》，中国社会科学院农村发展研究所内部报告。

［美］琳娜·M.艾切维妮亚等：《创新领导力：解放创造力，加速创新，带来突破性变革》，陈晶等译，电子工业出版社2017年版。

刘澜：《领导力：解决挑战性问题》，北京大学出版社2018年版。

刘元丽：《逆商管理对个体发展和组织创新的影响》，《合作经济与科技》2021年第5期。

泷川进：《日本长寿企业为何多？》，https：//www.keguanjp.com/kgjp_jingji/kgjp_jj_qyjy/pt20181219060004.html。

卢凤君等：《畜禽产业链融合发展与增值创新》，中国农业出版社2020年版。

［美］鲁思·韦格曼等：《让高管团队更高效》，郭旭力、鲜红霞、王圣臻译，中国财政经济出版社2022年版。

路虎：《战略思维暴露了你的层次与格局》，搜狐网，https：//www.sohu.com/a/238584235_642245。

罗珉：《企业战略行为研究述评》，《外国经济与管理》2012年第5期。

［美］马歇尔·卢森堡：《非暴力沟通》，阮胤华译，华夏出版社2009年版。

［美］迈克尔·塔什曼、查尔斯·奥赖利三世：《创新跃迁》，四川人民出版社2018年版。

梅烨：《逆商的内容结构及其相关因素研究》，硕士学位论文，暨南大学，2013年。

农业农村部乡村产业发展司等：《2020年中国农业产业化龙头企业

发展报告》内部报告。

农业农村部乡村产业发展司等：《2021 年中国农业产业化龙头企业发展报告》内部报告。

乔雪：《论团队领导力的开发》，《东华大学学报》（社会科学版）2012 年第 2 期。

青岛大学商学院：《"伊利畅轻"创新杯营销大赛颁奖仪式成功举行》，http：//ibc.qdu.edu.cn/glkx/info/1041/1184.htm.

屈丽丽：《曹德旺最新接班计划：儿子曹晖 or 女婿叶舒？》，南方：《家族企业家杂志》，https：//www.jiemian.com/article/1499991.html. 南方：《"玻璃大王"曹德旺：豪掷 2 亿为长子曹晖接班铺路》，《环球精英杂志》，https：//www.jiemian.com/article/2289419.html.

［美］斯蒂夫·阿尼森：《领导力培养白金法则》，柳青译，中国青年出版社 2009 年版。

饲料行业网：《创新者先！"中国好饲料·第 9 季"动物营养师——尚秀国》，https：//baijiahao.baidu.com/s？id＝1703335051834531553&wfr＝spider&for＝pc.

松果财经：《让"猪场"名副其实的网易味央，是如何玩转"互联网＋养猪"？》，https：//baijiahao.baidu.com/s？id＝1705968988863935438&wfr＝spider&for＝pc.

孙海法、伍晓奕：《企业高层管理团队研究的进展》，《管理科学学报》2003 年第 4 期。

屠振华等：《中国农业产业化龙头企业创新发展现状及前景》，《农业展望》2020 年第 9 期。

王彬、李曜、杨晓云：《论家族公司》，《证券市场导报》2001 年第 8 期。

王革等：《基于动态系统范式的高管团队领导力理论综合》，《人力资源管理》2022 年第 10 期。

王国锋：《危机情境下团队领导力的前因及其影响研究》，博士学位论文，电子科技大学，2009 年。

王晓萍：《国内外家族企业研究的最新动态》，《杭州电子科技大学学报》（社会科学版）2005 年第 4 期。

参考文献

王晓婷：《基于家庭视角的家族企业传承研究》，博士学位论文，浙江大学，2010年。

［美］沃伦·本尼斯、伯特·纳努斯：《领导者》（纪念版），赵岑、徐琨译，浙江人民出版2016年版。

［美］沃伦·本尼斯：《成为领导者》，徐中、姜文波译，浙江人民出版社2016年版。

［美］沃伦·本尼斯：《成为领导者》，徐中等译，浙江人民出版社2016年版。

吴维库：《葡萄树结构：团队领导力的解析》，《领导科学》2015年第35期。

［美］希特等：《战略管理·概念与案例》，吕巍译，中国人民大学出版社2009年版。

夏萍：《风云闽商｜7亿年产值，泉州商人姚汉霖把一碗螺蛳粉做成了大产业》，https：//www.163.com/dy/article/GBNVHP8R0519CQ3E.html.

夏雨、卫艺炜：《茶叶全渠道营销策略探究——以日春股份公司为例》，《山西科技报》2022年5月16日第B07版。

［美］谢尔顿编：《领导是什么：美国各界精英对21世纪领导的卓见》，五伯言译，上海人民出版社2000年版。

徐二明、李维光：《中国企业战略管理四十年（1978—2018）回顾、总结与展望》，《经济与管理研究》2018年第9期。

徐中：《清晨领导力：新经理人的50个领导力修炼》，机械工业出版社2020年版。

习近平：《高举中国特色社会主义伟大旗帜 为全面建设社会主义现代化国家而团结奋斗——在中国共产党第二十次全国代表大会上的报告》，人民出版社2022年版。

［瑞士］伊丽莎白·库伯勒-罗斯：《论死亡和濒临死亡》，邱谨译，广东经济出版社2005年版。

《伊利以潘刚全球化思维为指引开展全产业链创新合作》，大众网，https：//baijiahao.baidu.com/s?id=1728148891038774699&wfr=spider&for=pc.

鱼峰区宣传部：《姚汉霖：螺蛳粉工业生产线的技改狂人》，http：//www.yfq.gov.cn/xwzx/yfdt/202103/t20210325_2683282.shtml.

峪口禽业：《峪口禽业养鸡 40 年的那些事》，http：//www.feedtrade.com.cn/livestock/poultry/2255636.html.

《袁隆平的凡人世界》，稞米的世界，https：//view.inews.qq.com/k/20210604A00OIH00? web_channel=wap&openApp=false&f=newdc.

［美］约翰·麦克斯韦尔：《领导力的 5 个层次》，任世杰译，金城出版社 2016 年版。

［美］约瑟夫·熊彼特：《经济发展理论——对于利润、资本、信贷、利息和经济周期的考察》，何畏等译，商务印书馆 1991 年版。

［英］约翰·阿代尔：《创新型领导艺术》，吴爱明等译，中国人民大学出版社 2009 年版。

约翰·戴维斯等：《富二代接班指南》，《新财富》2013 年第 8 期。

［美］詹姆斯·C. 柯林斯、杰里·L. 波拉斯：《基业长青——企业永续经营的准则》，真如译，中信出版社 2002 年版。

［美］詹姆斯·M. 库泽斯、巴里·Z. 波斯纳：《领导力：如何在组织中成就卓越》（第 6 版），徐中、沈小滨译，电子工业出版社 2018 年版。

［美］詹姆斯·曼特罗、朱利安·伯金肖：《管理者的思维工具》，王文彬译，清华大学出版社 2019 年版。

张延龙等：《中国农业产业化龙头企业发展特点、问题及发展思路》，《农业经济问题》2021 年第 8 期。

张振纲、陈志明：《创新管理——企业创新路线图》，机械工业出版社 2013 年版。

赵晶：《超越财富：家族企业的传承与革新》，中信出版社 2020 年版。

赵楠：《峪口禽业重新定义"养鸡"》，《中国畜牧杂志》2018 年第 10 期。

中国饲料行业信息网：《真心感动世界，诚挚铸就永恒：匠心人物——尚秀国》，https：//www.sohu.com/a/169698775_223261。

周渝慧、王建功：《企业逆境管理探寻（之一）》，《中国科技信息》1992 年第 10 期。

Burns, James M., *Leadership*, New York: Harper Collins, 1978.

Buyl, T., Bttcd, "Top Management Team Functional Diversity and Firm Performance: The Moderating Role of CEO Characteristics", *Journal of Management Studies*, Vol. 48, No. 1, 2011, pp. 151-177.

Denti, L. and S. Hemlin, "Leadership and Innovation Organization: A Systematic Review of Factors that Mediate or Moderate the Relationship", *International Journal of Innovation Management*, Vol. 16, No. 3, June 2012, p. 20.

Keith Goffin, Rick Mitchell, *Innovation Management: Strategy and Implementation Using the Pentathlon Framework*, New York: Palgrave Macmillan, 2010.

Lena Chan, Anna Hu:《雀巢施了什么创新"魔法",两年内转危为机重获增长？｜专访 CMO 江妮妮》,https://zhuanlan.zhihu.com/p/75399253。